Nabeel Qureshi empezó est~~~~~~~~~~~~~~~~~~~~~~~~ón de
desafiarla e, increíblemente, ~~~~~~~~~~~~~~~~~~~~~~~~ltado.
Estoy muy contento de ver s~~~~~~~~~~~~~~~~~~~~~~~~presa
y saber que tú también serás ~~~~~~~~~~~~~~~~~~~~~~~~ado.
Realmente este es un libro de ~~~~~~~~~~~~~~~~~~stros tiempos,
donde cada visión del mundo ~~~~ ~~~~rentar la prueba de la verdad.

—*Ravi Zacharias, escritor y conferenciante*

Este es un libro urgentemente necesario con una historia cautivadora.
Nabeel Qureshi defiende el evangelio con maestría mientras dibuja
un hermoso retrato de las familias y la herencia musulmanas, evi-
tando el catastrofismo y el señalar con el dedo tan generalizados en
el mundo sensacionalista de hoy. Recomiendo sin reservas este libro
a todo el mundo. Alimentará tu corazón y tu mente, ¡y no podrás
dejar sus páginas!

—*Josh D. McDowell, escritor y conferenciante*

Nabeel describe los anhelos de millones de musulmanes en todo el
mundo. Este libro es obligatorio para todos los que estén buscando
compartir la esperanza de Cristo a los musulmanes.

—*Fouad Masri, presidente y director ejecutivo de* Crescent Project

Fresco, sorprendente, muy iluminador y a veces desgarrador, la historia de Qureshi merece miles de libros de texto. Debería ser leída
por los musulmanes y por todos aquellos que se preocupan profundamente por nuestros amigos y conciudadanos musulmanes.

—*Os Guiness, escritor y crítico social*

La historia de Nabeel Qureshi se encuentra entre los dos o tres tes-
timonios más auténticos que haya escuchado. Su búsqueda reúne
varias características excepcionales: una mente muy brillante, una
sinceridad extraordinaria, una investigación original y la voluntad de
seguir el curso de las evidencias allá donde le llevase. Su búsqueda le
condujo a la cruz y a Jesucristo, que resucitó de los muertos.

—*Gary R. Habermas, profesor distinguido de investigación*
de la Universidad de Liberty

En su búsqueda personal por conocer la verdad, Nabeel Qureshi prepara el terreno para un estudio analítico de las fes, diseccionando los argumentos cristianos e islámicos, citando específicamente numerosos hadices islámicos y los primeros textos cristianos para que el lector pueda ver una progresión lógica a los análisis. Pero también es la epopeya profundamente personal y desgarradora y que suscita el llanto de la vida de un joven musulmán creciendo en Occidente, una biografía emocionante que es imposible de soltar.

—*James M. Tour, profesor de química, ciencias informáticas, ingeniería mecánica y ciencia de materiales en la Universidad de Rice*

Para cualquiera que busque comprender a sus vecinos o colegas musulmanes, este es el libro que deben leer. Nos lleva en un viaje hacia el exterior. Se nos introduce en las profundidades de la espiritualidad, el amor y el honor de la familia, y del modo en que una persona se «ve» y se «siente» en un devoto hogar musulmán. Este es un libro profundo que muestra hábilmente las diferencias centrales entre el evangelio y las afirmaciones islámicas. Lo recomiendo mucho.

—*Dr. Stuart McAllister, director regional de The Americas, Ravi Zacharias International Ministries*

Este libro ofrece la fascinante historia de la conversión de un sincero joven ahmadí que intentó lo mejor que pudo seguir a Alá y que finalmente se enamoró de Cristo. Confío en que este libro pueda proporcionar mucho ánimo a todos los cristianos que oran para que muchos musulmanes encuentren a Jesucristo.

—*Mark Gabriel, escritor y antiguo profesor de la Universidad Al-Azhar en El Cairo*

BUSCANDO A ALÁ,
ENCONTRANDO A JESÚS

BUSCANDO A ALÁ,

ENCONTRANDO A JESÚS

Un musulmán devoto encuentra al cristianismo

NABEEL QURESHI

PRÓLOGO POR LEE STROBEL

La misión de Editorial Vida es ser la compañía líder en satisfacer las necesidades de las personas con recursos cuyo contenido glorifique al Señor Jesucristo y promueva principios bíblicos.

BUSCANDO A ALÁ, ENCONTRANDO A JESÚS
Edición en español publicada por
Editorial Vida – 2015
Miami, Florida

Editora en Jefe: *Graciela Lelli*
Traducción y edición: *produccioneditorial.com*
Adaptación del diseño al español: *produccioneditorial.com*

Publicado en asociación con la agencia literaria de Mark Sweeney & Associates, Bonita Springs, Florida 34135.

ISBN: 978-0-8297-6607-3

CATEGORÍA: RELIGIÓN / Biografía y Autobiografía

IMPRESO EN ESTADOS UNIDOS DE AMÉRICA
PRINTED IN THE UNITED STATES OF AMERICA

15 16 17 18 RRD 6 5 4 3 2 1

ESTE LIBRO ESTÁ DEDICADO A MIS PADRES.

Ammi y Abba, su infinito amor por mí incluso cuando sintieron que había pecado contra ustedes va detrás solo del amor de Dios por Sus hijos. Oro para que un día se den cuenta de que Su amor es verdaderamente incondicional, que Él nos ha ofrecido perdón a todos. En aquel día, oro para que acepten Su redención, para que podamos ser una familia de nuevo. Los amo con todo mi corazón.

CONTENIDO

Prefacio de Lee Strobel 13
Agradecimientos 15
Introducción 17

Prólogo: Buscando a Alá. 21

PARTE UNO: LLAMADA A LA ORACIÓN

1. Oraciones de mis padres 28
2. La fe de una madre 31
3. Una comunidad de cuatro 34
4. El libro perfecto 36
5. Historias del profeta 40
6. Justo por la oración ritual 47
7. Diversidad en el islam 52
8. El camino de la sharia 58
9. Los sueños de los fieles 63
10. El mes de la bendición 68

PARTE DOS: UN EMBAJADOR PARA EL ISLAM

11. Tercera cultura 74
12. Musulmanes en Occidente 78

13. Desmayos y sustituciones 83

14. El Padre es mayor que Jesús. 89

15. Las puertas del cielo y las llamas del infierno 94

16. Tradiciones atesoradas. 99

17. Señales en el cielo 103

18. Honor y autoridad 107

19. La religión de la paz 113

PARTE TRES: PONIENDO A PRUEBA EL NUEVO TESTAMENTO

20. Volviéndonos hermanos. 120

21. Abriendo los ojos 124

22. Evolución textual 129

23. Reconsiderando la fiabilidad 134

PARTE CUATRO: LLEGANDO A LA CRUZ

24. La prueba del tornasol. 142

25. Crucificando la teoría del desmayo 147

26. Un musulmán en la iglesia 155

27. Debatiendo la resurrección. 162

PARTE CINCO: JESÚS: ¿MESÍAS MORTAL O HIJO DIVINO DE DIOS?

28. Genética y Jesús. 170

29. Jesús crea carpinteros 174

30. El divino Hijo del Hombre 180

31. La teología paulina y el primer Jesús 185

PARTE SEIS: LA DEFENSA DEL EVANGELIO

32. La tensión y la trinidad 192

33. Resonando con la trinidad 195

34. La salvación en la balanza 199

35. Evaluando el evangelio. 205

PARTE SIETE: LA VERDAD ACERCA DE MAHOMA

36. Mahoma revisado 210

37. El profeta ideal. 217

38. Disimulando la violencia 221

39. ¿Muhammad Rasul Allah? 226

PARTE OCHO: LA SANTIDAD DEL CORÁN

40. La defensa del Corán 230

41. El Corán, la ciencia y el bucaillismo. 234

42. El hadiz y la historia del Corán. 238

43. Aquellas que poseen sus manos derechas 244

PARTE NUEVE: LA FE EN DUDA

44. Racionalidad y revelación 250

45. El costo de abrazar la cruz. 253

46. Yo estoy cerca, busca y encontrarás 256

47. Un campo de cruces 258

PARTE DIEZ: GUIADO POR LA MANO DE DIOS

48. Descifrando sueños. 262

49. La puerta estrecha 269

50. Una escalera de salida de la mezquita 273

51. Tiempo de duelo 276

52. La Palabra habla 279

53. Encontrando a Jesús 282

Epílogo 287

Notas 290
Glosario 296

PREFACIO

CUANDO MI MINISTRO ASOCIADO, Mark Mittelberg, y yo decidimos acoger la transmisión de un programa nacional llamado *Unpacking Islam* [Destapando el islam] para educar a los cristianos acerca de lo que los musulmanes creen y por qué, el primer experto al que pensamos invitar fue nuestro amigo Nabeel Qureshi.

Sabíamos que este joven musulmán convertido al cristianismo, con títulos de medicina, religión y apologética, estaría bien formado y se expresaría bien. Y ciertamente estuvo a la altura de lo esperado durante la transmisión, ayudando a proveer una visión concisa del islam y narrando la fascinante historia de su viaje desde el islam a la fe en Cristo.

Pero lo que ocurrió después de nuestro evento me impresionó todavía más. Nabeel y el resto de los participantes fueron hacia el atrio de la iglesia para atender las preguntas de los asistentes. Una mujer se acercó al micrófono y preguntó: «Como musulmana, ¿qué cosas debería saber acerca de Mahoma?». Parecía estar en conflicto con lo que acababa de escuchar en la transmisión.

De inmediato vi a Nabeel cambiar de marcha. Empezó a hablar del islam con una profundidad que solo otro devoto musulmán podría apreciar totalmente, nutriéndose de una reserva aparentemente sin fin de trasfondo y experiencia. Y cuando él y el resto de los expertos comenzaron más tarde a orar fervientemente con la mujer, me sentí conmovido por su sincera compasión hacia ella, impulsada, sin duda, por los recuerdos de sus propias luchas épicas cuando comenzó a cuestionar el islam.

Aquella tarde solo profundizó mis ya hondos respeto y admiración por Nabeel, a quien había conocido por medio de amigos comunes hacía varios años. Me alegra mucho que ahora vayas a poder conocerle en las páginas que siguen mientras él describe cómo su deseo sincero de verdad le llevó a una tortuosa —e incluso sobrenatural— búsqueda de respuestas.

Experimentarás cómo es para alguien inmerso en la cultura islámica arriesgarlo todo para determinar la verdadera identidad de Dios. Esta es una historia muy personal de familia, amigos y fe, entrelazada con una visión del islam que te ayudará a entender el mundo musulmán de una nueva manera.

Si eres cristiano, saldrás con una nueva apreciación de cómo amar y alcanzar mejor a los musulmanes.

Si eres musulmán, una advertencia: encontrarás tus creencias básicas desafiadas por un incisivo razonamiento histórico y un análisis inquebrantable. Pero si lees con la mente abierta, estoy seguro de que rápidamente verás a Nabeel como un amigo que se preocupa lo suficiente para compartir lo que ha aprendido y convencerte para que avances en tu viaje espiritual.

Estoy convencido de que Dios puso a Nabeel en esta búsqueda no por alguna clase de razón abstracta, sino por Su gran amor hacia Nabeel y hacia aquellos que estarán expuestos a su historia. Es una epopeya que tiene que ser leída, a lo ancho y largo, por toda la gente que valora la verdad y ansía conocer a Dios personalmente.

Sigue leyendo y observa cómo Dios usa la historia de Nabeel para dar forma a la tuya.

—Lee Strobel, autor de
El caso de Cristo y
El caso de la fe

AGRADECIMIENTOS

ME SIENTO MUY HONRADO por las asombrosas personalidades a las que Dios ha atraído a este proyecto para ser de guía y ayuda. Me gustaría comenzar agradeciendo a mis queridos amigos y a mi familia, quienes leyeron y comentaron algunos segmentos de este libro. Sus ánimos y consejos son inestimables. Especialmente me gustaría dar las gracias a Carson Weitnauer y a mi querida hermana Baji por sus extensas consideraciones cuando más lo necesitaba.

El agradecimiento también va para Mark Sweeney y Madison Trammel por su amistad y su experiencia profesional mientras trabajaban diligentemente para hacer realidad este libro.

Sin ninguna duda, una de las mayores bendiciones de este libro es la contribución de muchas mentes asombrosas. Estoy en deuda con Lee Strobel, Dan Wallace, Ed Komoszewski, Rob Bowman, Keith Small, Gary Habermas y Josh McDowell por sus sinceras e importantísimas contribuciones. Me siento más que bendecido solo de conocerlos, además de considerarlos buenos amigos.

Debo una dosis extra de gratitud a Abdu Murray, no solo por su contribución sino por su compañía habitual y su apoyo espiritual desde la distancia. Puesto que luchó la batalla desde el islam hasta el cristianismo unos cuantos años antes que yo, sus puntos de vista han sido inestimables. Le considero el hermano mayor que nunca tuve.

Del mismo modo, la orientación de Mike Licona a lo largo de los años me ha ayudado a crecer tanto en mi pensamiento como en mi trabajo académico. Gran parte de mi ministerio no hubiera ocurrido sin él, al igual que este libro.

Otra persona cuyo impacto se extiende más allá de su contribución es David Wood. Estaré eternamente en deuda con él por su fiel cumplimiento del llamado a alcanzar a un joven y celoso musulmán a pesar de todas las dificultades. Tal vez nuestra amistad y nuestro ministerio juntos sean solo el comienzo.

Si hay una persona sin la cual este libro no se habría escrito es Mark Mittelberg. Desde el primer paso de sugerir el libro, pasando por encontrar agente, elegir al editor, ayudarme a escribir al libro, contribuir a él, comercializarlo… ¡me pregunto qué porcentaje del libro es realmente mío! Mark, tu orientación y tu consumada amistad son inspiradoras y me obligan a hacerlo todo lo mejor que pueda. Nunca seré capaz de agradecértelo lo suficiente.

Finalmente quisiera darle las gracias a mi esposa, Michelle. Por aguantar semanas de separación para que pudiera escribir este libro, por leerlo con diligencia hasta bien avanzada la noche, por tener un amor inconmovible por un hombre caído y por no quejarse ni una vez en lo más mínimo, nunca seré capaz de devolvértelo. ¡Es bueno que tengamos el resto de nuestras vidas juntos para intentarlo!

A todos mis amigos y familiares que tomaron parte en la formación y el respaldo de este libro, su ayuda es indeciblemente apreciada. Ruego al Señor que se lo pague del mismo modo.

INTRODUCCIÓN

¡SALUDOS, querido amigo!

Las páginas que siguen contienen mis pensamientos personales y muchos recuerdos poderosos, mi propio corazón derramado en tinta y papel. Al leer este libro entrarás dentro del círculo de mi familia y amigos, tomarás parte de la dicha de mi juventud islámica y lucharás conmigo en el choque cultural de ser un estadounidense nacido musulmán.

Al echar la vista atrás junto a mí, estarás al tanto de la ofensa del cristianismo a ojos musulmanes, comenzarás a luchar con los hechos históricos del evangelio, y sentirás el suelo temblando bajo mis pies cuando poco a poco descubra las verdades escondidas del islam. Al leer las entradas de mi diario personal, verás cómo nuestro Padre finalmente me llamó a Jesús a través de visiones y sueños, y la consiguiente metamorfosis de mi propio ser producida por el Espíritu Santo.

Al leer este testimonio viajarás conmigo por la vida y me conocerás íntimamente, convirtiéndote de hecho en un estimado amigo.

EL PROPÓSITO DE ESTE LIBRO

Pero este libro es más que simplemente mi testimonio. Ha sido diseñado con tres propósitos en mente:

1. Para derribar muros, dándoles a los lectores no musulmanes una perspectiva interior del corazón y la mente de un musulmán. La belleza mística del islam que encandila a miles de millones no se puede asir por unos simples datos compartidos. Pero oro para que al entrar en mi mundo llegues a entender a tu vecino musulmán, para que puedas

amarlo como a ti mismo. Las dos primeras secciones del libro están diseñadas especialmente para este propósito, y si parecen pro islámicas, están sirviendo a su propósito de expresar un viejo amor por mi antigua fe.

2. Para dotarte de hechos y conocimiento, mostrando la fortaleza de la defensa del evangelio en contraste con la defensa del islam. La historia testifica con poder de los pilares fundacionales del evangelio: la muerte de Jesús en la cruz, Su resurrección de la muerte y Su reivindicación de ser Dios. Al hacer esto, la historia desafió mi teología islámica, que estaba enraizada en los pilares fundacionales del islam: el origen divino del Corán y del profetismo de Mahoma. Cuando estudié el islam con más cuidado, lo que descubrí hizo tambalear mi mundo: no hay una buena razón para creer que Mahoma o que el Corán enseñen la verdad acerca de Dios. Aunque este libro se queda corto a la hora de compartir todos los hechos y argumentos que aprendí con los años, desde la tercera hasta la octava parte se perfilan los contornos de lo que llegué a comprender y cómo eso me apartó del islam hacia Jesús.

3. Para retratar la inmensa lucha interna de los musulmanes que confrontan el evangelio, incluyendo los sacrificios y las dudas. Como verás en las partes novena y décima, es en medio de esta lucha que Dios es conocido por alcanzar a las personas directamente por medio de visiones y sueños.

CÓMO LEER ESTE LIBRO

Prólogo. ¡Asegúrate de leerlo antes de empezar!

Glosario. Hay muchos términos islámicos que irás descubriendo mientras lees el libro. Te los defino en su primera aparición en el texto, y encontrarás todas las definiciones de nuevo en el glosario.

Contribuciones de los expertos. Son el verdadero tesoro escondido de este libro. Después de cada sección hay un enlace a la contribución de un experto. Desde prolíficos evangelistas hasta distinguidos estudiosos del Corán, hombres doctos compasivos con los musulmanes y apasionados por el evangelio han añadido amablemente sus voces a este trabajo, prestando su credibilidad académica y sus experimentados puntos de vista. De hecho, tres de esos estudiosos jugaron un rol personal en mi viaje hacia Jesús. Recomiendo que leas cada contribución inmediatamente después de su sección relacionada. Aquí tienes la lista de contribuidores:

- Abdu Murray, abogado, apologista y antiguo musulmán chií
- Mark Mittelberg, autor superventas y evangelista de renombre mundial
- Dr. Daniel B. Wallace, destacado profesor de Nuevo Testamento
- Dr. Michael Licona, profesor asociado de teología e historiador
- J. Ed Komoszewski, profesor de estudios bíblicos y teológicos
- Robert M. Bowman Jr., investigador y escritor
- Dr. David Wood, filósofo y director de Acts 17 Apologetics
- Dr. Keith Small, estudioso de manuscritos coránicos y asesor de la Universidad de Oxford
- D. Gary Habermas, catedrático del departamento de filosofía y teología de la Universidad de Liberty e historiador
- Josh McDowell, evangelista y apologista de renombre internacional

Una nota sobre narrativa biográfica. Desde que entramos en la era digital, es una verdad desafortunada y cada vez mayor que la gente exige estándares inapropiadamente estrictos acerca de las narraciones biográficas. Por su misma naturaleza, una narración biográfica debe tomarse ciertas libertades con la historia que comparte. ¡No esperes una precisión documental, por favor! No es la intención de este libro, y para cumplir dichos estándares debería haber un vídeo de veintidós años de duración, gran parte del cual mataría de aburrimiento hasta a mi propia madre.

Las palabras que he citado son meras aproximaciones. Unas cuantas de las conversaciones, en realidad, representan varias reuniones condensadas en una. En algunas ocasiones las historias están desplazadas en la línea temporal para encajar en la categorización temática. En otras ocasiones la gente que estuvo presente en la conversación ha sido sacada de la narración en honor a la claridad. Todos estos mecanismos son normales en las narraciones biográficas; de hecho, son normales en mnemotecnia humana. Por favor, lee este libro y las narraciones biográficas a las que se refiere en consecuencia.

BENDICIÓN

Ruego que la bendición del Señor esté sobre ti, no solo mientras lees este libro sino también mientras pones en práctica lo que aprendes y le sigues a Él y a Su pueblo. Que Dios, nuestro Señor y Salvador, que es poderoso para hacer todas las cosas mucho más abundantemente de lo que pedimos o entendemos, trabaje por medio de ti para Su gloria extendiendo Su gozosa verdad, que es salvación y vida eterna para todos los que creen y siguen a Jesús. Que Él impacte el mundo a través de ti, querido amigo, alcanzando a los perdidos y a los que están en desesperada necesidad de Él, incluso a mi familia y amigos. Que lo haga reformándonos continuamente a Su imagen, una de gracia y verdad, y por un milagroso derramamiento de Su Espíritu Santo. Ruego por esto en el nombre de Jesús. Amén.

PRÓLOGO

BUSCANDO A ALÁ

YACÍA POSTRADO en una enorme sala de oración musulmana, roto delante de Dios. El soporte de mi cosmovisión, todo lo que alguna vez llegué a saber, había sido desmantelado lentamente en los últimos años. Aquel día mi mundo se desmoronaba. Yacía destruido, buscando a Alá.

Unos débiles pasos resonaban por los pasillos de la mezquita mientras la húmeda tarde de verano se acercaba a su fin. El resto de los adoradores regresaban a sus hogares y familias para pasar la noche, pero mis pensamientos todavía iban a toda velocidad. Cada fibra de mi ser luchaba consigo misma. Con la frente presionando el suelo y el corazón latiendo en mi pecho, mi mente escudriñaba cada palabra que mis labios susurraban sobre la alfombra mohosa.

No eran palabras nuevas. Se me había enseñado a recitar esta frase árabe 132 veces, todos y cada uno de los días, desde una edad en la que ni siquiera sabía mi nombre. Era la *sajda*, la porción de las oraciones rituales en la que los musulmanes se humillan delante de Alá, glorificando Su superioridad. Las palabras siempre habían brotado con fluidez, pero ese día era diferente. Mientras mi labios ponían en práctica sus rituales aprendidos, mi mente cuestionaba todo lo que yo pensaba que sabía de Dios.

Subhana Rabbi al-ala.
Glorificado sea mi Señor, el Altísimo.

«Glorificado sea mi Señor... ¿Quién es mi Señor? ¿Quién eres Tú, Señor? ¿Eres Alá, el Dios de mis padres y de mis antepasados? ¿Eres Tú el Dios al que siempre he alabado? ¿El Dios al que mi familia siempre ha alabado? Eres Tú aquel que envió a Mahoma ﷺ[1] como el mensajero final para la humanidad y el Corán como nuestra guía, ¿no? Tú eres Alá, el Dios del islam, ¿verdad? ¿O eres...?». Yo dudaba, luchando contra la blasfemia que estaba a punto de proponer. Pero ¿y si la blasfemia era la verdad?

«¿O Tú eres Jesús?».

Se me heló el corazón, como si estuviera indignado en mi mente por arriesgarme al infierno. «Alá, ¡nunca diría que un hombre se hizo igual a Ti! Por favor, perdóname y ten misericordia de mí si eso es lo que he dicho, porque no era lo que quería decir. Ningún hombre es igual a Ti. Tú eres infinitamente más grande que toda la creación. Todo se postra delante de Ti, Alá *subhana wa ta'ala*.[2]

»No, lo que quería decir es que Tú, oh Alá, eres todopoderoso. Seguro que puedes entrar en la creación si Tú lo eliges. ¿Entraste en este mundo? ¿Te convertiste en hombre? ¿Y fue ese hombre Jesús?

»Oh, Alá, la Biblia no puede ser cierta, ¿verdad?».

Como si fuera en líneas de tiempo paralelas, mis labios continuaron orando la sajda mientras mi mente luchaba sin descanso consigo misma. La frase en árabe tenía que ser recitada dos veces más antes de que la sajda se completase.

Subhana Rabbi al-ala.
Glorificado sea mi Señor, el Altísimo.

«¿Pero cómo es concebible que Alá, el ser más alto de todos, entrase en este mundo? Este mundo es sucio y pecaminoso, no un lugar para el Único que merece toda gloria y toda alabanza. ¿Y cómo puedo siquiera sugerir que Dios, el magnífico y espléndido Creador, haya podido entrar en este mundo por medio del canal de parto de una muchacha? *Audhu billah*,[3] ¡es asqueroso! Tener que comer, llegar a cansarse, y sudar y derramar sangre, y ser finalmente clavado en una cruz. No puedo creerlo. Dios se merece infinitamente más. Su majestad es mucho mayor que eso.

»Pero ¿y si Su majestad no es tan importante para Él como Sus hijos?».

Subhana Rabbi al-ala.
Glorificado sea mi Señor, el Altísimo.

«Por supuesto que somos importantes para Él, pero Alá no necesita morir para poder perdonarnos. Alá es todopoderoso, y puede perdonarnos si así lo decide. ¡Él es *al-Ghaffar* y *ar-Rahim*![4] Su perdón fluye desde Su mismo ser. ¿Qué tiene que ver venir a este mundo para morir en una cruz con mis pecados? Ni siquiera tiene sentido para Alá morir en la cruz. Si Él muriese, ¿quién iba a gobernar el universo? *Subhanallah*,[5] ¡Él no puede morir! Esto es parte de Su gloria. No hay necesidad de estas payasadas. Él puede perdonarme simplemente desde Su trono.

»¿Pero cómo puede Alá ser justo si "simplemente perdona" arbitrariamente? Dios no es arbitrario. Él es absolutamente justo. ¿Cómo podría ser justo si perdonase arbitrariamente? No, no puede simplemente "perdonarnos si así lo decide". La pena por mis pecados debe ser cumplida».

Al levantarme del suelo y sentarme sobre mis talones, recité el *takbir*.

Allahu akbar.
Dios es grande.

«Dios, yo sé que tú eres grande en realidad, pero parte de lo que enseña el Santo Corán está lejos de ser grande. Me está resultando muy difícil comprenderlo, Alá. Por favor, ten misericordia de mí. No pretendo ponerte en duda, y te pido misericordia para mi falta de entendimiento y conocimiento. Por favor, Alá, que todas estas dudas no te enfurezcan. He debido entender mal algo, pero no hay manera de que Tú, siendo bueno y amoroso, hayas dado algunos de los mandamientos que se encuentran en el Corán. He encontrado mucha violencia y desprecio en sus páginas, las páginas de un libro que he leído y amado cada día porque es Tu palabra.

»¿Pero quizá me estés mostrando que el Corán no es Tu palabra después de todo? Demasiado de lo que se me ha enseñado sobre él ha acabado siendo falso. Se me enseñó que nunca ha sido cambiado, pero el *hadiz* y la historia muestran que así ha sido. Se me enseñó que contiene conocimiento sobrenatural de la ciencia y el futuro, pero cuando te pedí ayuda para verlo con mis propios ojos, no pude encontrar nada. Demasiado de lo que pensé que sabía sobre el Corán resultó no ser verdad, simplemente. ¿Realmente es Tu libro? Oh Alá, ten misericordia de mí.

»¿Quién eres Tú?».

At tahiyatu lillahi, wa as salawatu wa at taiyibatu. As salamu alaika aiyuha annnabiiyu wa rahmatulahi wa ba barakatuhu. As salaum alaina wa ala ibadi allahi as salihiina.

Todas las alabanzas, oraciones y bondades se deben a Alá. Que la paz de Alá sea sobre ti, oh profeta, y Su misericordia y bendiciones. Que la paz sea sobre nosotros y sobre todos los siervos justos de Alá.

«Te alabo, Alá. De verdad se te debe todo homenaje. Pero hay mucho que no entiendo. ¿Por qué hablo a Mahoma ﷺ en mi oración? Él no puede escucharme. ¡Está muerto! No debería orar a ningún hombre, ni aunque sea el Profeta. ¿Y por qué deseo la paz sobre él? Yo no soy su intercesor. Sé que esas palabras se recitaron por primera vez cuando él estaba vivo, ¿pero por qué necesita Tu gran profeta que nadie pida la paz sobre él? ¿No tendrías que darle seguridad y paz? Si él no puede tener paz y seguridad como el Profeta, ¿qué esperanza queda para mí?».

Siguiendo las tradiciones del Profeta y la guía de mis padres, señalé el cielo con mi dedo índice mientras recitaba la proclama:

Ash hadu an la ilaha illa Allah wa ash hadu ana Muhammadan abduhu wa rasuuluhu.

Doy testimonio de que no hay nadie digno de adoración excepto Alá, y atestiguo que Mahoma es Su siervo y mensajero.

«Oh Alá, ten misericordia de mí. ¿Cómo puedo dar testimonio de que Mahoma ﷺ es Tu mensajero? ¡Solía ser tan fácil! Ammi me enseñó a amar a Mahoma 🕌 porque era el hombre más grande que jamás haya vivido, y nadie se le asemejaba en eso. Ella me enseñó que su generosidad era abundante, su misericordia incomparable y su amor por la humanidad iba más allá de lo medible. Me enseñó que nunca llevó a cabo una guerra a menos que estuviera defendiendo la *ummah*,[6] y que luchó para elevar el estatus de las mujeres y los oprimidos. Fue el líder militar perfecto, el estadista definitivo y el seguidor ejemplar de Alá. Fue *al-Insan al-Kamil*, el hombre perfecto. Fue *Rahmatu lil alamin,* la misericordia de Dios personificada para todo el mundo. Era fácil dar testimonio de que un hombre así sea *Rasulullah,* el mensajero de Dios.

»Pero ahora sé la verdad acerca de él, y hay mucho que barrer bajo la alfombra. Sé acerca de su primera revelación, sus asaltos a caravanas, su novia niña, su matrimonio con Zainab, la magia negra caída sobre él, sus envenenamientos, sus asesinatos, sus torturas, y ...».

Mis pensamientos fueron deteniéndose mientras llegaba a la única cuestión que simplemente no podía pasar por alto. «¿Y cómo pudo Mahoma 🕌, mi amado Profeta, permitir... *eso?*».

Inundada de empatía, mi mente se apartó de las oraciones. Todavía luchaba con lo que me había topado mientras investigaba el Corán. ¿Cómo pudo? Imaginé el horror desde la perspectiva ventajosa de las víctimas. ¿Y si hubiera sido mi familia? ¿Dónde estaba la afamada misericordia del Profeta?

Me imaginé que estaba allí, bajo el cielo rojo del desierto, en aquel mismo momento. Rápidamente me inundó la ira mientras valoraba las ruinas de mi pueblo. Sangre y muerte. Unos cuantos soldados jóvenes se abrieron paso con avidez por los cadáveres y se acercaron a Mahoma. Dieron a conocer sus deseos de barbarie y pidieron dirección a Mahoma. La cara de Mahoma enrojeció y empezó a traspirar. Estaba recibiendo revelación de Alá.[7] Cuando lo anunció a sus soldados, un destello de maldad se propagó por sus rostros. Desaparecieron en sus tiendas, deseosos de proceder. Alá había autorizado sus actividades. Por un momento, todo quedó en calma.

De repente, un sonido insoportable perforó el cielo del desierto y mi alma.

Era mi madre, que gritaba.

Abrí los ojos de golpe mientras volvía a la realidad. Todavía estaba en la mezquita, todavía rezando la *salat*. Mi sobrecogedora repulsión hacia Mahoma de repente se topó con una contrición inmediata. Había sido insolente delante de Alá. Mahoma ﷺ todavía era mi Profeta. Todavía le debía lealtad. Había ido demasiado lejos.

¿Cómo podía continuar así? *Astaghfi-rullaah.*[8]

Rápidamente terminé el resto de las oraciones rituales, y finalicé girando la cabeza a derecha e izquierda:

As salamu alaykum wa rahmatulah.
La paz y la misericordia de Alá sea sobre ti.

Después de una pausa, dejé caer el rostro sobre mis manos. Las lágrimas me nublaron la visión. Las oraciones rituales habían terminado, y ahora era el momento de la oración del corazón.

«Dios, quiero tu paz. Por favor, ten misericordia de mí y dame la paz de conocerte. Yo ya no sé quién eres, pero sé que Tú eres todo lo que importa. Tú creaste este mundo, Tú le diste significado, y o bien defines Tú su propósito o será que no tiene ninguno.

»Por favor, Dios Todopoderoso, ¡dime quién eres! Te suplico a Ti y solo a Ti. Solo Tú puedes rescatarme. A Tus pies rindo todo lo que he aprendido y te doy mi vida entera. Quítame lo que quieras, ya sea mi gozo, mis amigos, mi familia o incluso mi vida. Pero permíteme tenerte a Ti, oh Dios.

»Ilumina el sendero que debo caminar. No me importa cuántos obstáculos haya, cuántas trampas deba superar o escalar, o en cuántos espinos me adentre. Guíame por el camino correcto. Si es el islam, ¡muéstrame cómo es verdad! Si es el cristianismo, ¡dame ojos para ver! Solo muéstrame cuál es Tu camino, amado Dios, para que pueda seguirlo».

Aunque no lo sabía, aquella paz y misericordia de Dios por la que clamaba desesperadamente pronto caería sobre mí. Él estaba a punto de darme una guía sobrenatural por medio de sueños y visiones, cambiando para siempre mi corazón y el curso de mi vida.

Parte 1

LLAMADA A
LA ORACIÓN

El soporte de mi cosmovisión, todo lo que alguna vez llegué a saber...

Capítulo uno

ORACIONES DE MIS PADRES

AL AMANECER, A LO LARGO DE TODO EL MUNDO islámico, sonoras voces acompañan al sol por el horizonte. Las creencias básicas de los musulmanes son proclamadas repetidamente desde los tejados y minaretes, comenzando con el *takbir*.

¡Allahu akbar!
¡Ash hadu an la ilaha illa Allah!
¡Ash hadu ana Muhammadan abduhu wa rasuuluhu!

¡Alá es grande!
¡Declaro que no hay más dios que Alá!
¡Declaro que Mahoma es el mensajero de Alá!

Es el comienzo del **adhan**, la llamada a la oración. La llamada recuerda a los musulmanes que dediquen sus vidas a Alá en el mismo instante en que se despiertan. Desde oraciones ocasionales memorizadas hasta elaborados rituales diarios, los devotos musulmanes están inmersos en la conmemoración de Alá y en la realización de las tradiciones islámicas. El adhan llama a los musulmanes, resuena dentro de ellos, los reúne y los junta en unificada postración delante de Alá.

Adhan: Llamada musulmana a la oración

Para el observador ajeno, puede parece que el adhan es precisamente lo que rasga el cielo nocturno, separando la oscuridad del día, infundiendo vida a las tierras y las gentes musulmanas.

No es de extrañar, pues, que los musulmanes utilicen el adhan no solo para despertarse unos a otros para el día, sino también para despertarse unos a otros a la vida. Es un *hadiz*, una tradición del profeta Mahoma, que cada niño musulmán debe oír el adhan al nacer. Cuando yo nací, mi padre dulcemente me recitó el adhan al oído, repitiendo las palabras que su padre le había susurrado a él veintiocho años atrás. Fueron las primeras palabras que me dijeron, de acuerdo con la tradición.

Mi familia siempre ha prestado especial atención a seguir el hadiz. Nosotros somos Qureshi, después de todo, y los Qureshi son la tribu de Mahoma. Cuando fui suficientemente mayor para comprender el prestigio de nuestro nombre, le pregunté a mi padre si lo habíamos heredado del Profeta.

—*Abba*, ¿somos los auténticos Qureshi, como Mahoma 🕌?

—*Jee mera beyta* —dijo él, que en **urdu** quiere decir: "Sí, hijo mío"—. Mahoma 🕌 no tuvo hijos que sobrevivieran a la infancia, pero nosotros somos los descendientes de Hazrat Umar.

Cuando mi padre dejó Paquistán en los años setenta, el amor por su familia y la herencia fueron su motivación. Le movía proveer una vida mejor para sus padres y hermanos. Cuando llegó a Estados Unidos, se unió a la marina por instrucción de su hermano mayor. Como marinero, enviaba de vuelta a casa dinero de cada paga, incluso cuando era todo lo que tenía. Esto fue pocos años antes de regresar brevemente a Paquistán, una vez arreglado el matrimonio con mi madre.

Ammi, mi madre, también vivió una vida devota a su familia y su religión. Era la hija de un misionero musulmán. Su padre, a quien yo llamaba *Nana Abu*, se había trasladado a Indonesia con su madre, *Nani Ammi*, poco después de casarse para invitar a la gente al islam. Fue allí donde nació mi madre, seguida de tres hermanas. Con Nani Ammi

> *Hadiz.* Palabras o acciones de Mahoma documentadas por la tradición
>
> *Urdu.* La lengua de Paquistán
>
> *Califa.* La posición del líder supremo sobre los musulmanes; normalmente el título se usa para referirse a uno de los cuatro sucesores de Mahoma

trabajando para apoyar a la familia y Nana Abu a menudo ausente en misión, mi madre tuvo un importante papel en la crianza de sus hermanas pequeñas y en enseñarles el camino del islam.

A los diez años Ammi regresó a Paquistán con sus hermanas y Nani Ammi. La comunidad recibió a la familia con gran respeto por su obediente desempeño del llamado a ser misioneros. Como Nana Abu todavía era un misionero activo en Indonesia y regresaba a Paquistán solo en los permisos, el papel de cuidadora de Ammi en el hogar se intensificó. Al final tenía cinco hermanos a los que manejar y cuidar, y aunque se graduó entre las mejores de su clase de preuniversitarios y le ofrecieron una beca para la escuela de medicina, ella declinó la oferta. Nani Ammi necesitaba la ayuda en casa, puesto que invertía gran parte de su día en ser voluntaria como secretaria en las oficinas locales de la *yamaat*.

La propia Nani Ammi sacrificó prácticamente toda su vida por el camino del islam. No solo era la esposa de un misionero, sino que, como Ammi, ella también había sido hija de un misionero. Nació en Uganda, donde su padre servía como médico mientras llamaba a la gente al islam. Al haber sido criada como hija de misionero, haber pasado al papel de esposa de misionero y haber vivido sus últimos años activos sirviendo a la yamaat, se había ganado un gran respeto y prestigio de la comunidad. Por todo eso Nani Ammi era quizá el gran modelo a seguir de Ammi, y Ammi no quería otra cosa que continuar el legado a través de su propia familia.

> *Yamaat.* Palabra árabe para asamblea, normalmente usada para referirse a «grupo» o «denominación»

Y así, aunque yo no lo sabía en aquel momento, el hombre que susurró el adhan a mis oídos fue un hombre sacrificial y amoroso que llevaba el noble nombre de Qureshi. La mujer que observaba era hija de misioneros, una cuidadora experimentada con un ardiente deseo de servir al islam. Yo era su segundo hijo, el primer varón. Me llamaban a la oración.

Capítulo dos

LA FE DE UNA MADRE

TUVE UNA INFANCIA MUY RESGUARDADA, física, emocional, socialmente, imposible describirla de otro modo. Estaba protegido de maneras que todavía sigo intentando comprender. Las pocas cicatrices que conservo de aquellos días son todas físicas, resultado de pequeños contratiempos, y van acompañadas de intensos recuerdos. La cicatriz más grande —no más de cinco centímetros, que conste—, fue por una ventana abierta que cayó sobre mi mano cuando tenía tres años. Ese día está llamativamente destacado en mi memoria por lo que aprendí acerca de la fe de mi madre.

En aquella época Abba estaba destacado en Norfolk, Virginia. Era su undécimo año en la marina, y había pasado los últimos trabajando por el día y estudiando por la noche para sacarse un título de maestría. Después de la escuela de preparación para oficiales, fue ascendido de contramaestre primero a alférez, y fue desplegado poco después. Por supuesto, yo no sabía mucho de eso en aquel momento. Lo que yo sabía era que Abba trabajaba duro para nosotros, y aunque nunca sentí falta de amor, no llegaba a verlo tanto como quería.

Ammi, por otro lado, era el contrapeso siempre presente y la influencia alentadora de nuestras vidas. Siempre parecía capaz de hacerlo todo. Desde hacernos la comida a preparar nuestra ropa, pasando por enseñarnos la *aqidah*, nunca parecía cansada ni se quejaba. Solamente tenía dos reglas estrictas para su salud mental: no gimotear después de las nueve de la noche y no interrumpirla mientras bebía chai, cosa que solía hacer bastante a menudo.

> *Aqidah.* Creencias islámicas profundamente arraigadas

31

Cuando teníamos visita, ella ejemplificaba el calibre más alto de hospitalidad, considerando un honor recibir y servir a nuestros invitados. Se prepararía más comida de la que las visitas podían esperar comer, la casa estaría más limpia que el día en que la construyeron, nuestra ropa estaría cuidadosamente planchada y nuestro calendario estaría libre para aquel día y el siguiente, en caso de que los invitados decidieran quedarse. Para nosotros era normal cuando ella, de todos modos, se disculpaba profundamente por la falta de comida y nuestro aspecto descuidado. Era parte del protocolo. Los invitados sabían que había que asegurarle a Ammi que no habían tenido una comida tan fabulosa en años, que las casas en el cielo no estarían mucho más limpias y que sus hijos eran modelos a seguir para los suyos. En esto todos quedaríamos bastante contentos: los invitados por sentirse tan honrados, Ammi por ser tan alabada y nosotros, los niños, solo por haber sido mencionados en la conversación de los mayores.

A veces los invitados se quedaban con nosotros durante varios meses seguidos, sin que la hospitalidad y la diplomacia de Ammi decayese. Cuando pienso en el conjunto de personas que se quedaron en nuestra casa, dos de las más prominentes fueron Nani Ammi y su hermana mayor, a la que llamábamos Mama. Mama era una mujer encantadora, un gran corazón con una gran sonrisa en un pequeño cuerpo. Siempre estaba lista para jugar a juegos de mesa conmigo, con una paciencia sin fin para los niños de tres años y siempre dispuesta a mirar para otro lado cuando yo hacía trampa.

El día del incidente, Mama estaba en casa. Ella y Ammi estaban en el piso de arriba, y yo estaba jugando con mis Hot Wheels, unos pequeños coches de juguete que Ammi me compraba para que dejase de molestarla en las tiendas. *Baji,* mi hermana mayor, y yo teníamos un acuerdo. Ella jugaría conmigo y mis Hot Wheels si yo jugaba con ella y su colección de My Little Pony. Ella elegía los coches que quería, y yo escogía los ponis que quería. Yo elegía mis ponis descaradamente, y pasaba el resto del tiempo convenciendo a Baji de que había escogido el mejor. Ella siempre escogía el Lamborghini, y yo pasaba el resto del tiempo convenciéndola de que el Pontiac que había dejado era mucho mejor.

Baji acababa de terminar de jugar con mis Hot Wheels y había ido por los ponis mientras yo continuaba jugando con mi Pontiac, haciéndolo correr por el suelo y entre los sofás. Miré hacia arriba y vi la ventana, de esas que se deslizan hacia arriba al abrirse. Se me antojó que era hora de que el Pontiac se estrellase. Hice correr el coche por el alféizar de la ventana con una ráfaga de finalidad y lo estrellé contra el cristal.

Hasta este día en realidad no recuerdo la ventana cayendo. Solo recuerdo el dolor penetrante, la inmensa cantidad de sangre y mi grito llamando a Ammi entre sollozos. Y recuerdo lo que pasó después.

Cuando Ammi llegó abajo y vio el accidente, casi se puso a gritar, pero en ese mismo instante contuvo sus emociones. Al ser la esposa de un marine había aprendido a hacer tanto el papel de madre como el de padre, y ahora no era el momento de llorar. Eligió actuar rápidamente y darle su dolor a Alá.

Levantó la ventana, envolvió mi mano en una toalla y se colocó diestramente su *burka*. Dejó a Baji al cuidado de Mama y me metió en el coche para llevarme a la clínica. Durante todo el camino Ammi recitó la *du'aa*. Ella ofrecía en la du'aa porciones del Corán, secciones del hadiz que había memorizado y oraciones improvisadas de su cosecha. Su dependencia en el cuidado soberano de Alá le dio fuerzas, afirmó su resolución y aquietó sus miedos.

Du'aa. Oraciones musulmanas recitadas en ocasiones específicas, en oposición a la oración ritual llamada salaat; pueden ser memorizadas o improvisadas

Cuando llegamos a la clínica tuve una brusca introducción al concepto de los puntos de sutura. El médico intentó sacar fuera a Ammi para que no tuviese que verlo, pero yo me negué a ser separado de ella. Mientras cosían mi mano, Ammi continuó orando audiblemente, indiferente a las miradas de interrogación del médico y las enfermeras. Los musulmanes estadounidenses no eran comunes en aquellos días, mucho menos la esposa musulmana de un oficial de la marina que llevaba un burka completo y murmuraba en voz alta en árabe y urdu.

Sus du'aas decididas y su inalterable dependencia de Alá, incluso frente a un niño gritando y unos ojos juiciosos, fue un testimonio de su fe que nunca he olvidado. A lo largo del resto de mi infancia ella me enseñó muchas du'aas del Corán y el hadiz, y yo los guardé cerca del corazón porque sabía su poder. Las he visto fortaleciéndola en tiempos de miedo y necesidad, y eso dejó una marca en mí mucho más profunda que cualquier cicatriz física.

Capítulo tres

UNA COMUNIDAD
DE CUATRO

MIENTRAS CRECÍA, sentía cómo mi familia y yo nunca encajábamos realmente con la gente que nos rodeaba. Siempre me sentí desanimado al pensarlo. Aparte del tradicionalismo islámico, mi vida era una mezcla de dibujos de los ochenta, juguetes de plástico y rabietas. Yo hubiera encajado con otros chicos perfectamente. Por desgracia, la gente tiene miedo de lo que no conoce, y mi herencia musulmana era un elemento disuasorio para muchos de mis posibles amigos y sus familias. Estaba muy solo.

Lo que aun lo empeoraba era que la marina trasladaba a mi familia bastante a menudo. Nunca tuvimos tiempo de echar raíces. Gran parte de mis primeros recuerdos son imágenes de mudanzas, viajando a una nueva casa o estableciéndonos y aprendiendo a llamar a un nuevo lugar «hogar». Pero estos recuerdos todavía me resultan queridos, y recuerdo con intensidad, por ejemplo, nuestra mudanza cuando fue el momento de dejar Virginia.

Mientras unos extraños se llevaban nuestros muebles, yo permanecía de pie en la puerta del porche delantero llorando. Lloraba

> Mi herencia musulmana era un elemento disuasorio para muchos de mis posibles amigos y sus familias. Estaba muy solo.

inconsolablemente, sin comprender quiénes eran esos hombres ni qué había hecho yo para merecer aquel destino, pero Ammi estaba allí para consolarme. La verdad, se rio a veces, y recuerdo algunas burlas cuando un extraño se llevó mi silla favorita. Pero también recuerdo sus caricias de consuelo y su voz reconfortante.

—*Kya baat hai?* —me preguntó, mientras tomaba mi cara entre sus manos y la acercaba en un abrazo—. *Kya baat hai, mera beyta?* ¿Qué ocurre, hijo mío?

—¡Se llevan la silla! ¡La de las fresas!

—¿Y esa silla es más importante para ti que tu Ammi? Yo todavía estoy aquí. Y también Abba y Baji. ¡Alá te lo ha dado todo! ¿Qué más necesitas, Billoo?

Billoo era el apodo que solo mis padres usaban conmigo, y solían decirlo específicamente cuando querían expresar su amor. Rara vez decían «te quiero» directamente; eso es demasiado para unos oídos paquistaníes tradicionales. El amor es implícito y se sobreentiende, se expresa por medio de la provisión de los padres y la obediencia de los hijos.

Esta condición es una de las razones de por qué la obediencia de un hijo es primordial en la cultura musulmana. En mi adolescencia, Ammi solía regañar mi obstinación diciendo: «¿Qué hay de bueno en que me expreses que me quieres cuando no haces lo que digo?». Más tarde aun, cuando estaba pensando en seguir a Jesús, sabía que estaba considerando la elección que sería, de lejos, la mayor de las desobediencias. No solo mis padres se sentirían traicionados, se sentirían totalmente desconsolados.

Pero a la protegida edad de cuatro años, el desconsuelo y el conflicto familiar estaban bien lejos de mi mente. Solo quería mi silla de fresas de vuelta.

Cuando todo estuvo empacado y estábamos listos para el viaje, Abba reunió a la familia y dijo: «Oremos». Yo levanté mis manos ahuecadas hasta la cintura, imitando a Ammi y Abba. Todos oramos en silencio, pidiéndole a Alá un viaje seguro y veloz.

Cuando finalmente llegamos al nuevo destino de Abba, estábamos en Dunoon, Escocia. Mirando atrás, todavía siento que Dunoon fue mi primer hogar real. No fue que construyese ninguna amistad en la escuela y que conociese a muchos chicos del vecindario —incluso la silla de fresas se perdió en la mudanza—, fue que me acerqué a mi familia y profundicé en mi fe durante aquellos años. Tenía a mi Ammi, mi Abba y a Baji. No necesitaba nada aparte de ellos.

Capítulo cuatro

EL LIBRO PERFECTO

CUANDO LLEGAMOS A ESCOCIA todavía no había aprendido bien inglés. En casa siempre hablábamos urdu, y si íbamos a aprender cualquier escritura, sería árabe. La razón era sencilla: el Corán estaba escrito en árabe, y era imperativo que Baji y yo aprendiésemos a recitarlo.

Los musulmanes creen que cada una de las palabras del Corán fue dictada textualmente por Alá, por medio del arcángel Gabriel, a Mahoma. Por lo tanto, el Corán no solo fue inspirado en el aspecto del significado sino también en el aspecto profundo de las mismas palabras. Por esta razón los musulmanes no consideran el Corán traducible. Si se vuelca a cualquier lengua que no sea árabe, no será el Corán, sino una interpretación del Corán. Un libro solo puede ser un verdadero Corán si está escrito en árabe.

Por esto, para los musulmanes, que el Corán siempre haya sido exactamente el mismo es una creencia tan importante: palabra por palabra, punto por punto. Los imanes y profesores declaran con regularidad que el Corán ha sido preservado perfectamente, inalterable desde el momento en que Mahoma lo escuchó de Gabriel y lo dictó a sus escribas. Por supuesto, Mahoma no tuvo nada que ver con la composición del Corán; él simplemente fue el conducto para su revelación a la humanidad, y lo preservó obedientemente en su forma exacta. Si no lo hubiera hecho, y si las palabras hubieran sido ligeramente alteradas, el Corán se habría perdido irreparablemente. Sin embargo, una adulteración tal en las palabras sería insondable. Nadie dudaba de la perfecta transmisión del Corán. Las palabras debían ser perfectas.

De hecho, el énfasis en las mismas palabras lleva a muchos musulmanes a descuidar su significado. Los musulmanes que recitan el Corán regularmente son estimados como píos, mientras que los que solo contemplan el significado del Corán son considerados doctos. La piedad es el honor mayor, y gran parte de los musulmanes que conocí al crecer podían recitar muchos capítulos del Corán de memoria, pero rara vez podían explicar el significado o el contexto de esos versículos.

> Los imanes y profesores declaran con regularidad que el Corán ha sido preservado perfectamente.

Ammi tenía en mente enseñarnos tanto la recitación del Corán como las traducciones, pero la recitación iba primero. Todos los días, hasta donde puedo recordar, Ammi me ponía un solideo musulmán tradicional sobre la cabeza, me sentaba junto a ella y me enseñaba a leer árabe. Comenzamos con un libro llamado *al-Qaeda,* «la Guía». Nos enseñaba las letras árabes en sus varias formas con sus sonidos respectivos. Justo después de mudarnos a Escocia yo me «gradué» de la Qaeda y pasé al Corán.

Recuerdo aquel momento vívidamente porque mi euforia momentánea fue reducida por el horror. Después de terminar la última página de la Qaeda, Ammi alargó la mano, agarró un Corán y me lo presentó. Era mi Corán, el primer libro que me daban.

Emocionado, corrí a Baji para mostrárselo. Baji estaba jugando en el suelo cerca del cuarto de Ammi y Abba, así que me agaché junto a ella y coloqué el Corán en el suelo para enseñárselo.

De repente escuché a Ammi emitir un grito de infarto mientras corría en mi dirección.

—¡Nabeel!

Yo estaba demasiado impactado para responder. Nunca la había escuchado gritar así, y tampoco la había visto correr jamás. De un golpe recogió el Corán.

—¡*Nunca* pongas el Corán en el suelo!

—Vale.

—Levántalo siempre en alto. Ponlo en el lugar más honroso, lávate las manos antes de tocarlo y tócalo solo con tu mano derecha. Esto no es solo un libro, es la palabra de Alá. ¡Trátalo con el respeto que merece!

—Vale.

—*Jao*, vete.

Estaba profundamente molesta, y no dudé en marcharme.

A partir de entonces, siempre que llevaba el Corán lo levantaba en alto. Baji también aprendió de mi error, así que la siguiente vez que Ammi nos llamó para leer el Corán juntos, fuimos sujetando nuestros Coranes todo lo alto que podíamos por encima de nuestras cabezas, con los brazos totalmente extendidos. Ammi sonreía. Eso no era exactamente a lo que se refería, pero estaba complacida.

Baji era la mayor, así que iba primero. Ammi señalaba cada palabra que Baji tenía que leer, moviendo lentamente el dedo por la página de derecha a izquierda. Baji no leía tanto las palabras, sino que las cantaba. Nos enseñaron a leer el Corán melódicamente, haciendo el sonido de la recitación tan hermoso como fuera posible. Algunos hombres dedican sus vidas a esta práctica, perfeccionando su tono, su tempo, la pronunciación y la melodía.

Pero Baji y yo no éramos expertos. Ella me llevaba unos pocos años de ventaja, y solo había aprendido a recitar el Corán aceptablemente. Cuando terminó, me tocó a mí. Nunca antes había leído el Corán, y estaba terriblemente nervioso.

—Billoo, ¿qué recitamos antes de empezar nada?

—*Bismillah ir-Rahman ar-Raheem.*

—¿Y qué significa?

—En el nombre de Dios, el Compasivo, el Misericordioso.

—¿Por qué recitamos esa oración?

—Para que recordemos que todo le pertenece a Alá, y para que podamos hacer solo cosas buenas.

—*Shabash*, buen trabajo. ¿Sabes de dónde viene esta oración?

—No.

—Se encuentra al principio de todas las *suras* del Corán.

Sura. Un capítulo del Corán

—¿Todas las suras?

—Todas las suras excepto una.

—¿Por qué Alá no la puso en una sura, Ammi?

—Alá estaba muy disgustado con la gente de esa sura, beyta, así que allí no nos dio la bendición de la *bismillah*. Pero Él nos ama muchísimo, así que puso una extra en otra sura. ¿Y cuántas suras hay?

—114.

—Shabash. Y tú las leerás todas pronto, *inshallah*. Baji terminó el Corán cuando cumplió los siete, y yo quiero que tú lo hagas para cuando tengas seis. Vamos.

Según pasaban los días, fui familiarizándome cada vez más con el Corán. Aprendí que se divide en dos modos: uno en 114 capítulos y otro en treinta partes. El último es un sistema en que los musulmanes lo dividieron mucho después de haber sido compilado el Corán, principalmente para que se pudiera recitar entero fácilmente durante los treinta días del *Ramadán*. Pero las treinta partes eran importantes para mí por otra razón: siempre que terminaba una, Ammi me compraba un regalo congratulatorio. La papelera de Mario Bros. fue mi favorito.

> *Ramadán*. El mes sagrado musulmán

Para cuando conseguí un ritmo aceptable, Ammi y yo habíamos desarrollado una rutina. Nos sentábamos con mi Corán, lo abría en la última página que habíamos leído y Ammi me señalaba dónde terminaría ese día. Por alguna razón prefería recitar exactamente dieciocho versículos. Si Ammi escogía más para aquel día, yo me quejaba, y si escogía menos, yo consideraba leer unos pocos extra para hacerla feliz.

Y así los días pasaban. Finalmente terminé el Corán justo antes de cumplir los seis, para alegría de Ammi. Al mismo tiempo, Ammi me había ayudado a memorizar las últimas siete suras para recitarlas durante las oraciones diarias. Mi favorita era la *Surat al-Ijas*, la número 112, porque era corta, melódica y fácil de recordar. Además fue la primera que memoricé, y la repetía muchas veces al día durante la salaat. Era uno de los capítulos favoritos de Ammi también, pero por una razón diferente: en un hadiz Mahoma le dice a sus compañeros que la *Surat al-Ijas* es tan relevante y significativa que recitarla es como recitar un tercio de todo el Corán de una sentada.

¿Cuál era el mensaje que Mahoma consideraba tan importante? Esencialmente, este: Dios no es padre, y no tiene hijo.

Capítulo cinco

HISTORIAS DEL PROFETA

—LLEGAMOS TARDE, ¡VAMOS!

Era sábado por la mañana y Abba estaba de pie en la puerta esperándonos. Todos los sábados nuestra familia viajaba desde Dunoon hasta Glasgow a la *masjid* de la yamaat. Era nuestro momento favorito de la semana, cuando podíamos pasar tiempo con otros musulmanes, casi todos de herencia paquistaní. Todos estaban tan fuera de lugar como nosotros, así que encajábamos perfectamente. Ammi parecía vivir para ese día de la semana, porque era el único lugar en el que podía soltarse el pelo fuera de casa: metafóricamente, por supuesto, pero también literalmente. Las mujeres musulmanas se quitan sus burkas en compañía de otras mujeres, y por lo general son muy conscientes de la moda en esos momentos.

Masjid. Lugar musulmán de adoración, normalmente llamado mezquita

Por mucho que Ammi lo anhelase, siempre salía tarde. Siempre. En la cultura paquistaní la puntualidad no es para nada tan importante como lo es para los occidentales. Las consideraciones sociales tienen prioridad. A menudo se ve como nerviosismo ser puntual, y presentarse en la casa de alguien a la hora a la que te han invitado se considera un poco maleducado. ¿Qué pasa si están haciendo preparativos de última hora para tu llegada? Pondría en duda su hospitalidad llegar antes de que estén listos. Quince o treinta minutos tarde es una apuesta segura.

Abba, por otro lado, había dejado ese aspecto de nuestra cultura en el campo de entrenamiento. Ahora él era un militar y nuestra tardanza lo perturbaba. Aunque lo intentaba, no era capaz de cambiar las maneras de Ammi. Ella siempre hacía lo que quería, y Abba siempre le recordaba que él era el hombre de la casa. Ella le escucharía unos minutos y después poco a poco se abriría camino con cariño hasta su corazón, devolviéndole el buen humor. Esa pelea de enamorados podría haber estado en el calendario cada sábado por la mañana.

Pero este sábado en particular solo sucedía una vez al año. Era el día en que nuestra yamaat celebraba la *Sirat-an-Nabi*, la vida del profeta. No era el cumpleaños de Mahoma, sino solo un día que la comunidad elegía para reunirse y contar historias sobre la vida de Mahoma.

Los musulmanes consideran ejemplar la vida de Mahoma, y los musulmanes devotos la emulan todo lo posible. Para hacerlo, aprenden historias sobre su vida de los libros de la **sirah** y el hadiz. Casi nunca leen ellos mismos las historias; en vez de eso las escuchan en los sermones en la mezquita. Es prestigioso ser docto en el hadiz, capaz de citarlo y recitarlo en sus contextos apropiados. Por eso ir a la mezquita era importante tanto por razones religiosas como sociales.

Pero llegábamos tarde.

—¡*Challo!* ¡Vamos!

Las mañanas estaban prácticamente escritas para Ammi, Baji y yo: después de levantarnos y recitar las oraciones de

> **Sirah.** Biografías de la vida de Mahoma

la mañana, Ammi nos vestía a mí y a Baji, nos daba de comer y después ella se maquillaba. Solía gritar «¡Estoy lista!» justo después de la base y justo antes del pintalabios. Aquel sábado ella se llevó el pintalabios al coche. Pronto estábamos de camino a Glasgow.

Para llegar a Glasgow desde Dunoon, teníamos que cruzar el lago Holy. El lago fue un amarradero de los submarinos nucleares estadounidenses durante la Guerra Fría. Abba era el oficial de seguridad y medio ambiente en el submarino de reparación. Por supuesto, yo no sabía eso entonces. Todo lo que sabía era que había dos ferris que nos llevaban al otro lado del lago, uno pequeño y rojo y uno grande y negro, y el negro tenía un salón donde podíamos tomar sándwiches de queso. Normalmente Ammi y Abba dejaban de pelearse cuando llegábamos al ferri, y aquel día decidieron quedarse en el coche y prepararnos para el día del Sirat-an-Nabi.

Ammi nos preguntaba y Baji o yo respondíamos, dependiendo de quién supiera la respuesta.

—*Batao*, dime, ¿cuándo nació Mahoma 🕌 y dónde?

—En el 570 A.D. en La Meca.

—Shabash, ¡buen trabajo! *Ub batao*, ahora dime, ¿quién fue su padre?

—Se llamaba Abdullah, pero murió antes de que Mahoma 🌸 naciese.

—¿Y su madre?

—Se llamaba Amina, y murió cuando él tenía seis años.

—¿Entonces quién cuidó de Mahoma 🌸 cuando ella murió?

—Su abuelo, Abdul Muttalib, pero solo durante dos años. Entonces murió.

—¿Y después de eso?

—Su tío, Abu Talib. Él vivió hasta que Mahoma 🌸 fue muy mayor.

Aquellas eran preguntas de rutina, todas parte de una adecuada educación islámica para jóvenes musulmanes. Los padres a menudo se enorgullecían cuando sus hijos se aprendían de carrerilla hechos y recitaciones islámicas, y Ammi y Abba no eran la excepción.

—De acuerdo, esta es difícil. Dime una cosa que le pasó a Mahoma 🌸 antes de que su madre muriese.

Baji respondió.

—Un día, cuando Mahoma 🌸 estaba jugando con otros niños, dos ángeles llegaron y le abrieron el pecho. Los otros niños se asustaron y pensaron que los ángeles podían ser *yinn*. Salieron corriendo. Los ángeles tomaron el corazón de Mahoma 🌸 y lo limpiaron hasta que brilló. Después lo volvieron a poner en su pecho y se marcharon.[9]

> **Yinn.** Seres espirituales normalmente considerados análogos a los demonios

—¡Sabash, *guriya*! —ese era el apodo de Ammi para Baji, que significaba "muñeca"—. Como tú has contestado esa, Nabeel, batao: ¿cuál fue la primera esposa de Mahoma 🌸 y cómo se casaron?

Esta era fácil.

—La primera esposa de Mahoma 🌸 fue Jadiya. Ella era una viuda rica, y Mahoma 🌸 trabajó para ella como comerciante. Cuando ella vio lo bueno que era en los negocios y lo honesto que era con el dinero, le ofreció que se casaran.

—¿Y cuántos años tenían?

—Mahoma 🌸 tenía veinticinco y Jadiya cuarenta.

—Bien, pero quizá esa no era suficientemente difícil. Ub batao, Billoo, ¿cómo descubrió Mahoma 🌸 que era un profeta?

—Estaba orando en una cueva un día…

Abba interrumpió:

—¿Cuál era el nombre de la cueva?

—La cueva de Hira. Estaba orando y un ángel se le presentó y le pidió que recitase. Pero Mahoma ﷺ no sabía cómo recitar, así que el ángel tuvo que pedírselo tres veces. Entonces el ángel le dio a Mahoma ﷺ los primeros versículos del Corán.

—Shabash —continuó Ammi—. ¿Y qué sura era esa?

Ni Baji ni yo sabíamos la respuesta a esa pregunta. Era más difícil de lo podía parecer, porque el Corán no está en orden cronológico. No era una pregunta aparte en los libros que habíamos leído, así que no le prestamos especial atención.

—No hay problema, no se preocupen. En caso de que alguien se lo pregunte hoy, recuerden que es la *Surat al-Alaq*.

—*Jaani,* nadie les va a preguntar qué sura era. Hazles preguntas importantes.

Jaan o *jaani* es un término urdu de cariño que significa «mi vida». Lo usan los enamorados, y por el modo en que Abba lo usó aquí, más o menos significaba «querida».

Pero Ammi no le hizo caso.

—¿Así que el nombre de la sura no es importante pero el nombre de la cueva sí? Muy bien, de acuerdo. ¡Que el hombre de la casa haga las preguntas!

—Muy bien, lo haré. Challo, batao: ¿quién fue la primera persona en aceptar a Mahoma ﷺ como profeta?

—Su mujer Jadiya.

—¿Y de los hombres?

—Su mejor amigo, Abu Bakr.

—¿Y qué hay de especial en Abu Bakr?

—Se convirtió en el primer califa cuando Mahoma ﷺ murió.

> ***Shi'a.*** Seguidores del chiismo, una de las dos ramas mayores del islam

Esta era una cuestión importante en la que la *shi'a* no estaba de acuerdo, pero Baji y yo entonces todavía no lo sabíamos.

—Bien. ¿Quién aceptó el islam primero de entre los niños?

—El primo de Mahoma ﷺ, Ali.

—¿Y qué tiene Ali de especial?

—Se convirtió en el cuarto califa.

—¿Cómo recibieron el islam muchos de los otros mequíes?

—Ellos persiguieron a los musulmanes, insultándolos y atacándolos durante años.

—¿Y qué pasó entonces?

—Mahoma ﷺ tuvo que huir de Medina.

Abba se quedó callado. Las olas acariciaban suavemente el casco del ferri, que ya comenzaba a atracar. Yuxtapuesto a la rápida tanda de preguntas, la breve pausa sirvió para ampliar el estado de ánimo. ¿En qué estaba pensando Abba?

Cuando finalmente habló, su voz era contemplativa, casi arrepentida.

—Billo, batao, ¿cuál fue la primera batalla en la que Mahoma ﷺ tuvo que luchar? Dame detalles.

—Fue la batalla de Badr. Los mequíes llegaron a Medina para atacar a los musulmanes y destruirlos. Traían mil soldados y muchos caballos. Los musulmanes tenían solo 313 hombres, muy pocas armaduras y solo unos cuantos caballos.

—¿Quién ganó?

—¡Nosotros, por supuesto!

—¿Por qué?

—Porque éramos mejores.

—No, beyta. Ellos tenían ventaja de todos modos. Ganamos porque Alá nos ayudó. Si esta batalla hubiera salido de la forma natural, habríamos perdido, y Mahoma ﷺ habría muerto, audhu billah. Dios siempre ayuda a los musulmanes, porque somos Su pueblo. Muy bien, *beytee*, ahora dime tú, ¿cuáles fueron las otras batallas que se lucharon en Medina?

—La batalla de Uhud y la batalla de las Trincheras —respondió Baji, tal vez demasiado feliz para el tema.

—¿Por qué lucharon los musulmanes en esas batallas? ¿Estábamos atacando a alguien?

—No, Abba. Los musulmanes solo luchamos para defendernos. Los mequíes estaban atacando a los musulmanes.

—¿Entonces qué hicieron los musulmanes para parar a los mequíes?

—Conquistaron La Meca.

—¿Y dónde estaba profetizado?

Yo exclamé:

—¡En la Biblia! ¡Deuteronomio![10]

Había todo un campo de polémicas islámicas llamado «Mahoma en la Biblia», y nuestro libro de conocimiento del islam estaba lleno de referencias a profecías bíblicas acerca de Mahoma. Yo estaba fascinado con ellas. Además, adoraba decir «Deuteronomio», aunque no tenía ni idea de lo que era.

—Muy bien, última pregunta. Cuando Mahoma ﷺ conquistó La Meca, ¿qué hizo?

—¡Perdonó a todos los mequíes!

—Sí...

Abba se apagó de nuevo, y estaba vez yo podía asegurar que se estaba preparando para hacer una aclaración apasionada. A veces su amor por el islam lo sobrepasaba, y era capaz incluso de pontificar al viento si nadie escuchaba. No pasaba a menudo, pero cuando lo hacía, me encantaba. Me sumergía.

—Sí, perdonó a todos. Eran las mismas personas que habían matado al tío de Mahoma ﷺ, quienes fueron responsables de la muerte de Jadiya, quienes persiguieron a los musulmanes durante años y después empezaron muchas guerras durante la comunidad indefensa. Cuando Mahoma ﷺ finalmente tuvo la oportunidad de fulminarlos, no menos de lo que se merecían, tuvo misericordia de todos ellos. No es de extrañar que Mahoma ﷺ sea llamado *rehmatullah,* la misericordia de Alá.

Los ojos de Abba estaban fijos en el horizonte. Estábamos absortos en cada una de sus palabras, rebosantes de respeto y orgullo por nuestro profeta.

—Muchos de los mequíes vieron la misericordia de Mahoma ﷺ aquel día y no pudieron evitar proclamar la belleza del islam. Arabia entera quedó tan asombrada por Mahoma ﷺ que todos se convirtieron en musulmanes. El Mensajero y el mensaje eran irresistibles, y pronto el imperio musulmán se expandió desde España hasta la India. Fue la civilización más grande que el mundo ha visto jamás. Mientras en Occidente era la Edad Oscura, en el islam era la Era Dorada.

Hazrat. Título honorífico que significa «respetado»

Isa. Nombre árabe para Jesús

»La sociedad occidental le debe mucho al islam. Ciencia, medicina, matemáticas, filosofía... los musulmanes causaron un gran impacto en todos esos campos. Por eso todavía encontramos palabras árabes en todos ellos, como "álgebra" y "alquimia". Por desgracia, cuando las civilizaciones occidentales conquistaban, lo destruían todo. Los estudiosos musulmanes fueron asesinados, las bibliotecas se quemaron, las ciudades fueron asoladas. La Inquisición española es solo un ejemplo de cómo los cristianos trataron a los musulmanes.

—¿Pero por qué tratarían los cristianos a los musulmanes de ese modo? —pregunté en voz alta—. ¿No seguían ellos a *Hazrat Isa*?

—Beyta, ellos no seguían a Hazrat Isa. Dejaron de seguirlo mucho tiempo atrás. Convirtieron a Jesús en dios, ¡y así deshonraron a Hazrat Isa y blasfemaron contra Alá! Por eso Alá envió a Mahoma 🕌 y al islam como mensaje final para toda la humanidad. Encarna todos los mensajes que Alá envió a través de los profetas: Adán, Noé, Abraham, Ismael, Isaac, Moisés, David, Elías... todos ellos llevaron mensajes de Alá a su pueblo, y aunque la gente aceptó sus mensajes al principio, las generaciones posteriores los corrompieron. ¡La luz se hace más débil cuanto más se aleja de su fuente! Por eso es por lo que no podemos confiar hoy en la Biblia; está corrupta. Solo el Corán es perfecto. Solo el islam es incorruptible. Alá lo guardará hasta que el mensaje se expanda y el mundo se convierta en musulmán. Será entonces cuando llegue el día del juicio. En ese día el islam será victorioso.

Todos estábamos embelesados por el amor de Abba por la fe, abrazando su visión de un futuro islam global. No había nada violento en su victoria. Era una noción romántica de vindicación y destino.

Después de procesarlo por unos momentos, Ammi nos hizo regresar a la tierra.

—Challo, es suficiente. Vamos a llegar a la masjid en pocos minutos. Preparémonos.

Y tenía razón. Estábamos cerca de la mezquita. El tiempo había quedado suspendido, y yo ni siquiera me había dado cuenta de que habíamos salido del ferri. Me encantaba hablar de temas de religión. El Corán, Alá, Mahoma, fechas, nombres, lugares... todo aquello me cautivaba. Incluso hablar de Jesús y la Biblia me fascinaba. Para mí, todo era parte del plan de Alá para la humanidad, un plan que finalmente fue representado por el hombre más grande que haya vivido jamás, Mahoma 🕌. Él tenía nuestros corazones, y también nuestra lealtad.

Capítulo seis

JUSTO POR LA ORACIÓN RITUAL

LA MEZQUITA DE GLASGOW era uno de mis lugares preferidos en la infancia. Estaba asentada en una intersección en un ángulo extraño cerca del río Clyde, justo al lado de la carretera principal. Fabricada de piedra roja y coronada con una cúpula verde, tenía muchos pisos con escaleras colocadas irregularmente, puertas y pasillos. Era el lugar perfecto para jugar al escondite con los otros niños musulmanes.

Aparte de los juegos de niños, había muchas actividades congregacionales en la mezquita. Nos reuníamos en los días festivos, celebraciones, funerales, bodas, picnics, fiestas y casi cualquier cosa que quisiéramos hacer como comunidad. La mezquita es un lugar muy querido para los musulmanes, especialmente para los musulmanes expatriados que anhelan el compañerismo. Pero ninguna de estas cosas es el propósito primordial de una mezquita.

El propósito primordial es la oración congregacional, *salaat*. Son las oraciones rituales obligatorias, ofrecidas cinco veces al día por todos los musulmanes. Primero de pie, después inclinados, después ligeramente postrados con la frente sobre el suelo y sentados sobre los talones, los musulmanes recitan las súplicas prescritas en árabe a Alá.

> *Salaat.* Las oraciones rituales musulmanas

Cada una de las cinco oraciones diarias tiene su propio nombre: *fayr, suhur, asr, maghrib, isha*. Aunque las palabras y las posturas son las mismas para todas, el número de repeticiones difiere. Cada repetición se llama **rakaat**. Es necesario que un musulmán rece diecisiete rakaat diarias, y se pueden ofrecer oraciones opcionales además de estas. En nuestra yamaat, en total, se nos enseñaba a rezar treinta y una rakaat al día siempre que fuera posible.

Los tiempos de oración a menudo se convertían en una clase de agenda para los musulmanes, levantándose con el adhan para el fayr, tomándose un descanso del trabajo avanzada la mañana para el suhur, yendo a casa después del asr, cenando después del maghrib y preparándose para dormir después de la isha. En cada una de estas oraciones, después de escuchar el adhan, los musulmanes realizan una ablución llamada **wudhu**, un lavado ceremonial de brazos, cara y pies. A menudo recitan du'as memorizadas mientras realizan el wudhu. Después corren hacia la congregación para rezar.

Los musulmanes de todo el mundo rezan más o menos del mismo modo. De hecho, todos se dirigen al mismo punto, hacia la *Kaaba,* el lugar sagrado musulmán en La Meca, que se parece a un cubo negro. Popularmente se dice en el islam que Abraham construyó la Kaaba con su hijo Ismael, y cuando Mahoma se refugió en Medina, mandó a los musulmanes que comenzasen a orientarse a la Kaaba durante la salaat. Lo han hecho desde entonces, ya fuera colocados en círculo en la Gran Mezquita, donde reside la Kaaba, o en línea por todo el mundo. En Occidente puedes ver a un musulmán ferviente sacando una brújula en el tiempo de oración para encontrar la dirección exacta. Yo incluso he visto alfombras de oración con brújulas incluidas.

La oración es liderada por un hombre, llamado **imán**. Los hombres y las mujeres rezan por separado, pero lo suficientemente cerca

Rakaat. Unidades de repetición en la salaat, que se componen de estar de pie, inclinarse, postrarse y posturas sentadas

Wudhu. Lavamiento ceremonial antes de la salaat

Imán. Líder de musulmanes, normalmente se refiere a uno que lidera la oración en una mezquita

como para que las mujeres puedan escuchar la voz del imán dirigiendo la oración. Mientras el imán la conduce, algunas porciones de la oración son recitadas en silencio e individualmente, y otras se rezan en voz alta. Hay secciones en cada oración que implican la recitación del Corán, y el imán siempre las recita en voz alta de memoria.

El proceso de recitar el Corán durante la oración fue un ingenioso método de propagar el Corán en la sociedad prácticamente analfabeta de la Arabia del siglo séptimo, y todavía funciona hoy en día. Por eso el único criterio para un imán es que conozca bien el Corán y sea capaz de recitar hábilmente amplias porciones de él. De vez en cuando un imán puede cometer un error en la recitación, y es deber de los musulmanes de la fila delantera corregirle. Por eso a menudo se encuentra una jerarquía de piedad en las filas de la salaat, con los musulmanes mayores y respetados en el frente.

Con esa pequeña excepción, los musulmanes se enorgullecen en la igualdad que se encuentra en la salaat. Desde hombres ricos a hombres pobres, políticos a clase trabajadora, todos los hombres se alinean unos junto a otros y rezan como uno solo. Es un evento solemne, donde nadie habla, nadie pasa al frente de los que rezan y nadie interrumpe.

Nadie excepto, por supuesto, un mocoso de cinco años de Estados Unidos. Algunas veces, mientras corría alrededor de los adoradores durante la salaat, alguien me daba un rápido azote para sacarme de mi travesura. Mis padres estaban de acuerdo con eso; era trabajo de una mezquita criar a un niño musulmán, y los miembros de nuestra yamaat confiaban profundamente unos en otros.

En una ocasión, durante la salaat, yo estaba inquieto y nervioso. De la nada sentí un rápido azote en mi espalda. Me giré para ver quién era, pero no había nadie detrás de mí. Supuse que era mi tío, que estaba de pie junto a mí, así que después de terminar la salaat le acusé lloroso de la azotaina. Sin parpadear, él señaló al cielo y dijo: «No, fue Alá». Abrí mucho los ojos y pensé: «¡Si me hubiera girado más rápido podría haber visto la mano de Alá!». Veinte años después confesó que había sido él, pero mientras tanto me sentí honrado por haber sido azotado por el mismo Dios. Siempre permanecí con la debida solemnidad en la salaat después de eso.

Como las posturas y las palabras se memorizan,[11] no hay nada extemporáneo —de hecho, no hay nada personal— en la salaat. Para la gran mayoría de los musulmanes, simplemente es un acto de servicio, no una expresión personal o sincera.

La verdad, uno puede ahondar en el significado de las palabras que recita y hacerlo de ese modo más personal, pero raro es el adorador que lo hace en cada una de las diecisiete rakaat requeridas cada día. Incluso así, las palabras son exógenas al adorador, y no solo por estar en una lengua extranjera. Esto es verdad incluso para los hablantes de árabe. Los árabes hablan dialectos diferentes que varían en cada región. Si quieren aprender una forma de árabe que se aproxime al árabe clásico, deben aprenderlo en el colegio. La lengua de las oraciones diarias no es la lengua personal de nadie.

Yumu'ah. El nombre para el día de reposo musulmán

Esto puede llevar a que uno se pregunte por qué los musulmanes continúan rezando cinco veces al día. ¿Qué importancia tiene recitar las mismas palabras cinco veces al día, cada día, cuando no significan nada personal? Me lo pregunté a mí mismo cuando era pequeño, y cuando se lo dije a Abba, él contestó:

—Nabeel, delante de Allá todos estamos sucios, y todos necesitamos Su limpieza. Ahora imagina que te bañas cinco veces al día. ¡Qué limpio debes estar! La salaat es el baño espiritual que Alá ha dado a los musulmanes para que permanezcan puros y limpios. Por eso rezamos cinco veces al día.

Hay algunas variaciones en las oraciones. Los viernes, el día de reposo islámico, el imán da un sermón y los musulmanes rezan una versión modificada de la suhur llamada *yumu'ah*. La palabra *yumu'ah*

La salaat solidificó a mi padre como mi guía espiritual y cinceló indeleblemente el Corán en mi corazón.

significa «congregado», y solo se puede rezar con tres o más personas. Tan importante es la oración yumu'ah que la palabra *viernes* en árabe y urdu se llama así. Ammi y Abba nos decían que si nos perdíamos tres yumu'ah seguidas, tendríamos una huella negra en nuestro corazón que nunca podría limpiarse.

Por desgracia, no podíamos ir a la mezquita los viernes por culpa de su distancia de nuestra casa y por la agenda de Abba. Por supuesto, tampoco podíamos ir a la mezquita para las cinco oraciones diarias. Así que normalmente orábamos la salaat y la yumu'ah como familia en casa. Si alguna vez Abba estaba desplegado y no había ningún familiar varón en casa, yo guiaba a Ammi y Baji en oración. Eso empezó a corta edad, cuando Ammi sintió que ya era suficientemente maduro.

Aunque disfrutaba liderando la oración, y aunque algunos de los imanes de nuestra yamaat tenían una voz melodiosa o una presencia imponente, Abba siempre fue mi imán favorito. Su tempo, su voz, su melodía y su posición frente al resto de nuestra familia me parecía perfecta. Incluso ahora, puedo escuchar su voz recitando largas porciones del Corán si cierro los ojos. Por eso conozco esas porciones, porque escuchaba a Abba repetirlas tan a menudo. La salaat solidificó a mi padre como mi guía espiritual y cinceló indeleblemente el Corán en mi corazón. Ese es el poder de la salaat.

Capítulo siete

DIVERSIDAD EN EL ISLAM

EL AÑO 1989 FUE IMPORTANTE para nuestra yamaat. Era el centenario de la secta Ahmadía del islam, nuestra secta, y gente de todo el mundo se estaba reuniendo en Inglaterra para celebrarlo. Nuestra familia consideró una bendición especial de Alá que ese acontecimiento trascendental sucediese mientras estábamos destinados en el Reino Unido. Estaríamos entre las decenas de miles de personas asistentes.

La celebración se llevó a cabo en la campiña inglesa de Tilford, donde cuantiosas carpas servían de salas de encuentro y la hierba pisada como senderos. Había tiendas para la oración, para servir comida, para la retransmisión por satélite y para la venta de recuerdos. Habían sido invitados diplomáticos y otros asistentes de honor de todo el mundo para acudir a las sesiones, y muchos traían mensajes de tolerancia y multiculturalismo.

Las mujeres diplomáticas eran las únicas permitidas en el área de los hombres. El área de las mujeres duplicaba casi todo el espacio de los hombres, pero estaban separadas. Yo todavía era pequeño y podía entrar en la sección de las mujeres sin que se fruncieran ceños, y a menudo lo hacía. Era mucho más animada que el área de los hombres. Las mujeres llevaban ropas coloridas, se reían en voz alta y hablaban sin parar, ignorando completamente los discursos televisados desde la sección de los hombres. Allí la atmósfera siempre era solemne, y con seis años la solemnidad significa aburrimiento.

Durante una de las sesiones principales intenté ir desde la sala de reuniones de las mujeres hasta el bazar de los hombres, donde vendían chapas especialmente diseñadas para el centenario. De camino, un anciano me agarró fuertemente del hombro mientras intentaba pasar junto a él. Eso nunca era una buena señal. Hizo que me diera la vuelta, colocó su mano en mi espalda y me guió hasta la sala de reuniones principal de los hombres. Me hizo sentar, muy cerca del frente y demasiado cerca de él. Hizo todo eso sin decir una palabra, pero me lanzó una mirada muy severa que decía todo lo que necesitaba decir: «Siéntate y escucha el discurso». Hasta el día de hoy no tengo ni idea de quién era, pero sabía bien que no debía desobedecer a un anciano en una reunión de la yamaat, así que centré mi atención en el orador. La chapa tendría que esperar.

El orador era un misionero de Paquistán cuyo acento se me hacía sumamente difícil de entender. Su lengua nativa era el punyabi, una lengua relacionada con el urdu que se hablaba en los poblados rurales paquistanís. Él importaba su acento e inflexiones del punyabi a la lengua inglesa, sin disimulo. El resultado no era agradable. Por fortuna, su mensaje era un elemento básico de las reuniones de alto nivel de nuestra yamaat que había escuchado muchas veces antes.

Estaba defendiendo el hecho de que éramos musulmanes.

—Los otros musulmanes dicen que no somos musulmanes, ¿pero quiénes son ellos para apartarnos del islam? Según Anas ibn Malik, Mahoma ﷺ dijo: "Todo el que proclame la **shahada** es musulmán". Y la shahada es clara: "No hay más dios que Alá y Mahoma es Su profeta". Incluso hoy, todo lo que tienes que hacer es recitar la shahada y serás aceptado dentro del redil del islam.

> ***Shahada.*** Proclamación central del islam: «No hay más dios que Alá y Mahoma es Su profeta»

Parecía que se lo decía directamente a los diplomáticos, que se movieron en sus asientos.

—Toda persona debe recitar la shahada para convertirse en musulmán, y eso es todo lo que debemos hacer para ser musulmanes, según este precioso hadiz de nuestro amado profeta Mahoma ﷺ.

El misionero se iba animando más y más por momentos. Años después supe que había visto a sus seres queridos sufrir una terrible persecución de manos de otros musulmanes. Algunos miembros de su congregación habían sido incluso asesinados. Su retórica era catártica, fuego expulsado directamente de su corazón.

—Incumplir la shahada te hace no musulmán; recitar la shahada te hace musulmán; y nosotros recitamos la shahada. Eso es. ¡Somos musulmanes! ¿Pero por qué me molesto en clarificar esto, como si nos tambaleásemos en el borde del islam? ¿Rechazamos alguna de las obligaciones del islam? ¡No!

En una rápida sucesión, el misionero enumeró las prácticas fundamentales requeridas para todos los musulmanes, los **Cinco Pilares del islam**.

—Nosotros recitamos la shahada; pagamos la **zakat** a los pobres; ayunamos durante el Ramadán; ¡y peregrinamos a la Kaaba para realizar la **Hajj**! Estas son las cosas que Alá ordenó hacer en el Corán, y nosotros las hacemos todas. ¿Quién puede negar que seamos musulmanes?

Cinco Pilares del islam. Las prácticas fundamentales requeridas para todos los musulmanes

Zakat. Limosna obligatoria

Hajj. La peregrinación anual a La Meca

Seis Artículos de Fe. Las creencias fundamentales musulmanas

»Y nosotros se lo explicamos con claras pruebas del Corán y del hadiz, pero ellos quieren encontrar el modo contra nosotros, ¡así que cambian sus objeciones! Nos dicen: "Pretenden ser musulmanes con sus acciones, ¡pero no creen lo que Mahoma ﷺ enseñó!". Díganme, ¿qué enseñó él que nosotros no creamos?

El misionero pasó de las prácticas fundamentales a las creencias fundamentales, llamadas los **Seis Artículos de Fe**.

—Creemos en el único Dios Alá; creemos en los seres espirituales invisibles; creemos que Alá envió profetas a este mundo; creemos que Él dio las sagradas escrituras a Sus profetas; creemos que llegará un día de juicio; ¡y creemos que el decreto de Alá es soberano sobre el universo! ¿Qué es lo que no creemos?

»¡En lo que no creemos es en la falsedad! ¡No creemos, como la shi'a hace, que Alá cometiera un error permitiendo a Abu Bakr convertirse en califa! No creemos, como hacen los suníes, que podemos asesinar gente en nombre de Alá, ¡por no hablar de otros musulmanes! ¡Estas son creencias indignantes, y si fuera que las creyésemos, nuestra expulsión del islam estaría justificada!

Los misioneros ahmadíes no eran conocidos por tratar con precaución materias sensibles en momentos de pasión. Su elección de palabras era provocativa, pero había algo de verdad en ello. Se refería a la división principal entre musulmanes, la que hay entre los chiíes y los suníes. Hay tres ramas principales del chiismo islámico, y juntas conforman aproximadamente entre el diez y el quince por ciento de los musulmanes del mundo. Ellos creen que la autoridad en el islam primitivo se traspasaba por el linaje de Mahoma, así que cuando él murió, el siguiente varón de su parentesco debía haber adquirido el manto del liderazgo islámico. Ese debía haber sido Ali. Sin embargo, cuando Mahoma murió, no había ningún sucesor designado. Los musulmanes eligieron a Abu Bakr como el primer califa. En gran medida, aquellos que reconocen el califato de Abu Bakr siguen una de las cuatro escuelas del islam suní, y conforman cerca del ochenta por ciento de los musulmanes del mundo.

El resto, el cinco o diez por ciento restante, son aquellos que no encajan cómodamente en ninguna categoría. Ahí estamos nosotros.

Kafir. Infiel, no musulmán

—Mahoma ﷺ proclamó que si recitamos la shahada, somos musulmanes. Eso hacemos. El Corán dice que debemos realizar los Cinco Pilares. Eso hacemos. El islam enseña que debemos creer los Seis Artículos de Fe. ¡Eso hacemos! ¿Entonces por qué nos llaman *kafir*?

»Tienen la osadía de llamarnos kafir porque no interpretamos dos palabras del Corán del modo en que ellos lo hacen. ¡Dos palabras! *"Khatama an-naiyina*, el sello de los profetas". En la mente de estos musulmanes violentos e incultos, disentir sobre estas palabras justifica el asesinato de sus hermanos en el islam, ¡astaghfirullah!

El imán se refería a la afirmación controvertida hecha por el fundador de nuestra secta, Mirza Ghulam Ahmad, de que él era un profeta subordinado a Mahoma. Muchos musulmanes defienden que 33:40 excluye cualquier profetismo después de Mahoma, haciendo por tanto a Mirza Ghulam Ahmad un falso profeta y a sus seguidores no musulmanes. A causa de esto, cientos, si no miles de musulmanes ahmadíes habían sido asesinados en países como Paquistán e Indonesia a manos de musulmanes ortodoxos.

> **Inshallah.** Una fórmula musulmana muy común que significa «si Alá quiere»

—Han tomado la religión de la paz y la han convertido en una religión de derramamiento de sangre y violencia. Pero *inshallah*, Alá restaurará el islam por medio de la Ahmadía. Él ya ha enviado al imán de nuestro tiempo, el Mesías Prometido, ¡y sus sucesores son califas designados divinamente!

Aquí había incluso más ofensa en las reivindicaciones de Ahmad. Después de asegurar ser un profeta y chocar contra la polémica del *khatama an-naiyina*, Ahmad se defendió en parte diciendo que él no era para nada un profeta. Argumentó que la gente de muchas fes esperan que regresen sus profetas. Los judíos esperan a Elías, los hindúes a Krisna, los budistas esperan a Buda y los cristianos esperan a Jesús. Ahmad defendía ser todas esas figuras reunidas en una. Para coronarlo, sus sucesores aseguraban haber establecido un nuevo califato, una afirmación que es muy ofensiva para los musulmanes de todo el mundo que todavía están esperando un califato final.

—¿Quién puede ser más listo que Alá? Él es el que mejor sabe planear, ¡y Él revitalizará el mundo a través del islam y de la Ahmadía! ¡Esta inevitabilidad ni siquiera Satanás puede alterarla!

Cuando el misionero dijo esto, se emitieron gritos esporádicos desde la congregación, todos exclamando la misma proclamación: «¡Takbir!». Los miles de hombres reunidos en la carpa respondieron unánimes: «¡Allahu akbar!». La fuerte voz se impuso y tronó de nuevo: «¡Takbir!». Con pasión envalentonada, toda la multitud de hombres estallaron «¡Allahu akbar!». Los ahmadíes no suelen aplaudir como aprobación, en vez de eso se animan unos a otros a alabar a Alá y a invocar Sus bendiciones.

El hombre que había gritado «¡Takbir!» continuaba animando a los musulmanes congregados, bramando «¡Islam!», lo que era recibido con «*Zindabad*», que viva muchos años. «¡Islam! ¡Zindabad! ¡Ahmadía! ¡Zindabad!». El tiempo parecía haberse detenido en el aire mientras la voz desconocida bramaba llamada tras llamada, liderando a un ejército de musulmanes a la alabanza a Alá. Aquel ejército estaba hecho por musulmanes pacifistas que no harían nada por aquietar la inquietud de un observador no iniciado. El rugido de miles era estremecedor.

Sin nada más que añadir, el misionero dio las gracias a la asamblea y concluyó su discurso. Considerándolo hoy en día, me doy cuenta de que la cuestión de la ortodoxia y la herejía es multifacética y complicada. Es verdad que muchos musulmanes llaman no musulmanes a otros a la mínima provocación. La etiqueta de infiel también se distribuye con mucha celeridad al menor desacuerdo. Dudo de que cualquiera de las docenas de sectas en el islam hayan escapado alguna vez de la acusación de herejía.

Dicho esto, el fundador de la Ahmadía hizo algunas afirmaciones muy atrevidas y ofensivas para muchas partes. Asegurar ser la segunda venida de Jesús ofende tanto a cristianos como a musulmanes. Exigir la veneración debida a un profeta no es una afirmación pequeña para los musulmanes, y no es difícil ver por qué algunos ortodoxos consideran la Ahmadía una secta fanática.

Pero para mí, muchas cosas pesan a favor de que los ahmadíes sean musulmanes. Como dijo el misionero, los ahmadíes se adhieren a las doctrinas y prácticas centrales del islam. Basándose en sus vidas diarias y en sus creencias aplicadas, los ahmadíes son casi indistinguibles de los suníes. Continuando con ello, cuando yo era ahmadí me veía atado al islam más que a la Ahmadía. Pero tal vez lo más importante sea que Mahoma mismo consideraría musulmanes a los ahmadíes: «No se excomulgará a nadie que declare que no hay otro Dios que Alá».[12]

> Un hombre es musulmán si declara que exclusivamente Alá es Dios y Mahoma es el mensajero de Alá.

La lección que hay que aprender es que hay mucha división en el islam. La mejor determinación de si un hombre es musulmán es si declara que exclusivamente Alá es Dios y Mahoma es el mensajero de Alá. Más allá de eso, hay una gran diversidad en el islam.

Capítulo ocho

• • •

EL CAMINO
DE LA SHARIA

CUANDO SE TRATA de la *sharia*, la diversidad del islam puede llevar a puntos de vista ampliamente dispares. La sharia no es un campo que el musulmán común conozca bien. Cuando escuché este término por primera vez estaba en un *ijtema*, un torneo que nuestra yamaat realizaba una vez al año.

Los torneos eran tan religiosos como físicos por naturaleza. Las competiciones religiosas incluían la memorización del Corán, la recitación del Corán, la realización del adhan, la recitación de poesía islámica, competiciones de oratoria, memorización del hadiz y exámenes de conocimiento religioso en general. No estoy muy seguro de lo que incluían las competiciones físicas porque Ammi me tenía atado con las religiosas, especialmente con la competición de oratoria.

Sharia. Ley islámica

Ammi era muy meticulosa en prepararme para mi discurso. No solo ella escribió todo el guion, sino que me entrenaba para presentarlo. Durante las noches previas a la competición, después de la salaat isha, Ammi me mantenía en pie haciendo prácticas. Ella se paraba detrás de mí mientras yo hablaba y me movía los brazos y las manos en el momento adecuado para hacer gestos enfáticos, como si yo fuera su marioneta. Ella me indicaba dónde parar para un efecto dramático, cuándo girar la cabeza y cómo elevar el tempo y el volumen para el máximo impacto. Más tarde descubrí que ella había sido la capitana del equipo de debate en Paquistán, lo que explicaba el curso de sus conversaciones con Abba.

El día de la ijtema yo competía en el grupo de seis a ocho años. El tema de mi discurso era «Di siempre la verdad sin importar qué consecuencias pueda tener». Gané un premio por mi discurso, junto con otros cuantos premios. Ammi y Abba también competían, pero la competición adulta siempre parecía mucho más alegre que las sesiones jóvenes. El torneo entero parecía centrado en propagar el islam entre la generación más joven. Para este fin los eventos de los adultos se escalonaban y terminaban después de las competiciones de jóvenes para que los participantes jóvenes pudieran asistir.

Yo decidí asistir al concurso de oratoria extemporánea de los hombres. Los apuntes en esta competición abarcaban un amplio rango de temas, como «Perfilando la historia de la yamaat ahmadí», «¿Qué debemos hacer para criar a nuestros hijos en el camino islámico?» y «¿Cómo sabemos que Jesús no es el Hijo de Dios?».

Un hombre al que yo llamaba tío Faizan, un dotado orador en inglés de unos cuarenta años, sacó el tema: «Explica la sharia, incluyendo sus fuentes y aplicaciones». Se puso en pie y comenzó su discurso dando gracias a la audiencia con un saludo formal.

—Respetado imán, venerados ancianos, invitados de honor y queridos hermanos, *As salamu 'alaikum wa rahmatullahi wa barakatuh.*

La sala respondió al unísono:

—*Wa alaikum salaam.*

Mirando hacia sus notas, el tío Faizan comenzó:

—El tema que comparto hoy es la sharia. La sharia es la ley islámica. La palabra *sharia* significa "el camino", y debemos andar en el camino correcto según la voluntad de Alá.

Los ancianos que juzgaban el evento parecían impresionados. Para musulmanes no árabes, ser capaces de definir con

As salamu 'alaikum wa rahmatullahi wa barakatuh. Un extendido saludo musulmán que significa: «Que la paz de Alá y Su misericordia y bendiciones estén contigo»

Fiqh. Jurisprudencia islámica

precisión términos árabes siempre era digno de puntos extra, en el torneo y fuera de él.

Envalentonado por su reacción, continuó:

—No hay un libro de la sharia. Debemos obtener la ley de una jerarquía de fuentes usando un proceso de jurisprudencia llamado *fiqh*. La fuente primera y mayor es el Corán. Nada puede desbancar al Corán porque es la palabra de Alá. Pero el Corán no es exhaustivo. Como musulmanes hay mucho que debemos hacer y creer que no se encuentra en el Corán. Para esto tenemos una segunda fuente, el hadiz.

Algunos de los que estábamos en el público quedamos desconcertados por el franco comentario de que el Corán era insuficiente. Aunque era técnicamente cierto, no debía haber sido afirmado con tanta crudeza. Sonaba casi vergonzoso, como si el Corán fuese de algún modo menos de lo que debía ser. Pero los ojos del tío Faizan estaban fijos en los ancianos, que no mostraban ninguna reacción, así que procedió.

Ulema. Estudiosos religiosos musulmanes

Mufti. Experto legal musulmán

—El hadiz elabora y clarifica lo que se encuentra en el Corán, pero nunca se contradicen. No hay contradicción en el islam. Si se encuentra un hadiz que de algún modo contradice al Corán, entonces no es auténtico y debe ser ignorado. Si no se encuentra ningún hadiz para clarificar un tema, entonces debemos volvernos a la tercera fuente de la sharia: la *ulema*, los musulmanes estudiosos que son sabios y experimentados en el islam.

El tío Faizan sonreía cortésmente al imán, a quien no se le escapó la adulación.

—De ahí es de donde viene la sharia, ¿pero dónde podemos verla? La vemos en todas partes en la vida de un musulmán devoto. Es cómo reza, cuándo ayuna, con quién se casa, qué comidas evita. Todas esas cuestiones básicas son tema de la sharia. También hay materias más detalladas, como si debemos pagar zakat sobre el valor estimado de la vivienda.

Los ancianos soltaron una risita y le dieron al tío Faizan la señal para que concluyese.

—Esta es una breve explicación de la sharia, sus fuentes y sus aplicaciones. *Shukria*, gracias.

Con eso, se sentó de nuevo en el suelo mientras los ancianos asentían con aprobación.

Como llegué a saber después, era una respuesta firme a la pregunta, al menos desde una perspectiva ahmadí. Los ahmadíes tienen muy poca elección en su estructura de autoridad, y por eso los líderes de la yamaat tienen plena voz a la hora de interpretar la sharia para ellos. Lo que el líder dice así es. Ese no es el caso para la mayoría de los musulmanes.

Otros musulmanes tienen opciones. Por ejemplo, si una mujer suní quiere obtener el divorcio de su marido, tiene que recibir la aprobación de una autoridad. Debe ser de un *muftí*, alguien docto al menos en las bases de la sharia. Si ella presentara su caso delante de un muftí, él le facilitaría su decisión, llamada *fetua*. Sin embargo, las fetuas no son vinculantes, y si a ella no le gustara podría ir a otro muftí y ver si le proporcionaría una fetua favorable.

Fetua. La decisión o regla de una autoridad musulmana

Los muftíes de diferentes escuelas de pensamiento tienen diferentes precedentes y por eso proporcionan fetuas diferentes. Por ejemplo, algunas escuelas de pensamiento suní insisten en el consentimiento de una mujer antes de ser dada en matrimonio. Otras escuelas no lo hacen, requiriendo que la mujer se atenga a los deseos de la familia. Ya que nadie está obligado a ninguna escuela específica, algunas mujeres eligen escuelas de pensamiento basadas en las fetuas que prefieren. Aunque esta práctica de las «fetuas a elección» no está recomendada por los estudiosos suníes, sirve como ejemplo perfecto de la clase de cosas que los ahmadíes no pueden hacer a causa de su estricta estructura de autoridad.

Existe otra dimensión para complicarlo: cada denominación difiere en lo que el hadiz considera preciso. Puesto que los hadices son el segundo escalón de la sharia, estas diferencias de opinión tienen consecuencias reales. Muchas de las diferencias entre los modos en que suníes y chiíes practican el islam giran alrededor de esta misma cuestión. Sus libros de hadices son diferentes. Esta diferencia, combinada con la posición de la shi'a acerca de la autoridad de los imanes, da como resultado una visión significativamente diferente de la sharia.

Dejando las diferencias a un lado, es necesario señalar que existe un alto grado de coincidencia entre la mayoría de los musulmanes. Por ejemplo, las cuatro escuelas de pensamiento mayores de los suníes y las tres escuelas principales de la shi'a enseñan que la gente que abandona el islam debe ser asesinada por su apostasía, difiriendo solo en los detalles de las circunstancias agravantes y la implementación. Solo los grupos periféricos, como los musulmanes liberales y los ahmadíes, están en contra de esta práctica tradicional.

No aprendí todos estos detalles en el ijtema, ni lo necesité. De hecho, la mayoría de los musulmanes no saben esas cosas. Ellos conocen el islam en la medida que lo practican, y estas son cuestiones para los entendidos. Más que nada, el itjema y otras reuniones de ese tipo nos hacían ahondar en amor con el islam y profundizar en la comunidad unos con otros. Nos aseguraban que teníamos líderes religiosos que tenían respuestas que nosotros podíamos no tener. Al reunirnos juntos regularmente y discutir cuestiones de nuestra fe, nos convertíamos en una comunidad fuerte.

Capítulo nueve

LOS SUEÑOS
DE LOS FIELES

FUE DESPUÉS DE UNA REUNIÓN SIMILAR una noche cuando viajábamos de regreso a Dunoon desde Glasgow que Ammi y Abba estaban claramente preocupados por algo. Nuestra familia había perdido la noción del tiempo, y los ferris del lago Holy habían dejado de funcionar por la noche. Para volver a casa teníamos que rodear el lago, lo que nos llevaba no menos de dos horas y media.

Pero eso había sucedido unas cuantas veces en el pasado, y Ammi y Abba nunca habían estado preocupados antes. Al día siguiente era domingo, así que Abba no estaba preocupado por faltar al trabajo. Estaban sentados en los asientos delanteros, sin hablar lo suficientemente alto para que pudiéramos escuchar atrás, pero Baji y yo podíamos notar que su habla era apresurada y que una sombra de preocupación crecía entre ellos. Pasaba algo.

Baji habló primero.

—Abba, ¿qué ocurre?

—Nada, beytee. Comprueba tu cinturón, asegúrate de que la puerta está cerrada y vuelve a dormir. Ya se ha pasado tu hora de ir a la cama. Estaremos en casa pronto, inshallah.

Ammi lanzó una mirada turbada hacia Abba. No dijeron nada.

Después de un momento, yo pinché igual.

—¿Qué pasa, Ammi?

—¿Has escuchado a Abba? Haz lo que él dice.

Fuera lo que fuese, Ammi y Abba no estaban dispuestos a compartirlo con nosotros, y ahora no había manera de dormir. Pero tampoco queríamos meternos en problemas, así que Baji y yo fingimos que estábamos dormidos.

Después de unos cuantos minutos de tensión, Ammi había tomado una decisión sobre algo. Se giró a Abba y dijo:

—¿Todavía te parece lo mismo?

—Sí, me parece lo mismo. En realidad, se me parece más.

—¡Entonces demos la vuelta! ¡Volvamos! Challo, ¡es suficiente!

Aquello parecía ser el empujón que Abba necesitaba. Dio la vuelta al coche y comenzó a conducir de nuevo en dirección a Glasgow. Todavía Baji y yo sabíamos que no teníamos que hacer preguntas. La tensión había desaparecido, pero el estado de ánimo no había mejorado.

—¿Debo buscar un hotel? —preguntó Abba.

—No, podemos quedarnos en casa de los Malik. Ellos lo entenderán.

Si Ammi podía decir algo que transformara inmediatamente mi miedo en alegría, era eso. Los Malik era la familia de la masjid a la que estábamos especialmente unidos. Yo llamaba al señor y a la señora Malik «tío» y «tía», no solo porque fuera la terminología estándar en la cultura paquistaní para los mayores, sino también porque eran como un segundo par de padres para mí. Ya fuera que me estuviera comportando con el mayor decoro o estuviera investigando las profundidades de mi travesura, ellos me recibían con cariño y amor.

El tío y la tía tenían cinco hijos que eran nuestros mejores amigos. El hijo mayor de su familia tenía trece años, y fue mi modelo en la infancia. Estaba emocionado por la perspectiva de pasar tiempo con él. Por el momento, el inusual viaje a casa se había olvidado.

Lo que hacía este giro de acontecimientos todavía más emocionante era que sería la primera vez que pasaría la noche en casa de un amigo. A menos que estuviésemos viajando o visitando a la familia, rara vez pasábamos la noche en otro lugar que en casa. Dormir fuera de casa era algo desconocido, no solo porque necesitas amigos para eso, sino porque Ammi se sentía incómoda con la idea de dejarnos fuera de su supervisión una noche.

Pasamos la noche totalmente eufóricos, jugando a juegos de mesa y viendo películas. Cuando nuestros padres se fueron a dormir, mis amigos decidieron poner rápidamente una nueva película de miedo en el reproductor de vídeo: *Depredador*.

Cuando dije que viví una infancia protegida, lo decía en serio. A los pocos minutos de empezar la película estaba totalmente aterrorizado. Ni siquiera las bromas de mis amigos me convencieron para que regresase al televisor. Me fui a la cama y traté de quedarme dormido. Mis sueños de aquella noche fueron irregulares, llenos de cacerías, puntos rojos e insoportables acentos austriacos. Me desperté más cansado de como me había acostado.

La mañana siguiente, después de un desayuno paquistaní-escocés digno de reyes, Ammi le dio las gracias a la tía, de pie en la puerta. Esperaron hasta que Abba y el tío estuvieran fuera del alcance para hablar furtivamente. A Ammi no le importó que yo estuviese cerca porque sabía que no había dormido mucho, y siempre me pegaba a ella cuando estaba de mal humor.

La tía habló mientras miraba hacia la calle, con un tono muy afectado.

—Ahora es de día. Puedes decirme lo que vio.

—Algunos sueños no los compartes ni siquiera a la luz del día.

Así que esa era la respuesta al misterio. Abba había tenido un sueño. En nuestra cultura, los sueños se consideran cuidadosamente porque, como enseña un hadiz bien conocido, «Los sueños de los fieles son proféticos».[13] De hecho, los sueños son el único medio que conozco por el cual el musulmán común espera oír directamente a Dios.

> Los sueños son el único medio por el cual el musulmán común espera oír directamente a Dios.

Hay una buena razón para esta expectativa: los sueños a menudo se volvían realidad. Abba había tenido muchos sueños proféticos. Un ejemplo fue cuando fue reclutado, que tuvo que hacer un examen con el propósito de ser ascendido a alférez. El día de su examen tuvo un sueño en el que él y cinco de sus amigos estaban en una batalla bajo un fuerte fuego. Había una verja en la distancia, y tenían que llegar a ella para estar a salvo. Los seis echaron a correr. Abba fue el primero en saltar la verja, y otro amigo lo hizo después de él. Los otros cuatro no consiguieron llegar.

Pocas semanas después, cuando le comunicaron sus exitosas notas, se encontró con que los mismos cinco amigos habían realizado el examen, y el único que lo había superado además de él era el que había pasado la verja en el sueño.

Nani Ammi una vez tuvo un sueño recurrente poco después de que su padre hubiese fallecido y hubiera sido enterrado. Él estaba llamando a su puerta pidiendo ayuda, totalmente empapado por la lluvia. Después de tener el sueño tres noches consecutivas, ella decidió ir a visitar su tumba. Cuando llegó, descubrió que un animal había escarbado un agujero en su tumba, y las lluvias del monzón la habían inundado.

Solo en la familia, la gente había tenido sueños clarividentes de enfermedades, abortos, nacimientos, muertes y una miríada de otros sucesos. Un sueño no era algo que tomarse a la ligera, especialmente uno que presagiase una calamidad evitable.

La tía podía asegurar que Ammi necesitaba compartir el sueño de Abba con alguien, así que preguntó de nuevo.

—Quiero dar una *sadqa* y una oración por ustedes. Cuéntame qué vio.

Ammi se ablandó.

—Muy bien, te lo diré, pero no estoy segura de lo que significa, y no se lo cuentes a nadie más. Hace dos noches, él tuvo un sueño. Estábamos todos en el coche, viajando por una carretera oscura. Había un fuego oscuro, uno que no emitía luz. No podía ver absolutamente nada. Cuando se giró para comprobar a Wajiha y Nabeel en el asiento trasero, habían desaparecido.

Ammi se quedó callada y observó a Abba y al tío de pie junto al coche. Todavía preocupada, la tía preguntó:

—¿Qué crees que significa?

Ammi respondió:

—Astaghfirullah, ¡no quiero pensarlo!

> ***Saqda.*** Una ofrenda voluntaria, normalmente para evitar una desgracia
>
> ***Alhamdolillah.*** Fórmula musulmana que significa «Alabado sea Alá»; es el análogo islámico para *aleluya*

—¿Entonces qué pasó en la carretera anoche?

Ammi dudó antes de compartirlo.

—La larga carretera hacia Dunoon es un camino traicionero incluso a la luz del día. Sin embargo, no pensamos en ello hasta que estuvimos a mitad de camino, cuando las farolas se apagaron. Estaba muy oscuro y se parecía mucho al sueño. Ahí fue cuando nos dimos la vuelta. Sea cual fuera el significado del sueño, creo que Alá nos salvó de ello.

Finalmente, la tía se giró a Ammi con una sonrisa.

—*Alhamdolillah.* Démosle las gracias a Alá, hagamos una du'aa antes de que se marchen, ofrezcan una sadqa y no piensen más en ello. Llámenme cuando lleguen a casa para que sepa que todo ha ido bien.

Ammi le devolvió la sonrisa y la abrazó. La tía era una verdadera amiga.

Cuando nos reunimos alrededor del coche, ambas familias ofrecieron juntas una du'aa, orando en silencio para nuestra seguridad y un rápido regreso a casa. Aunque era un procedimiento estándar, tomó un significado añadido aquella mañana.

Ya en el coche, al salir de la ciudad, le pregunté a Abba si había tenido un mal sueño. Él miró a Ammi, pero ella no dijo nada.

—Sí, beyta.

—Yo también tuve un mal sueño anoche, Abba jaan. No pasa nada.

Abba se rio.

—Existen diferentes clases de sueños, Billoo.

—¿Qué los hace diferentes?

—Cuando tengas uno que venga de Dios, lo sabrás.

—¿Alá te da muchos sueños?

—Sí, beyta. Demasiados.

Eso fue lo último que dijo. Pocos días después, Abba decidió orar a Alá para pedirle que dejase de ver sueños proféticos.

Han pasado veinte años desde entonces, y Abba no ha recibido muchos sueños. Yo, por otro lado, llegaría a un punto en mi vida en el que pasaría muchas horas postrado rogando a Alá que me guiase por medio de sueños. Y cuando ocurrió, Abba tenía razón. Cuando tuve uno, supe que venía de Él.

Capítulo diez

EL MES DE
LA BENDICIÓN

ME ENCANTARON MIS AÑOS EN ESCOCIA. Mi corazón fue
cautivado por la tierra y las personas. Nuestro hogar estaba situado en
una colina donde a veces resonaban gaitas distantes en las mañanas
frías. Las montañas que rodean Dunoon parecen haber sido esculpidas
para ese mismo propósito. Crecían arbustos de arándanos alrededor
de nuestro patio, justo fuera del alcance de un pasto de ovejas más allá
de la verja con alambre de púas. Comencé mi educación formal en la
escuela de Educación Primaria Sandbank, la única en nuestra parte del
pueblo, e hice unos cuantos buenos amigos en la mezquita. En más de
una ocasión fuimos invitados a cenar por parte de extraños mientras
estábamos parados en un semáforo en rojo. Amaba Escocia, y mis afirmaciones de cariño por el país vinieron con un grueso acento escocés.

Sin embargo, la Guerra Fría estaba terminando, lo que significaba que ya no se necesitaba la base de submarinos nucleares. Era el
momento de mudarnos de nuevo, y solo había un aspecto positivo
en dejar Escocia en el que podía pensar: el Ramadán sería mucho
más fácil.

Ramadán es el mes sagrado musulmán. Durante treinta días los
musulmanes ayunan desde el amanecer hasta la puesta de sol, sin permitir que nada de comida o de agua pase por sus labios. Esta práctica
es obligatoria para todos los musulmanes físicamente capacitados, y
es el cuarto pilar del islam. Al final de los treinta días los musulmanes
celebran una de sus dos fiestas principales, *Eid al-Fitr*.

El Ramadán era terriblemente difícil en Escocia debido a la longitud de los días. Escocia está tan al norte que casi roza el sur de Islandia. Durante los veranos escoceses el sol sale a la temprana hora de las cuatro y media de la mañana, y se pone tan tarde como a las diez de la noche. Si sucede que el Ramadán cae durante los meses de verano, como ocurrió cuando vivíamos allí, entonces los musulmanes

Eid al-Fitr. Una de las dos fiestas mayores musulmanas; marca el final del Ramadán

deben ayunar cerca de dieciocho horas al día. No poder comer en ese tiempo ya es malo, pero la prohibición de beber agua es el mandamiento más difícil. Resistirlo durante treinta días seguidos es una prueba de fortaleza y fe.

Pero el islam a menudo no es tan rígido como algunos lo perciben. Por ejemplo, hay excepciones a las exigencias de ayuno. Si un musulmán está enfermo, de viaje o de cualquier modo es incapaz de ayunar, tiene opciones. Una de ellas es proporcionarle una comida a una persona pobre para cumplir con su obligación, y entonces, cuando sea capaz, puede ponerse al día con los ayunos perdidos.

Con todo lo importante que es el ayuno, sería una desgraciada malinterpretación considerar solo eso cuando se piensa en el Ramadán. Para los musulmanes el mes sagrado significa mucho más. Es un tiempo para construir comunidad, restaurar las relaciones rotas, esforzarse en la pureza y, sobre todo, fortalecer la fe de cada uno. Se invita a los familiares, se entregan regalos, se preparan fiestas. Como una Navidad que durase un mes, es un tiempo de celebración extendido en las tierras musulmanas de todo el mundo.

Sería una desgraciada malinterpretación considerar solo el ayuno cuando se piensa en el Ramadán.

El calendario islámico es lunar, y es difícil predecir exactamente cuándo comenzará el Ramadán. Por lo general es una noche de incertidumbre. Cada año salía afuera de la casa con Abba, mirando al cielo con anticipación y nerviosismo, esperando que se despejaran las nubes para poder echarle un vistazo a la luna. Si había luna nueva, agachábamos la cabeza y recitábamos una du'aa memorizada. Abba entonces iba a la cocina y le decía a Ammi el veredicto. No recuerdo que alguna vez ella esperase fuera con nosotros, porque siempre estaba preparando la comida de la mañana siguiente. Había mucho que preparar.

Normalmente nos levantábamos una hora antes de la salida del sol. Después del wudhu, orábamos ocho rakaats de oración opcional antes de sentarnos a comer. La comida de antes del amanecer se llamaba *sehri*, y servía para el doble propósito de darnos energía para el día y comenzar la jornada en compañía. Ammi cantaba en la cocina mientras preparaba nuestra comida, normalmente canciones de alabanza a Alá o a Mahoma. Ella ponía la mesa con nuestra comida: yogur y huevos era la comida cotidiana del sehri, pero también podíamos esperar garbanzos, lentejas, kebab de pollo, cereales, leche, jugos y cualquier otra cosa que Ammi entendiera que podía complementar la comida de la mañana.

Sehri. La comida que toman los musulmanes antes de ayunar

Cuando llegábamos a la cocina, empezaba a hacer *roti* o *parattha*, tortas paquistaníes. Ella insistía en que nos comiésemos nuestras tortas recién hechas y calientes. Ammi siempre amaba servir la comida, pero nunca era más feliz que cuando servía a su propia familia el sehri. No se sentaba a comer hasta que lo teníamos todo y estaba segura de que había suficiente pan recién hecho para cada uno.

A lo largo del sehri teníamos los ojos puestos en el reloj. Colocábamos en el frigorífico un calendario del Ramadán que decía las horas exactas del amanecer, así que sabíamos cuándo parar de comer. Justo antes del momento en que el sol se levantase, yo iba a por las alfombras de oración y daba el adhan. Nuestra familia continuaría comiendo y bebiendo hasta que el adhan terminase.

Una mañana, cuando era la hora de dar el adhan, Ammi bromeó un poco diciendo:

—Billoo, llama al adhan despacio hoy, ¡necesito más tiempo para comer!

Aunque se suponía que el adhan tenía que ser solemne, lo empecé todo lo rápido que pude, deleitándome en el grito divertido de Ammi desde la mesa del comedor.

—¡Nabeel! ¡Debería darte vergüenza hacerle esto a tu madre!

Llamada a la oración

Durante el transcurso del día Baji y yo estaríamos en el colegio, y si Ammi sentía la más mínima preocupación de que el ayuno pudiera interferir en nuestras clases, no nos permitía mantenerlo. Cuando le señalábamos que nuestros amigos musulmanes ayunaban en sus colegios, ella respondía:

—¿Acaso soy yo su madre? Ustedes no tienen que ayunar hasta que sean suficientemente grandes, y no son suficientemente grandes. Solo están practicando. Tal vez las madres de los otros niños piensen que ellos son grandes, pero ustedes nunca se deben comparar con otros niños.

Aunque fingía que estaba enfadada, sabíamos que Ammi en realidad nunca se disgustaba con nuestro deseo de ayunar.

Esto era verdad especialmente porque, como la mayoría de los musulmanes, ella hacía un esfuerzo extra en ser feliz durante el Ramadán, y funcionaba. Ammi pasaba los días del Ramadán recitando el Corán y orando, y eso siempre parecía revitalizarla. A menudo leía entero el Corán dos veces durante el Ramadán, leyendo dos de las treinta partes durante el curso de un día.

Por la tarde nuestra familia solía ir a cenas *iftar* a las casas de gente de nuestra mezquita. Iftar es la ruptura del ayuno, y es el momento en que la comunidad entera se reúne y celebra. En los libros de hadices se dice que Mahoma solía romper sus ayunos comiendo un dátil, así que los musulmanes de todo el mundo hacen lo mismo. Por supuesto, nosotros solíamos comer nuestros dátiles en el coche de camino al iftar, porque íbamos tarde.

Después de romper el ayuno solo con un dátil, la comunidad ora la oración maghrib antes de tomar la comida completa en comunión. Después de un tiempo de socialización, se vuelve a llamar al adhan para la oración isha, y después de la isha suele haber una serie de oraciones opcionales durante el Ramadán que se llaman *tarawih*.

Iftar. La comida que los musulmanes toman después del ayuno, normalmente en grandes reuniones

Tarawih. Oraciones voluntarias ofrecidas por la noche durante el Ramadán

Hafiz. Hombre que ha memorizado el Corán entero

Los iftares en la mezquita local normalmente tienen como imán a un *hafiz*, un hombre que ha memorizado entero el Corán. El objetivo del imán es recitar el Corán entero en el curso del Ramadán durante las oraciones tarawih, y por eso estas sesiones de oración a menudo pueden alargarse una o dos horas por noche. Durante la mayoría de las sesiones, los adoradores permanecen en silencio, con las manos cruzadas, escuchando la recitación. Cuando termina la tarawih, todo el mundo se va a casa, planeando despertarse de nuevo solo en unas horas.

En muchos lugares los musulmanes van a una casa diferente para el iftar cada noche del Ramadán. Por lo general el trabajo del anfitrión es proveer la comida, y eso significa que habrá más comida de la que nadie podrá comer. La ironía del Ramadán es esta, que después de atracarse en bufés cada mañana y cada tarde, la gente normalmente gana peso durante el mes del ayuno.

No fue hasta después de habernos mudado de Escocia que se me permitió empezar a ayunar regularmente durante el Ramadán. Dejamos Escocia en 1990 por una base submarina en Groton, Conneticut. No había una mezquita comunitaria en Groton, y nunca me sentí en casa. No hice ningún buen amigo, y el suceso más notable fue la tragedia de perder mi acento escocés. Escocia había sido el lugar donde había aprendido todo acerca de ser musulmán y donde me había enamorado de mi fe islámica.

Nos mudamos de nuevo tres años después, esta vez de vuelta a Virginia. Abba estaba a punto de convertirse en el teniente comandante Qureshi, y no volvería a ser trasladado por los militares. En Virginia Beach fue donde hice amistades duraderas, donde alcancé la mayoría de edad y donde decidí la dirección de mi futuro. Fue donde sentí por primera vez el escozor de mi cultura islámica chocando contra mi entorno estadounidense. Fue donde finalmente decidí dejar el islam y todo lo que conocía.

Para leer la contribución de un experto acerca de crecer como musulmán en Estados Unidos hecha por Abdu Murray, abogado, apologista, antiguo musulmán chií y autor de dos libros sobre el islam y otras cosmovisiones mayores, visita contributions.NabeelQureshi.com.

Parte 2

UN EMBAJADOR PARA EL ISLAM

Eres Tú aquel que envió a Mahoma como el mensajero final para la humanidad y el Corán como nuestra guía, ¿no?

Capítulo once

TERCERA CULTURA

EN SÉPTIMO CURSO finalmente hice amigos duraderos. David, Ben y Rick eran como hermanos para mí, y lo hacíamos todo juntos. Ammi se dio cuenta a su pesar de que me estaba haciendo mayor, y poco a poco me fue dejando pasar cada vez más tiempo fuera de nuestra casa. Por lo general, yo estaba fuera para alguna clase de actividad extraescolar, y a veces me dejaba ir a casa de algún amigo durante unas cuantas horas.

Pero antes de zambullirme en mi adolescencia, Ammi tuvo una seria charla conmigo. Una vez, ya avanzada la tarde, justo después de que nuestra familia terminara de rezar la salaat isha, Ammi me paró antes de que yo me llevase las alfombras de oración.

—Nabeel, quédate aquí un momento.

Inmediatamente sentí que no iba a ser una conversación normal.

—¿Qué pasa, Ammi?

—Beyta, me gustaría que hubiese algunos chicos musulmanes en tu escuela para que no te sintieras solo representando el islam y así pudieras tener verdadera compañía. Pero esa no es la voluntad de Alá. Recuerda siempre esto: no importa dónde estés o lo que hagas, eres un embajador del islam. Siempre serás un embajador del islam.

Escuché con atención, atraído por su sinceridad e intensidad.

—Cuando la gente vea tu rostro, pensarán: "¡Es un chico musulmán!". No importa lo que hagas. Podrías ser el primero de la clase, y ellos pensarían: "¡Mira al primero de la clase musulmán!". Podrías ser el presidente de Estados Unidos y pensarían: "¡Mira al presidente musulmán!". En Occidente, el islam es extraño a la gente, y muchos se oponen a él. Siempre te verán por encima de todo como musulmán. Esa es tu identidad, y debes abrazarla.

Ammi no solía hablar así. Sus palabras me infundieron una sensación de responsabilidad. Me concentré mucho en sus palabras, frunciendo el ceño.

Ella me abrazó y me apretó contra ella.

—Billoo, ¡no te preocupes! Es algo bueno. Es una bendición y una oportunidad para que representes al islam y ayudes a la gente a entender su belleza. Conviértete en el primero de la clase para que la gente piense: "¡Vaya, el islam produce buenos estudiantes!". Conviértete en el presidente, para que la gente piense: "¡El islam hace buenos líderes!". Pero aunque llegues a ser conserje, sé el mejor.

Yo asentí afirmando, a pesar de mis dudas de que ella estuviese de acuerdo con mi carrera en la conserjería.

—Shabash, beyta. Hagas lo que hagas, sé el más respetuoso, honesto y digno en hacerlo, para que la gente alabe el islam. ¡Trata a tus profesores con todo el respeto! Trátalos como me tratarías a mí. Cuando los visite, quiero escuchar cómo me dicen que eres el alumno más respetuoso de la clase. Beber no está permitido en el islam, pero tampoco debes decir nunca palabrotas ni pasar tiempo a solas con chicas. Sé una persona tan virtuosa que nunca nadie pueda levantar un dedo de acusación contra ti. En sus corazones, ellos te admirarán porque serás honorable, o no les gustarás porque ellos no se gustan a sí mismos. En cualquier caso, sabrán que el islam ha hecho de ti la buena persona que eres.

Y eso fue lo que hice. En la escuela compartí mis creencias islámicas con la gente que quería escuchar; me alcé a favor de las cosas que me importaban; y trabajé duro para mantener mi moral y mi reputación. Sabía de gente de mi curso que bebía, tomaba drogas y tenía sexo aunque solo eran de séptimo curso. Afortunadamente, ninguno de mis amigos tenía que ver con ninguna de aquellas actividades, y no me resultaba demasiado difícil continuar representando el islam del modo en que siempre lo había hecho.

Pero las cosas estaban cambiando.

La adolescencia es difícil para todo el mundo. Los adolescentes desarrollan su propia identidad y poco a poco rompen la que sus padres han construido para ellos. Cada circunstancia presenta su propio conjunto de desafíos. El desafío en nuestra familia, tanto para Baji como para mí, era que la dirección a la que nos empujaba no era solo hacia una personalidad diferente, sino hacia todo un paradigma diferente. Estábamos entre dos aguas, y nuestros pies no estaban firmemente plantados en ninguna cultura.

El primer cambio que noté fue en las reuniones familiares. Casi todos los hermanos de Ammi vivían en el noreste de EE. UU., y nos reuníamos muchas veces al año. Cuando llegué a mi adolescencia, mis padres, mis tías y tíos esperaban que actuase como un buen joven paquistaní, y yo quería serlo para ellos. El problema era que nunca había conocido íntimamente a ningún buen adolescente paquistaní, así que no sabía cómo actuaba. Eso no era algo que Ammi pudiese enseñar.

Terminé intentando emular a mis primos mayores y a mi tío más joven en su manera de hablar, pero por lo visto me faltaba la delicadeza necesaria para distinguir la separación entre ingenio y grosería en la cultura paquistaní. Eso era algo que podía hacer en la cultura estadounidense bastante bien; de hecho, encantadoramente bien. Comencé a meterme en problemas con mis padres demasiado a menudo de regreso a casa de viajes familiares por ser irrespetuoso.

> Mi mente estaba siendo formada para el pensamiento crítico, pero eso no encajaba con nuestra cultura.

También me di cuenta de que hacía demasiadas preguntas para el gusto de mis familiares. En nuestra cultura simplemente hay que obedecer a los mayores. La obediencia es lo que les muestra que les respetas y, en ciertos contextos, que les amas. Las preguntas suelen verse como un desafío a la autoridad. En la escuela, sin embargo, nuestros profesores nos enseñaban pensamiento crítico y que era bueno preguntarlo todo.

Mi mente estaba siendo formada para el pensamiento crítico, pero eso no encajaba con nuestra cultura.

Eso no quiere decir que no tuviera mis propios rasgos de carácter desagradables; los tenía. Era un joven orgulloso y egoísta, y eso también me metía en multitud de problemas. Los buenos padres tratan de moldear y guiar a sus hijos para superar esas faltas, y los míos lo intentaron. Pero parte de lo que mis padres veían como impertinencia era en realidad un choque cultural; yo estaba hecho de una tela cultural distinta a la suya. Pensaban que yo era fino lino paquistaní, pero era más una mezcla de algodón asiático-americano.

Lo mismo pasaba por desgracia en clase. Era demasiado paquistaní para encajar bien con mis amigos estadounidenses. Siempre había una barrera, no importa cuántas cosas hiciéramos juntos o lo íntimos que nos volviésemos. Nunca olvidaré la última semana en la escuela secundaria, cuando hubo una celebración escolar de final de curso. Recibíamos nuestros «mayores elogios», y a mí se me dio el de ser «el más probable que invente el ordenador de bolsillo y que lo deje en los pantalones el día de la colada». La tarde fue bien divertida, hasta que llegó el momento de tomarse las fotografías. Cuando mi amigo Ben quiso sacarse una foto con sus mejores amigos, pidió que se la sacaran solo con David y Rick. Fue como un cuchillo helado que me partió el corazón. En realidad, todavía me duele pensar en ese incidente, pero no era su culpa. Simplemente yo no podía encajar bien en ningún sitio.

Nadie lo entendía, ni siquiera yo. Ya no pertenecía a la cultura tradicional paquistaní, y tampoco a la cultura estadounidense. Yo tenía una tercera cultura, y nadie se juntaba conmigo allí.

Capítulo doce

MUSULMANES EN OCCIDENTE

ACOSTADO SOBRE MI ESTÓMAGO, escudriñaba entre la barandilla una reunión secreta en el piso de abajo. Nuestra familia se había reunido pronto aquel día para el funeral de mi abuelo. Había mucha emoción en el ambiente, pero había estado presente a lo largo del día una tensión inespecífica adicional. Aunque los adultos nos habían enviado a mí y a mis primos a la cama, yo me había escabullido. Necesitaba respuestas.

Una prima mayor estaba sentada al fondo de la salita de mi tío, con la cara entre las manos, y los mayores colocados a su alrededor en semicírculo. La atmósfera estaba llena de preocupación y melancolía. Nadie hablaba.

Finalmente, mi abuela rompió suavemente el silencio.

—¿Todavía eres pura?

Como un rayo, la madre de mi prima exclamó:

—¡Claro que lo es!

Pero todos los ojos estaban fijos en mi prima. Lentamente, sin apartar la cara de sus manos, ella asintió.

Ammi comenzó a reprender a mi prima en un tono que solo le había escuchado usar con Baji, aunque en cuestiones mucho menos severas.

—Si eres pura, ¡entonces olvídale! Sigue adelante y cásate con un buen musulmán ahmadí antes de que nuestra reputación sea empañada más. O al menos con un musulmán no ahmadí. ¿Pero un hindú? ¡Astaghfirullah!

A través de las lágrimas y los dedos cruzados sobre su rostro, mi prima lloriqueó:

—Pero lo amo.

Una tía se rio disimuladamente y habló en voz baja.

—No puedo creer que su mente sea tan disfuncional.

Volviéndose a mi prima, la regañó:

—¡Tú no sabes lo que es el amor! No te americanices. ¡Escucha a tus mayores!

Hubo otro parón en la conversación, y el silencio intensificó las emociones. Los hombres de la sala no hablaban. Su presencia servía simplemente para validar la gravedad de la discusión y servir de ancla a las emociones de las mujeres.

Después de unos momentos, la madre de mi prima añadió:

—Tu abuelo era misionero. ¿Puedes imaginar cómo se habrá sentido cuando descubrió que su propia descendencia deshonró nuestra herencia? ¿Que deshonró el islam?

—No tenemos que imaginarlo —sugirió mi abuela mirando fijamente a mi prima—. Es por eso que has hecho que él ya no está aquí.

Esa fue la única acusación personal que le había escuchado a mi abuela. Hablaba desde un sentido oriental del amor duro, pero hasta el día de hoy acecha a mi prima.[14] Sin embargo, ella no fue la única que chocó en estos temas con la familia extendida. El choque cultural de los padres inmigrantes con sus hijos occidentales es especialmente común durante la tormenta emocional de los años de la adolescencia, y sirve para ilustrar un hecho vital: los inmigrantes musulmanes de Oriente son completamente diferentes a sus hijos musulmanes nacidos en Occidente.

La gente de las culturas islámicas orientales normalmente valora la verdad a través de las líneas de autoridad, no por el razonamiento individual.[15] Por supuesto, los individuos adoptan el razonamiento crítico en Oriente, pero por lo general es relativamente menos valioso y menos dominante que en Occidente. Los líderes han hecho el razonamiento crítico, y los líderes saben más. Recibir información de múltiples fuentes y después examinar los datos para destilar la verdad es un ejercicio para especialistas, no para el hombre común.

Este fenómeno crea insalvables dicotomías en las mentes de los musulmanes criados en estas culturas. Una entidad es una fuente de autoridad o no lo es. Es confiable o sospechosa. Es buena o es mala. Las tonalidades grises son mucho menos comunes entre las culturas basadas en la autoridad.

Para la mayoría, los profesores orientales han enseñado a los musulmanes que Occidente es cristiano, que su cultura es promiscua y que la gente se opone al islam. Así que el musulmán inmigrante común espera que la gente de Occidente sean cristianos promiscuos y enemigos del islam.

Cuando llegan a Estados Unidos, sus diferencias culturales y las ideas preconcebidas a menudo les hacen permanecer aislados de los occidentales. Como Ammi, muchos desarrollan relaciones solo con otros expatriados de su país, así que sus puntos de vista nunca se corrigen. Lo que es peor, algunos musulmanes son maltratados por los occidentales y los cristianos, y esto solo sirve para reforzar su noción de que todos los occidentales y cristianos son del mismo modo.

En las raras ocasiones en que alguien invita a un musulmán a su casa, las diferencias en cultura y hospitalidad pueden incomodar al musulmán, y el anfitrión debe estar dispuesto a preguntar, aprender y adaptarse para superarlo. Simplemente, hay demasiadas barreras para que los musulmanes inmigrantes entiendan a los cristianos y a Occidente solo por las circunstancias. Solo una mezcla excepcional de amor, humildad, hospitalidad y persistencia puede superar esas barreras, y no hay demasiada gente que haga el esfuerzo.

Eso explica por qué nuestras familias luchaban tanto para que no nos «americanizásemos». El término no tenía nada que ver con la nacionalidad; tenía que ver con su percepción de la cultura. Ame-

> Simplemente, hay demasiadas barreras para que los musulmanes inmigrantes entiendan a los cristianos y a Occidente solo por las circunstancias.

ricanizarse era ser desobediente a los mayores, vestirse menos conservador y pasar más tiempo con amigos que con tu familia. Decir palabrotas, beber y salir con chicas era simplemente incomprensible.

Una de las mayores farsas es que los inmigrantes musulmanes suelen asociar la inmoralidad occidental con el cristianismo, y la correlación se vuelve causalidad en las mentes de los no críticos. Occidente es cristiano, Occidente está americanizado; ergo, está americanizado porque es cristiano. El cristianismo, en las mentes de muchos musulmanes, ha producido esa promiscuidad, dominante en la cultura occidental. El cristianismo, por lo tanto, debe ser impío.

Si hubieran llegado a conocer íntimamente al menos a un cristiano que viviera diferente, sus ideas falsas se hubieran corregido.

Recuerdo señalar a Ammi y Abba que la gente que se vestía provocativamente en televisión podían no ser cristianos, y su respuesta fue:

—¿Qué quieres decir? ¿No se llaman a sí mismos "cristianos"? ¿No ves que llevan cruces?

Si yo defendía que algunos de ellos podían ser cristianos solo de nombre y que podía ser que ni siquiera creyesen en Dios, ellos respondían que eso simplemente significaba que eran cristianos que no creían en Dios. Ellos no clasificaban la religión por la creencia, sino por la identidad cultural. La tragedia aquí es que nadie les había dado una razón para pensar de otro modo. Si hubieran llegado a conocer íntimamente al menos a un cristiano que viviera diferente, sus ideas falsas se hubieran corregido, y hubieran visto el cristianismo con una luz de virtud.

Todo esto es diferente para sus hijos, para la segunda generación de musulmanes en Occidente. La segunda generación es tan variada y dispar como sus compañeros. Si se puede decir algo de ellos es esto: casi de forma universal, ven el mundo como occidentales y todavía se alinean junto al islam.

Puede que algunos, como yo, fueran criados en el pensamiento crítico y aun así amaran el islam. Tengo muchas primas con una gran formación que llevan el burka y están dispuestas a defender esa elección con razones bien pensadas. Otros, como unos cuantos de mis primos, han rechazado todo del islam y su cultura, con la excepción del título de «musulmán».

Ya sea que un joven musulmán permanezca conectado con su cultura o se convierta en nominal, a menudo tiene que ver con las presiones del choque cultural. Si los padres son extremadamente devotos, como lo eran los míos, entonces hay más probabilidades de que el niño intente vivir a la manera tradicional. Si los padres son nominales, hay pocas probabilidades de que al niño le importe el islam más que nominalmente.

Los amigos del niño y sus creencias también son altamente influyentes, así como lo que aprenden en la escuela. Baji creció viendo las cosas diferentes a mí. Ella todavía lleva el burka y ama el islam, pero ha mezclado el islam con el pluralismo occidental. Cree que Alá puede guiar a la gente al cristianismo, el hinduismo, el judaísmo o cualquier otra religión, y todavía pueden alcanzar la salvación, porque todos los caminos conducen a Alá. Ella cree eso aunque fuimos criados en la misma casa. Sus experiencias fuera de casa la conformaron de forma bastante diferente a mí.

En cuanto a mi prima, aunque finalmente «se dejó convencer» y no se casó con el chico hindú, es poco probable que alguna vez se recupere completamente de aquel episodio. Uno de mis primos fue reprendido cuando trataba de casarse con una filipina, pero él «se dejó convencer» y se recuperó del todo, casándose al final con una chica paquistaní. Otro de mis primos quiso casarse con una chica estadounidense, fue reprendido y siguió adelante, casándose con ella de todos modos.

Todos estos musulmanes estadounidenses de segunda generación son parientes míos. Todos ellos tienen su linaje anclado en el mismo pueblo de Paquistán, todos crecieron en la misma yamaat, y tienen más o menos la misma edad. Aun así, todos ven el mundo y lo procesan de formas extremadamente diferentes.

Tal vez lo más significativo de todo sea que ninguno de ellos ve el mundo como lo ven sus padres, ni siquiera parecido. Sin embargo, se hacen llamar musulmanes y se identifican con la fe de sus padres.

¿Qué significa entonces ser musulmán en Occidente? Puede significar cualquier cosa. Si realmente quieres saber cómo es alguien y en lo que cree, tienes que conocerlo y preguntarle personalmente. Pero lo mejor que podemos hacer antes de llegar a conocer a alguien es determinar si es un inmigrante o un musulmán de segunda generación. Ese es el factor que a menudo marca la gran diferencia

Capítulo trece

DESMAYOS Y SUSTITUCIONES

MI MEZCLA PARTICULAR de Oriente y Occidente estaba conformada por la apologética islámica. No tenía que luchar largo y tendido con parte del relativismo postmodernista que cautivaba a mi generación. Para mí era evidente que la verdad existe. ¿Cuál era la alternativa? Si la verdad no existe, entonces sería verdad que la verdad no existe, y de nuevo llegamos a la verdad. No hay alternativa; la verdad debe existir.

Tradicionalmente, los musulmanes y los cristianos han compartido este entendimiento. Cada uno cree en la verdad, por lo menos porque creen que su fe es verdad. Pero su perspectiva común se extiende mucho más allá. Tienen creencias más o menos análogas en monoteísmo, esferas de lo físico y lo espiritual, ángeles y demonios, bien y mal, el juicio final, cielo e infierno, la inspiración de las escrituras y muchas otras creencias periféricas.

> Las concordancias quizá también sirven para agudizar los desacuerdos entre las dos fes.

Estas concordancias son una espada de doble filo. Constituyen una plataforma común para el diálogo de tal manera que ambos pueden a menudo entenderse uno a otro y ver el mundo desde una perspectiva similar. Pero las concordancias quizá también sirven para agudizar los desacuerdos entre las dos fes: sus visiones de Jesús y Mahoma.

Los cristianos creen que Jesús es Dios encarnado, y esto es una creencia necesaria en el cristianismo ortodoxo.[16] Los musulmanes creen que Jesús no es más que un profeta, y que considerarlo Dios encarnado sería blasfemia y provocaría ser condenado al infierno para la eternidad, de acuerdo con el Corán.[17]

Los musulmanes creen que Mahoma es el mensajero de Alá, y esta creencia es tan importante que conforma la mitad de la shahada, la proclamación primordial del islam. Los cristianos creen que aquellos que enseñan lo contrario al evangelio de salvación por medio de Jesús son falsos maestros.[18]

Esta diferencia en las creencias es por la que el diálogo entre musulmanes y cristianos se ha centrado en mayor medida en Jesús y Mahoma. Como joven adolescente musulmán, para ser un embajador del islam eficaz pensaba que era mi deber no solo tener una reputación irreprochable, sino también tener dominio sobre esos puntos de discordia.

Con respecto a Mahoma, los occidentales rara vez saben algo. Yo podía decir cualquier cosa que quisiera sobre él y los demás me habrían creído. Por supuesto, no intentaba engañar a nadie, pero no era difícil defender a Mahoma frente al cristiano común, simplemente por su ignorancia. Compartía con ellos todo lo que había aprendido de bien pequeño acerca de Mahoma, especialmente su misericordia al regresar a La Meca, y era capaz de dejar a la gente con una impresión mucho más positiva de Mahoma y el islam que antes.

> Con respecto a Jesús, hay dos cuestiones en las que los musulmanes están en especial desacuerdo con los cristianos: que Jesús muriera en la cruz y que asegurara ser Dios.

Con respecto a Jesús, hay dos cuestiones en las que los musulmanes están en especial desacuerdo con los cristianos: que Jesús muriera en la cruz y que asegurara ser Dios. El Corán niega específicamente ambas creencias.[19] Para ser un buen embajador, solo tenía que controlar estas dos cuestiones y defender persuasivamente que Jesús nunca aseguró ser Dios, ni murió en la cruz. En este último caso, el fundador de nuestra secta había escrito un pequeño libro para equipar a la yamaat. Se llamaba *Jesus in India* [Jesús en la India], y yo lo había leído muchas veces.[20]

Mi primera oportunidad para defender lo que había aprendido fue en un autobús escolar frente a nuestra escuela secundaria mientras esperábamos para volver a casa. Fue poco antes de Pascua, y hablaba de mis planes para el próximo descanso escolar con mi amiga Kristen. Nuestra clase había salido pronto, así que subimos al autobús antes de que se llenara. Nosotros éramos de los chicos mayores, así que eso nos aseguraba asientos hacia el final.

Nos sentamos en el pasillo uno frente a otro mientras ella me contaba sus planes para el Viernes Santo.

—¿Viernes Santo?

Yo no tenía ni idea de lo que eso significaba.

—Viernes Santo es el día en que Jesús murió en la cruz.

—¿Y eso qué tiene de santo?

—Que así fue cómo él tomó nuestros pecados, muriendo en la cruz.

Su respuesta fue directa, pero a mí me resultaba divertido. Ya me habían contado que eso era lo que creían los cristianos, pero nadie me lo había dicho a mí.

—¿Cómo es posible que su muerte en una cruz nos quite nuestros pecados?

—Eso es lo que nos dicen en la iglesia. No lo sé. No vamos mucho a la iglesia. Nunca pregunto.

Kristen no estaba a la defensiva; estaba siendo sincera. Esa era una de las razones por las que me encantaba hablar con ella. Era tremendamente sincera e inteligente de una forma intimidante. Más adelante me enamoré un poco de ella, pero no lo quería admitir. Para hacerlo, tendría que haber comprometido mi cultura, y eso no era una opción. Yo era un embajador. Pero me tomaba la libertad de ser cruel con el novio de ella.

Decidí redirigir la conversación.

—Bueno, yo no creo que él muriera en la cruz.

—¿Por qué?

Ella estaba intrigada, así que yo saqué mi mejor baza.

—Por la Biblia.

—¿Qué quieres decir?

—Bueno, primero, sabemos que Jesús no quería morir en la cruz. Cuando estaba en el huerto de Getsemaní oró para que Dios apartara de él esa copa amarga. Obviamente, la copa amarga era su inminente muerte en la cruz, y Jesús oró toda la noche para que Dios lo salvase, hasta el punto que sudó sangre.

Paré y esperé su afirmación. Ella asintió.

—No sé tú, pero yo creo que Dios amaba a Jesús. No hay modo de que Dios dejase sin atender las oraciones de Jesús. De hecho, creo que el libro de Hebreos dice eso. En cualquier caso, cuando Jesús fue puesto en la cruz, si haces los cálculos, puedes ver que estuvo allí durante solo tres horas. Estar colgado en una cruz tres horas no te mata. La gente pasaba días en aquella época colgada en la cruz. Le bajaron demasiado rápido.

Parecía que ella lo estaba procesando todo, y yo paré un momento para ver si hacía la pregunta obvia. La hizo.

—Entonces, ¿por qué fue bajado?

—¡El por qué exactamente lo dice la Biblia! Pilato ordenó que fuera bajado. La esposa de Pilato había tenido un sueño y rogó a su marido que no permitiera que Jesús fuera asesinado. Ella tuvo que ser capaz de persuadir a su marido de que lo salvara después de que los judíos quedaran convencidos de que había sido crucificado. Así que Pilato dio la orden de que Jesús fuera bajado de la cruz. Fue entonces cuando lo colocaron en la tumba.

Paré, porque estaba claro que Kristen quería hacer una objeción.

—Pero sus discípulos lo vieron más tarde, y pensaron que se había levantado de los muertos. ¿Cómo pudieron pensar eso si lo habían bajado?

—Yo no he dicho que los discípulos le bajasen. Fueron José de Arimatea y Nicodemo. Pilato no podía ser visto trabajando con los discípulos, porque eso haría obvio que estaba ayudando a Jesús. Así que trabajó con José de Arimatea y Nicodemo. José tomó el cuerpo de Jesús y lo puso en la tumba, y Nicodemo trajo cien libras de aloe y otras medicinas para sanar a Jesús mientras estuvo en la tumba durante aquellos tres días.

Kristen interrumpió con una pregunta en la que yo no había pensado.

—¿Pero por qué haría Dios todo aquello para salvar a Jesús? ¿No podía simplemente haberse llevado a Jesús al cielo unos cuantos días antes si Él no quería que muriese en la cruz?

Eso era muy inteligente. No lo había visto desde ese ángulo. Pero nuestra yamaat me había dado una respuesta a la razón por la que Alá quería vivo a Jesús.

—El mismo Jesús dijo que él había sido enviado a las ovejas perdidas de Israel. Las ovejas perdidas eran las tribus de los judíos que se habían dispersado por Asia durante la diáspora judía. Alá salvó a Jesús de la muerte de la cruz para que pudiera ir a las ovejas perdidas y reformar el judaísmo allí, como hizo en Israel.

Estábamos tan metidos en la conversación que no nos habíamos dado cuenta de que los estudiantes llenaban el autobús. En el asiento de delante de mí, un chico de un curso por debajo del nuestro había estado escuchando con atención, aparentemente colocándose en su asiento. Captó nuestra atención con un sonoro gruñido de desdén y después de mirarme se giró enojado hacia el frente y dijo:

—Qué asco.

Yo pensé para mí: «Si tuviera un argumento, lo habría compartido. La verdad silencia la falsedad».

Kristen también lo había visto y me miró para asegurarse de que no estaba ofendido. No lo estaba, pero ella siguió y dijo en voz alta:

—Creo que es una perspectiva muy interesante. Gracias por compartirla.

El argumento que compartí con Kristen, a menudo llamado «la teoría del desmayo», lo comparten tanto los musulmanes ahmadíes como los no ahmadíes. Es una de las favoritas de los polemistas, como Ahmad Deedat y Shabir Ally. Se originó a finales del siglo dieciocho, cuando la Ilustración comenzó a generar teorías naturalistas para el relato de la aparente resurrección de Jesús. Los musulmanes como Mirza Ghulam Ahmad habían añadido un giro teísta al asunto, haciendo más plausible que Jesús pudiera sobrevivir a la crucifixión. El argumento es así: «Si Dios puede hacer el gran milagro de levantar a Jesús de los muertos, ¿por qué no podría hacer el milagro mucho más pequeño de mantenerlo vivo en la cruz?».

Sin embargo, la teoría del desmayo no es la explicación original musulmana para la aparente muerte de Jesús, ni la visión mayoritaria. Muchos musulmanes creen «la teoría de la sustitución». Pronto en la historia del islam se argumentó que Jesús fue sustituido antes de ser colocado en la cruz. Alá puso la cara de Jesús en otro, y fue esa

persona quien fue crucificada en lugar de Jesús. Así es como inter-
pretaban el verso coránico: «… no le mataron ni le crucificaron, sino
que les pareció así».[21]

La pregunta surge de forma natural: ¿quién fue asesinado en lugar
de Jesús? Se ha sugerido a diferentes personas. Algunos dicen que fue
un joven devoto voluntario quien quería el honor de morir por Jesús.
Otros dicen que cuando Simón de Cirene cargó la cruz de Jesús, lo
crucificaron a él en su lugar. Aun hay otros que dicen que Alá puso
la cara de Jesús en el cuerpo de Judas por justicia poética. La última
opinión es la más popular hoy en día.

Otro punto de vista mayoritario se refiere a la ascensión de Jesús.
El Corán enseña que «Alá lo elevó a Sí», llevando a los musulmanes a
creer en la ascensión y en el regreso final de Jesús.[22] Así pues, como
los cristianos, muchos musulmanes esperan el regreso del Mesías.
Nuestra yamaat desafió este punto de vista, porque Ahmad aseguraba
ser el Mesías. Apelando a la Biblia, él argumentaba que los judíos
esperaban equivocados el regreso de Elías desde los cielos. Jesús dijo
que Juan el Bautista era el regreso de Elías. Del mismo modo, el
mundo estaba esperando el regreso de Jesús, pero ese era Ahmad.

Por supuesto, yo defendía vehementemente cualquier cosa que
mi yamaat me hubiera enseñado, así que proporcioné la teoría del
desmayo y la posición de que Jesús viajó a la India, donde murió a
una avanzada edad en vez de ascender.[23] Cuanto más compartía mi
visión, más confirmada sentía mi fe, y las conversaciones sucedían
con una frecuencia cada vez mayor cuando me di cuenta de que
nadie tenía nada sustancial para desairar mis opiniones. Sentía que
controlaba la mitad de los argumentos que necesitaba para ser un
buen embajador del islam, y sentía que la otra mitad iba a ser incluso
más fácil de defender. Y tenía razón, lo fue.

Capítulo catorce

EL PADRE ES MAYOR QUE JESÚS

CUANDO ESTABA EN DÉCIMO CURSO mi vida personal cambió significativamente. Comencé a pasar mucho más tiempo con amigos, tanto por teléfono como en la escuela durante las actividades. Me empezó a preocupar mucho más mi ropa, que Ammi todavía escogía por mí. Le pregunté a Ammi si podía llevar lentes de contacto en vez de gafas en un esfuerzo por combatir la reputación de «rarito» que había adquirido. No tuve éxito.

El tirón de la cultura occidental era difícil de resistir. Todavía no se me permitía pasar la noche fuera, ni tampoco ir a bailes de la escuela. Mis amigos y yo estábamos muy unidos, y eso hacía que mi ausencia en esos eventos fuera todavía más difícil.

Pero yo todavía representaba al islam con orgullo, especialmente cuando mis creencias eran abordadas directamente, como ocurrió un día mientras estaba en clase de latín.

En el instituto Princess Anne el latín era impartido por dos profesores, quienes se emocionaban cuando sus estudiantes disfrutaban de la clase. La profesora de Latín 2, la señora Earles, era más amable y permisiva conmigo de lo que debía. Yo amaba el latín y amaba su clase. Pero me estaba volviendo más malicioso cada día, espoleado por la falta de reprimendas. Era el tipo de estudiante que olvidaba hacer sus deberes demasiado a menudo, y al acordarme unas pocas horas antes del momento de entregarlos, trataba de encontrar una manera de hacerlos. La clase de la señora Earles iba justo antes de la de español, y a menudo hacía mis deberes de español mientras ella daba clase. Escondía mi libro de español debajo del de latín, y trabajaba sobre él siempre que ella volvía los ojos a la pizarra, pensando que no se percataba de ello. A mediados de año me di cuenta de que ella era del todo consciente, y que simplemente toleraba mis travesuras.

Estaba trabajando en mis tareas de español en una de aquellas ocasiones cuando la chica que estaba delante de mí se giró y dijo:

—Nabeel, ¿puedo preguntarte algo?

Se llamaba Betsy, y era la cristiana declarada de nuestro curso. Todo el mundo sabía que era cristiana evangélica, y a menudo salía a defender su fe. A pesar de su amabilidad y de su deseo de ayudar a otros, se comportaba de forma suave aunque inflexible, y nos hacía sentir incómodos a los demás. Pensábamos que estaba un poco ida.

—Sí, claro.

No tenía ni idea de adónde iba aquello. Si hubiera querido un lápiz, no me habría dicho si me podía preguntar algo, me habría pedido el lápiz. Para el caso, tampoco me habría preguntado a mí. Yo siempre me olvidaba de los lápices.

Hizo una pausa, cobrando ánimo antes de preguntar:

—¿Sabes algo acerca de Jesús?

Ahora sabía que estaba loca. Estábamos en medio de la clase de latín. Pero al mismo tiempo, de inmediato gané respeto por ella. ¿Por qué otros cristianos nunca me habían hecho esa pregunta? ¿Estaban contentos con dejarme marchar al infierno o realmente no creían en su fe?

¿Por qué otros cristianos nunca me habían hecho esa pregunta? Ellos pensaban que necesitaba a Jesús para ir al cielo, ¿no? ¿Estaban contentos con dejarme marchar al infierno o realmente no creían en su fe?

Pensé en cómo enfocar mi respuesta en el contexto dado. Levanté la vista de mis deberes de español para evaluar la situación. La señora Earles aparentemente había salido por un periodo indefinido, y la mayoría de los estudiantes a nuestro alrededor charlaban. Yo no sabía lo lejos que quería llegar, porque sabía que me apasionaba rápidamente y me dejaba llevar. Decidí hacer respuestas cortas.

—Sí.

Ella abrió los ojos. Claramente no era la respuesta que esperaba.

—¿De verdad? ¿Qué piensas de él?

—Bueno, soy musulmán, ¿no? Los musulmanes creen que Jesús no tenía pecado y que nació de la virgen María. Limpió a leprosos, dio vista a los ciegos y levantó a gente de entre los muertos. Jesús es el Mesías, la Palabra de Dios.[24]

Betsy estaba anonadada. Debí salirme de su guion, porque no sabía por dónde continuar. Así que procedí por ella.

—Pero Jesús no era Dios. Solo era un hombre.

Había dibujado la línea de batalla con ella y esperaba ver cómo entraba en guerra.

—Vaya, sabes mucho más de Jesús de lo que yo pensaba. ¡Eso es genial! Creo muchas cosas igual, pero no estoy del todo de acuerdo. ¿Te importa si comparto mi punto de vista?

Ella respondió suavemente pero con firmeza, empleando la misma maniobra engañosa que solía.

—Claro, adelante.

Se estaba poniendo interesante.

—Bueno, no sé si lo sabes, pero soy cristiana.

—Sí, creo que lo sé.

Yo sonreí, pensando para mí: «El mundo entero sabe que eres cristiana, Betsy». Ella sonrió, genuinamente feliz de que yo supiera que era cristiana.

—Creemos que Jesús es el Hijo de Dios, y eso es muy importante para nosotros. Puesto que él era el Hijo de Dios, no tenía pecado y fue capaz de llevar nuestros pecados sobre sí mismo.

Yo tenía muchos problemas con aquella afirmación, pero había dibujado la línea de batalla, así que me centré en el tema de la deidad de Jesús. Decidí tomar un enfoque reducido.

—Betsy, no creo que la Biblia que tenemos hoy en día sea la palabra de Dios. Ha sido cambiada demasiadas veces a lo largo de la historia. Pero por ahora, digamos que pienso que es así. ¿Dónde dice Jesús: "Yo soy Dios"?

Betsy lo pensó un momento. No parecía demasiado atribulada, pero estaba claro que no podía recordar que él lo dijera. Después de pasar por un momento incómodo, con el que ella parecía totalmente cómoda, dijo:

—En el evangelio de Juan, Jesús dice: "El Padre y yo somos uno". Ese era el que yo esperaba que ella sacase, y estaba preparado.

—Sí, pero también en Juan, Jesús ora para que sus discípulos sean uno igual que él es uno con el Padre. Así que explica exactamente lo que quiere decir con "uno". Quiere decir unificado en espíritu y voluntad. Si quisiera decir "uno" como "un ser", ¿oraría para que sus discípulos fueran "uno" del mismo modo? No está orando para que todos sus discípulos se conviertan en un ser, ¿verdad?

—Es interesante —dijo ella pensativa.

¿Interesante? Estaba en el proceso de desmantelar su visión del mundo, ¿y estaba siendo simpática? ¿Acaso esta chica nunca se alteraba?

—Bueno, no caigo ahora mismo, pero estoy segura de que está. Puedo mirarlo y volver contigo.

—Me encantaría que lo hicieras, Betsy, pero no encontrarás nada. Jesús nunca dijo que él fuera Dios —argumenté—. Está claro que vivió lo contrario. Sintió la punzada del hambre, la sed, la soledad y la tentación. Lloró y sangró. No se llamó a sí mismo "el Hijo de Dios", se llamó "el Hijo del Hombre". Obviamente fue muy humano.

Betsy iba asintiendo.

—Sí, estoy de acuerdo. Jesús es un hombre, y también es Dios.

> «Jesús nunca dijo que él fuera Dios —argumenté—. Está claro que vivió lo contrario».

—¿Cómo puede alguien ser hombre y Dios? El hombre es mortal, Dios es inmortal. El hombre es limitado, Dios es infinito. El hombre es débil, Dios es omnipotente. Ser hombre es no ser Dios, y ser Dios es no ser hombre.

Esto hizo que ella parase un poco. Había perdido el equilibrio, así que decidí apretar un poco más.

—Cuando Jesús fue a Galilea, el evangelio de Marcos dice que no pudo hacer milagros. No que no eligiera no hacerlos, sino que no pudo. ¿Puede Dios no hacer milagros? Cuando una mujer entre la multitud le tocó, no tenía ni idea de quién fue. ¿Acaso no sabría Dios algo tan simple?

Después de una pausa para que ella lo procesase, continué.

—Cuando un hombre le llamó "bueno", él dijo que él no era bueno, solo Dios lo es.[25] Marcó una distinción entre sí mismo y

Dios. Lo hizo de nuevo cuando dijo que no sabía cuándo terminaría el mundo, que solo Dios lo sabe. Está dejando muy claro que él no es Dios.

Betsy no dijo nada. No había pensado en eso antes. Decidí que era el momento de un golpe de gracia.

—Betsy, en caso de que haya dudas, en el evangelio de Juan, Jesús dice: "El Padre es más grande que yo". Y yo estoy de acuerdo con Jesús. Dios es mayor de lo que él es. Creo que tú también deberías estar de acuerdo con él.

Betsy no sabía qué decir. Esperé.

—Bueno, no sé qué decir —estaba enfrascada en la maniobra de su firma—. Te diré algo: voy a investigar esas cosas. Mientras tanto, me gustaría invitarte a una obra en nuestra iglesia de la que formo parte. ¿Te gustaría venir?

—Claro, suena divertido. Pero todavía no tengo permiso de conducir. ¿Te importa si mi padre viene conmigo?

—Por supuesto que no. Trae a toda la gente que quieras. Aquí tienes la información. Hazme saber qué día vendrás cuando tengas oportunidad.

Betsy me entregó un folleto del evento y sonrió.

Vi algo detrás de los ojos de su sonrisa que no había visto en ella antes. Estaba turbada. Le devolví la sonrisa.

Capítulo quince

LAS PUERTAS DEL CIELO Y LAS LLAMAS DEL INFIERNO

ESTABA MUY EMOCIONADO POR HABER SIDO INVITADO a una iglesia. Ya había estado en una antes —una iglesia católica— y recuerdo aquel día como una bruma infundida en latín. Sinceramente, fue tan confuso que no consigo averiguar por qué fui invitado. Recuerdo que algunos de mis amigos estaban allí, incluyendo a Ben y su familia, pero ellos tampoco eran católicos. En cierto punto, mientras nuestra fila se ponía en pie, todo el mundo comenzó a caminar hacia el frente para tomar algo del sacerdote. Yo no sabía qué hacer, así que fui con ellos. La madre de Ben me agarró del brazo y me hizo sentar de nuevo en el asiento. Atónito, la miré. Ella negaba con la cabeza enfáticamente. El sacerdote, que había sido bastante solemne hasta entonces, intentaba aguantar una risa.

Nadie me dijo que las iglesias protestantes era un poco diferentes, así que esperaba algo similar. Para mí, el santuario de la Primera Iglesia Bautista de Norfolk se parecía a una clase de auditorio. Supuse que todas las cosas de la iglesia sucedían en otro lugar, pero no podía ver dónde.

Me senté con Abba en el segundo piso, cerca del fondo. Aunque ninguno de nosotros sabíamos de qué trataba la obra, Abba se alegró de que yo hubiera aceptado la invitación. Dijo que habría sido grosero no hacerlo y que era un buen modo de mantener la puerta de la conversación abierta con Betsy. Él estaba orgulloso de que yo compartiera mis creencias, y esperaba ayudarme a procesar la función que estábamos a punto de ver.

La obra se llamaba *Las puertas del cielo y las llamas del infierno*, y resultó ser una representación del mensaje de salvación cristiano. Fue durante la obra cuando descubrí que los cristianos llamaban a su mensaje «el evangelio». Yo pensaba que la palabra *evangelio* solo se refería a los cuatro libros acerca de Jesús. A lo largo de la función el mensaje se presentó alto y claro: acepta a Jesús como tu Señor e irás al cielo. De otro modo, irás al infierno.

Se escenificaron diferentes escenarios; cada uno terminaba con la muerte de alguien y su recepción en el cielo o su perdición en el infierno solamente basado en si había aceptado a Jesús. La imaginería no era sutil. Cuando alguien era enviado al infierno, centelleaban luces rojas y amarillas por la sala, una estruendosa cacofonía sonaba por los altavoces y Satán entraba a tropel en escena, arrastrando al pecador fuera del escenario.

Por otro lado, si alguien había aceptado a Jesús, sería llevado por ángeles radiantes hacia una puerta brillante, extasiado de gozo. En el escenario final, un hombre conducía un coche y su pasajero le hablaba de Jesús. El hombre decía que había hecho muchas cosas malas y había ignorado a Dios toda su vida. El pasajero fue capaz de convencer al conductor de que era un pecador y necesitaba a Jesús, así que el conductor hizo una oración. Tan pronto como hubo orado ocurrió un terrible accidente. Ambos hombres murieron, representado teatralmente apagando las luces. Cuando volvieron a encenderse, sonaba una hermosa música y el conductor era escoltado hacia el cielo.

No estoy seguro de si fue intencionado, pero fue ingenioso terminar la obra con aquella escena justo antes de que todos tomásemos nuestros coches para ir a casa. Empezamos nuestra conversación justo después de colocarnos los cinturones de seguridad.

—Nabeel, ¿qué piensas de la obra?

—Creo que era tonta, Abba. Era obvio que intentaban aprovecharse de los miedos y las emociones de la gente.

—Sí, estoy de acuerdo, beyta, pero a veces eso no es malo. Deberíamos tener miedo del infierno, y deberíamos tener miedo de la cólera de Alá.

Estaba desconcertado.

—¿Así que crees que la obra era buena?

Abba se rio.

—¡Yo no he dicho eso! Creo era mucho peor que sus intentos de asustar a la gente.

—Bueno, el mensaje está todo mal —comencé yo, recolectando mis pensamientos—. Lo que enseñan es que las personas puede hacer lo que quieran toda su vida, y todo lo que tienen que hacer es decir una oración e irán al cielo.

Abba asintió.

—Cierto. ¿Y qué es lo que está mal en eso? ¿Cuál es el propósito de la religión?

—El propósito de la religión es hacer buenas personas y una buena sociedad. Si la gente puede hacer todo lo que quiera, entonces satisfarán sus deseos pecaminosos y la sociedad se rompería. Tienen un cheque en blanco para el pecado. Incluso Hitler podría haber ido al cielo solo por aceptar a Jesús.

Abba me empujó.

—Y por eso es por lo que…

—Por eso es por lo que Estados Unidos es como es. Los cristianos enseñan que no hay responsabilidad por sus acciones.

—Bien. Muy bien, beyta. Así que cuando tu amiga en la escuela te pregunte lo que pensaste, asegúrate de compartirlo con ella. Pero no la dejes solo con eso. Necesitas barrer la falsedad con la verdad. ¿Cuál es la verdad acerca del juicio?

—Alá nos juzga en base a nuestras elecciones en este mundo. Todo lo que hacemos es registrado por los ángeles: uno en nuestro hombro derecho registrando nuestras buenas acciones, y otro en el hombro izquierdo registrando las malas. Cuando estemos delante de Alá, nuestras acciones serán leídas en voz alta. Nadie será capaz de interceder por nosotros; ni nuestra familia, ni Jesús, ni siquiera Mahoma ⬥. Allá pesará nuestras buenas acciones y las malas, y si nuestras buenas acciones son mayores que las malas, Alá nos dará el paraíso.

—¿Qué hay de los cristianos, Billoo? ¿Pueden ellos ir al cielo?

—Sí. El Corán dice que si los cristianos y los judíos creen en un solo Dios y hacen buenas obras, pueden ir al cielo.[26]

Yo me refería a un versículo coránico que es un punto de controversia entre los musulmanes. Algunos defienden que este versículo queda abrogado por otro versículo coránico posterior que dice: «Si alguien va a Alá con una religión diferente al islam, no le será aceptado».[27] Otros musulmanes, nuestra yamaat entre ellos, reconcilian los dos versículos defendiendo que «islam» aquí no se refiere a un sistema de fe, sino al significado más amplio de la palabra, *paz*.

La última interpretación obviamente es más endeble, pero solo si uno cree en la **doctrina de la abrogación**. La sura 2:116 y la 16:101 del Corán enseñan aparentemente que Alá puede cancelar secciones más antiguas del Corán con nuevas. Tradicionalmente, los musulmanes desarrollaron un campo en la exégesis coránica llamado «el abrogador y el abrogado», en donde procuraban determinar el criterio y la historia de la abrogación coránica. Algunos estudiosos musulmanes enseñan que hasta quinientos versículos del Corán ya no se aplican porque versículos posteriores los abrogaron. Otros estudiosos enseñan que solo son cinco versículos los abrogados. Independientemente del número exacto, muchas sectas ortodoxas del islam creen en la doctrina de la abrogación.

Unos cuantos musulmanes disienten de este punto de vista, y la yamaat ahmadí está entre ellos. Estos musulmanes defienden que si una parte del Corán pudiera ser cancelada, entonces no sería la eterna palabra de Dios.

> **Doctrina de la abrogación.** La creencia de que las enseñanzas y los versículos del Corán han sido revocados, normalmente por revelaciones coránicas posteriores

En vez de eso recurren a la armonización de versículos aparentemente abrogados, como la interpretación endeble de antes. La dificultad de este punto de vista, sin embargo, es que los hadices están llenos de relatos de abrogación.

Pero yo entonces no sabía esas cosas. Todo lo que sabía era que nuestra yamaat enseñaba acerca de la salvación y que cualquiera que creyera en un único Dios podría ir al cielo, como al menos un versículo del Corán afirmaba claramente.

—¿Y en cuántos dioses creen los cristianos, Billoo?

—Algunos creen en uno, otros creen en tres.

—Sí, y el Corán dice que sería mejor para ellos si dejaran de decir "tres".[28] Por eso estoy contento de que estés teniendo estas conversaciones con tus amigos. Al menos necesitan escuchar que solo hay un Dios. Si puedes traerlos al islam y a la Ahmadía, eso sería todavía mejor.

Antes de cerrar nuestra conversación sobre la salvación, rápidamente añadió:

—¡Pero no pases mucho tiempo con esa chica! Las chicas son peligrosas para ti, especialmente a esta edad. Tú eres como un fuego, y ellas como aceite. Aunque ni siquiera os sintáis atraídos, después de un tiempo, simplemente estar cerca el uno del otro provoca que comiences a arder. Así es como estás hecho.

—De acuerdo, Abba, ¡cielos! ¿Podemos hablar de otra cosa?

Ammi y Abba siempre estaban dispuestos a darme la charla del «fuego y el aceite». Servía para recordarme que, cuando fuera el momento oportuno, nos reuniríamos como familia y discutiríamos con quién me gustaría casarme. Si tuviera una chica en mente, mis padres hablarían con ella y tratarían de arreglar el matrimonio. Si no, mis padres me encontrarían una esposa adecuada. No saldría nunca con nadie, y mucho menos con una chica occidental. Hacerlo hubiera sido apartarse de la tradición.

Capítulo dieciséis

TRADICIONES ATESORADAS

LA TRADICIÓN ES LA ESTRUCTURA EXTERIOR del islam, el cuerpo animado del alma de la enseñanza islámica. Se filtraba en nosotros por medio de la inmersión en el estilo de vida musulmán; todos y cada uno de los días estaban imbuidos en tradición. Yo me esforzaba por rezar la salaat cinco veces al día, recitaba muchas du'aas detalladas, seguía intrincadas instrucciones para los lavados ceremoniales y miraba regularmente el ejemplo de Mahoma como guía. Más de mil millones de musulmanes se unían a mí en la adhesión a las tradiciones, ya fuera orando acerca de con quién debían casarse, determinando la longitud apropiada de una barba o decidiendo si llevar oro.

Pero esas tradiciones no venían del Corán. Están fundadas en los hadices. Desde ritos maritales a restricciones marciales, leyes comerciales o demandas civiles, la vasta mayoría de la sharia y del modo de vida islámico se deriva de los hadices.

No existe una sobreestimación de la importancia del hadiz en el mundo islámico.

No existe una sobreestimación de la importancia del hadiz en el mundo islámico.

Mientras Baji y yo crecíamos, Ammi y Abba consideraron muy importante que aprendiésemos el hadiz y sus preceptos. A menudo leían colecciones de hadices, impulsándonos a memorizar el árabe y a comprender su significado. La primera vez que nos pidieron que memorizáramos un hadiz fue inmediatamente después de una oración maghrib una tarde, mientras nuestra familia todavía estaba en las alfombras de oración.

—Beytee, beyta, queremos que memoricen este corto hadiz. Hazrat Umar narra que Mahoma ﷺ dijo: "Las acciones son juzgadas por sus intenciones".[29]

Después de recitar el árabe unas cuantas veces, Ammi y Abba se quedaron satisfechos de que lo hubiéramos memorizado. Nos dijeron que si teníamos alguna pregunta.

Yo tenía unas cuantas.

—Abba, ¿de qué libro de hadices es este?

—Este viene del *Sahih al-Bujari*. ¿Qué puedes decirnos del Sahih al-Bujari?

Sahih al-Bujari. Colección clásica de hadices, a menudo considerados por los suníes como los relatos más fiables de la vida de Mahoma

—Es el libro de hadices más confiable, compilado por el imán al-Bujari. Los hadices no se reunieron en libros hasta mucho después de la muerte de Mahoma ﷺ. Se fabricaron muchos hadices falsos y era difícil determinar cuáles eran precisos. El imán al-Bujari tamizó quinientos mil hadices y escogió los cinco mil más precisos.

Ammi siguió preguntando.

—¿Y cómo lo hizo?

—Cuando el imán al-Bujari escuchaba un hadiz, evaluaba si la persona que lo decía era o no de confianza. Si tenía mala reputación, si alguna vez se había metido en problemas o incluso si había tratado de mala manera a los animales, el imán al-Bujari ignoraba ese hadiz. Si encontraba a la persona confiable, le preguntaba de quién había escuchado ese hadiz, y de quién lo había recibido aquella persona, hasta llegar a Mahoma. El imán al-Bujari sopesaba la reputación de cada individuo de la cadena, y si todos eran de confianza, entonces el imán registraba el hadiz en su libro.

La cadena de transmisión se llamaba *isnad*, y era incalculablemente importante para los estudiosos musulmanes clásicos. El islam surgió en una sociedad basada en la autoridad. Cuando hacían la pregunta: «¿Es auténtico este hadiz?», respondían defiriendo a las autoridades que transmitieron. Sin la isnad, el hadiz se consideraba sin valor. Los musulmanes se apoyaron menos en la literatura de la sirah que en los hadices específicamente porque la sirah no documenta la isnad.

Ammi continuó.

—Muy bien. Beytee, ¿cuál es el siguiente libro de hadices más fiable?

—No lo sé, Ammi.

Baji ahora tenía dieciocho años y estaba en la universidad. No disfrutaba de aquellas preguntas detalladas como había hecho antes, pero Ammi no la iba a soltar tan fácilmente.

—Sí lo sabes. Challo, responde solo a esta, y eso será todo. ¿Cuál es el siguiente al Sahih al-Bujari?

—¿Sahih Muslim?

—Shabash. Nabeel, ¿conoces algún otro?

—Conozco el Sunan Abu Dawud, y sé que hay seis que se consideran auténticos, y el resto son una mezcla de hadices fiables y no fiables. Los seis se llaman **Sahih Sittah**, y los tres primeros son el Sahih al-Bujari, el Sahih Muslim y el Sunan Abu Dawud.

Abba continuó la lista por mí.

—Y los otros tres son el Sunan al-Tirmidhi, el Sunan ibn Mayah y el Sunan al-Nisai.[30] Estos son los mejores seis libros de hadices, pero de ellos los más fiables son el Shahih al-Bujari y el Sahih Muslim.

Ammi añadió rápidamente:

—Pero aunque los más precisos son la palabra de Mahoma, no es la palabra de Alá. No debemos igualar el hadiz al Corán.

Yo seguí adelante con esta aclaración.

—Pero si Mahoma lo dijo, ¿no tenemos que obedecerle?

Abba interpeló:

—¡Por supuesto! Pero aun así, Mahoma no es Dios. El Corán es el único libro perfecto e incorruptible del mundo. Los libros de hadices son más como la Biblia, porque son el

Isnad. La cadena de transmisión de un hadiz en particular

Sahih Sittah. Los seis libros de hadices que los musulmanes suníes consideran más auténticos

trabajo de los hombres. Hay verdad divina en ellos, pero debemos tener cuidado con la corrupción. Siempre tenemos que comprobar las verdades que obtenemos de otras fuentes con el Corán. Challo, ya es suficiente por esta noche. No te olvides del hadiz que has aprendido hoy. ¡Te pediremos que lo recites mañana!

Yo estaba muy interesado en el hadiz, no tanto en su contenido como en su historia y en el modo en que los estudiosos musulmanes lo evaluaron. Quería convertirme en apto para reconocer un hadiz auténtico de los fabricados. Comencé a preguntar más a Ammi y Abba acerca de los sistemas de calificación del hadiz, y rápidamente choqué contra el límite de sus conocimientos en esa materia. Para poder aprender más tendría que esperar hasta la siguiente reunión de nuestra yamaat, cuando le preguntaría a los expertos sobre los libros adecuados que comprar para averiguar más.

Sucedió que Ammi y Abba decidieron regresar al Reino Unido durante el siguiente verano para asistir a una reunión de la yamaat. Yo decidí investigar un poco mientras estaba allí. Lo que no planeé, sin embargo, fue experimentar a Dios de un modo muy personal. Dios iba a realizar un milagro que cambiaría mi vida para siempre.

Capítulo diecisiete

SEÑALES EN EL CIELO

ERA LA PRIMERA VEZ QUE VOLVÍA a Gran Bretaña desde que nos mudamos a Connecticut ocho años atrás. Apenas podía contener la emoción. Abba no tuvo siquiera la oportunidad de sacarnos del aeropuerto de Heathrow antes de que yo me las apañase para conseguir una botella de Irn-Bru y una bolsa de cereales Hula Hoops.

Nos dirigimos de nuevo hacia la campiña de Tilford, el mismo lugar donde habíamos asistido al centenario nueve años atrás. Según íbamos pasando los pintorescos pueblos ingleses, sentía como si estuviera dando un paseo por mi pasado. Los caminos estrechos, los edificios apiñados y los vehículos más pequeños me trajeron recuerdos de una infancia que amaba. Ni siquiera me molestaba la idea de la comida inglesa.

Esta reunión de la yamaat se llamaba *yalsa*. Nuestra familia asistía cada año a la yalsa de Estados Unidos en Washington D. C., y normalmente asistíamos también a la yalsa canadiense. Pero la del Reino Unido era diferente. Aquí era donde vivía el líder de nuestra yamaat, y siempre era especial estar en su presencia. Por él, decenas de miles de ahmadíes asistían a la yalsa del Reino Unido.

Por mucho que desease verlo, las personas a las que más anhelaba eran mis amigos de Escocia, los Malik. Aparte de una carta que había recibido del hermano pequeño mientras estaba en séptimo curso, no había escuchado nada de ellos. El correo electrónico público todavía estaba en su fase emergente, y las llamadas internacionales eran demasiado caras para justificarlas.

Pero cuando llegué a la yalsa me di cuenta de que no sabía si mis amigos estarían siquiera allí. Con todo lo especial que era la reunión, existían una miríada de circunstancias que podían impedir su asistencia. También sería casi imposible verlos caminando por la yalsa. Aparte del gran número de personas entre las que buscar, todos habíamos crecido en los últimos siete años, y no estaba seguro de poder reconocerlos ni siquiera aunque los viese. Deseaba profundamente reunirme con ellos, pero no sabía por dónde empezar.

Así que recurrí a Dios.

Desde temprana edad, Ammi me había entrenado para responder en momentos desesperados con una oración, pero no conocía una du'aa para encontrar a personas. Había memorizado una oración para recitar cuando buscaba objetos perdidos, pero dado que era la misma oración que recitamos cuando escuchamos la noticia de la muerte de alguien, decidí que no sería apta para la ocasión. En vez de eso, simplemente oré desde el corazón, inclinando la cabeza y cerrando los ojos.

—Dios, ¿puedes ayudarme a encontrar a mis amigos?

No tenía nada más que decir, así que no dije nada más.

Cuando abrí los ojos, lo que vi me dejó pasmado. En el aire, delante de mí, había dos rayas de color, una dorada y otra plateada, como si hubieran sido pintadas caprichosamente en el cielo por un pincel etéreo. Se perdían en la distancia, guiándome obviamente a algún lugar.

Todavía recuerdo las palabras que dije en medio de la impresión:

—Estás de broma. Se supone que debo seguirlas, ¿no?

Si estaba hablando con Dios o conmigo mismo, no estoy seguro. Lo que sabía intrínsecamente era que nadie podía ver las líneas excepto yo. No estaban tanto en el cielo como estaban en mi percepción del cielo. No estaban ni a un kilómetro, ni a un paso, ni en ningún lado ni en medio. Simplemente estaban. Y esperaban por mí.

La yalsa estaba abarrotada, y todo el mundo estaba fuera de las carpas porque en ese momento no había ninguna sesión. Seguí las líneas hacia enjambres de personas, escurriéndome entre la multitud igual que en un bazar paquistaní.

Y, de hecho, las líneas se arremolinaron sobre el mercado de la yalsa, la misma área donde quise conseguir una chapa hacía casi una década. Esta vez no fui interceptado por ningún ciudadano anciano malhumorado. En vez de eso, las líneas caían hacia abajo, disipándose sobre un hueco junto a una tienda de ropa. Cuando me abrí paso hasta el claro, vi a dos hombres allí de pie, charlando y probándose gorros. Tardé un momento, pero los reconocí: eran los mayores de los hermanos Malik.

Corrí hacia ellos y los agarré de los brazos. Cuando me reconocieron, nos alegramos juntos. No se creían mi estatura, repitiendo todo el tiempo: «¡Pero si eras un renacuajo!». Y así me llevaron por toda la yalsa, presentándome de nuevo a toda la gente de Glasgow que una vez conocí. Estábamos contentísimos. Para entonces, las líneas del cielo se habían olvidado.

Aquella tarde, mientras pensaba en los sucesos del día tumbado en la cama, no podía ver más allá de las líneas dorada y plateada. Para mí no eran más que una cosa: significaba que Dios debía existir.

Por supuesto, yo ya creía que Dios existía. Había visto oraciones contestadas, sueños proféticos y argumentación racional hacia la existencia de Dios, pero siempre había espacio para la duda. Quizá las oraciones respondidas fueran coincidencias, o tal vez los sueños proféticos habían sido exagerados con el tiempo para ajustarse a la realidad, o era posible que hubiera errores en la lógica de los argumentos. Por supuesto, estaba seguro al noventa y nueve por ciento de que Dios existía, pero siempre había allí una sombra de duda.

Pero ahora no había una alternativa remotamente plausible. ¿De qué otro modo podría explicar lo que ocurrió aquel día? No tenía ni idea de dónde estaban mis amigos, y cuando oré, fui llevado de forma sobrenatural hasta ellos.

Comencé a considerar explicaciones alternativas. ¿Tal vez me había imaginado las líneas? No, eso no podía ser, porque fui derecho a mis amigos. ¿Quizá sabía mi subconsciente dónde estaban mis amigos? No, eso era imposible. Ni siquiera sabía si estaban en la yalsa, y mucho menos el punto exacto en el mercado. ¿Puede que mientras viviera en Escocia desarrollara conexiones extrasensoriales con mis amigos que permanecieron latentes hasta que los llamé aquella tarde, con lo cual nuestros lazos psíquicos pudieron manifestarse en mi sistema visual? Sinceramente, esa era la mejor explicación naturalista a la que podía llegar, y no solo esquivaba las fronteras del naturalismo, sino que hacía volar las de la plausibilidad.

«No —me dije a mí mismo—. No hay alternativa. Dios es real, y Él escucha mis oraciones, incluso las pequeñas como querer saber dónde están mis amigos». Aquel día ya no creí solamente que Dios era real. Sabía que Dios era real. Y sabía que cuidaba de mí.

El momento no podía haber sido mejor. Cuando regresé al Princess Anne para mi tercer año de secundaria, una de mis asignaturas obligatorias fue «Teoría del conocimiento» (TDC) y servía como curso introductorio a filosofía y epistemología generales. Nuestro libro de texto se llamaba *Man is the Measure* [El hombre es la medida], y una de las primeras discusiones que tuvimos en clase fue: «¿Cómo podemos saber que Dios existe?». La discusión fue intensa y sacudió la fe de muchos teístas de la clase.

> Aquel día ya no creí solamente que Dios era real. Sabía que Dios era real.

Aunque nuestras conversaciones se centraban en una argumentación objetiva, como debía ser, llegué a darme cuenta de que el conocimiento subjetivo puede ser mucho más poderoso. Nunca sería capaz de convencer a nadie de que realmente vi las líneas en el cielo o que de verdad me guiaron a mis amigos. Pero no lo necesitaba. Era una señal para mí, y yo fui de estar un noventa y nueve por ciento seguro de que Dios existe a un cien por cien de certeza.

Cuatro años después, cuando mi mundo comenzó a hacerse pedazos, aquel uno por ciento marcó toda la diferencia.

Capítulo dieciocho

HONOR Y AUTORIDAD

TDC FUE UNA DE LAS TANTAS ASIGNATURAS que tuve con mi mejor amigo, David. Habíamos ido acercándonos más y más desde séptimo curso, y cuando ya estábamos en los años superiores éramos inseparables. Teníamos seis de nuestras siete clases juntos, nos convertimos en cocapitanes del equipo de trivial académico y entramos en el equipo de debate como un dúo. David y yo logramos el quinto puesto en la competición estatal en nuestro tercer año de secundaria, sorprendiendo a todos porque ambos éramos novatos. Durante el último año ganamos el campeonato estatal.

David y yo tuvimos unas cuantas discusiones acerca de religión y de la existencia de Dios. Él y yo no teníamos el mismo parecer, y estaba claro que nuestra educación tenía mucho que ver con eso. Él tenía dudas en cuanto a superar su agnosticismo, y mi punto de partida era el islam. Las discusiones en TDC parecían reforzar su duda, y aunque no sacudían mi convicción en la existencia de Dios, ponían de relieve algunas diferencias importantes entre las culturas oriental y occidental.

Cuando mis padres me enseñaron a examinar mis creencias, se esperaba esencialmente que construyese una defensa para lo que ellos me habían enseñado. En TDC hacíamos lo mismo en apariencia —examinar nuestras creencias—, pero en la práctica era exactamente lo opuesto. Contrastábamos críticamente nuestras creencias, las desafiábamos, probábamos sus puntos débiles, su flexibilidad y sus límites. Algunos estudiantes incluso las reemplazaban.

A esta diferencia entre la educación oriental y la occidental se le puede atribuir la disparidad que divide a los inmigrantes musulmanes de sus hijos: las culturas islámicas tienden a establecer a las personas de alto estatus como autoridades, mientras que la autoridad en la cultura occidental es la razón por sí misma. Esta alternancia en las cátedras de autoridad impregna la mente, determinando la perspectiva moral de sociedades enteras.

> Las culturas islámicas tienden a establecer a las personas de alto estatus como autoridades, mientras que la autoridad en la cultura occidental es la razón por sí misma.

Cuando la autoridad se deriva de la posición en vez de la razón, el acto de cuestionar el liderazgo es peligroso porque tiene el potencial de desbaratar el sistema. La disensión es reprimida, y la obediencia se recompensa. Los cursos de acción correctos e incorrectos se evalúan socialmente, no individualmente. La virtud de una persona se determina por cómo cumple las expectativas sociales, no por una determinación individual del bien y del mal.

De este modo, la autoridad posicional produce una sociedad que determina el bien y el mal basándose en el honor y la vergüenza.

Por otro lado, cuando la autoridad se deriva de la razón, las preguntas son bienvenidas porque la examinación crítica afila la misma base de autoridad. Se espera que cada persona examine críticamente su propio curso de acción. Los cursos de acción correctos e incorrectos se evalúan individualmente. La virtud de una persona se determina por si hace lo que él sabe que es correcto o incorrecto.

La autoridad racional crea una sociedad que determina el bien y el mal basándose en la inocencia y en la culpabilidad.

Gran parte de la incapacidad de Occidente para comprender Oriente deriva del cisma paradigmático entre culturas basadas en el honor y la vergüenza y las basadas en la inocencia y la culpabilidad. Por supuesto, la cuestión es bastante compleja, y hay elementos de ambos paradigmas presentes en Oriente y en Occidente, pero el espectro honor-vergüenza es el paradigma operativo que guía Oriente, y a los occidentales les resulta muy difícil de entender.

Esta dependencia en la autoridad posicional explica algunas características en partes del mundo musulmán que confunden a muchos occidentales, como las prácticas continuas de asesinatos por honor, las novias niñas de seis años o más pequeñas y las venganzas de sangre. Por una razón o por otra, las fuentes prevalentes de autoridad social en estas regiones juzgan estas costumbres aceptables, quizá incluso preferibles. Ninguna cantidad de razón pura va a cambiar estas prácticas, ni tampoco lo harán las prohibiciones impuestas de forma externa. El cambio tiene que ser social, interno y orgánico.

Pero los asesinatos por honor y las venganzas de sangre no suelen ser luchas para los hijos criados como segunda generación de musulmanes occidentales. Luchamos con el principio del honor y la vergüenza que nos dice: «Está bien siempre y cuando no te pillen». Si no hay deshonra, no hay error.

Yo vi este principio en práctica muchas veces mientras crecía, aunque estoy obligado a compartir solo relatos inocuos. Lo más inocente en lo que puedo pensar tiene que ver con las recargas gratuitas. Muchos de mis amigos musulmanes pensaban que era perfectamente aceptable pedir agua en los restaurantes de comida rápida y después ir al dispensador a rellenar los vasos con refresco. Rara vez lo pensábamos, y yo mismo lo hacía regularmente.

Pero en un Taco Bell de Virginia Beach un día a uno de mis amigos lo pillaron poniendo Mountain Dew Code Red en vez de agua. Un joven empleado había mirado por encima del mostrador y había visto a mi amigo rellenando refresco. Sin mucho tacto, apartó la mano de mi amigo de la fuente de bebidas y dijo en voz alta:

—Pediste agua. ¡No puedes tomar refresco!

En estas, mucha gente se había girado para ver el alboroto, y mi amigo se ruborizó inmediatamente. Estaba claro que el empleado tenía razón, puesto que los vasos para el agua eran transparentes y los de refresco eran opacos. El empleado le pilló literalmente con las manos en la masa. El refresco era bien visible para todo el mundo.

Para mi amigo, ese fue el momento que convirtió sus acciones en una mala elección. Había sufrido deshonra delante de muchos. Robar refresco no era un problema para él antes de ser pillado. De hecho, tampoco fue un problema para él después. Por extraño que resulte a los occidentales, para él era más deshonroso que un empleado de baja cualificación le hubiera gritado que ser pillado robando refresco. Así que lo negó, asegurando con firmeza: «¡Estoy tomando agua!». Llenó el resto del vaso de agua y se alejó del mostrador, como si fuera perfectamente normal que el agua tuviese aquel color rosa burbujeante.

En otra ocasión uno de mis primos estaba siendo ridiculizado con bromas de parte del resto de mi familia por haber sido pillado cometiendo un pequeño fraude en el seguro. Para ayudar a aliviar la vergüenza, mi primo nos lo convirtió en una historia divertida.

Empezó a contarnos que, mientras rellenaba los formularios para un seguro de coche, se dio cuenta de que podía ahorrar un montón de dinero si mentía y le decía a la compañía aseguradora que estaba casado. Así que se inventó una larga historia sobre cómo conoció a su mujer, de qué vivía ella, e incluso el truco que usaba para recordar su cumpleaños. Planeaba decirle al agente que por desgracia no tenía los papeles porque ella todavía estaba en Paquistán. Cuando se había inventado suficientes detalles, llamó a una compañía, les convenció de que estaba casado y le hicieron un seguro más barato.

Solamente otro miembro de la familia y yo le reprendimos por esto, y ambos habíamos nacido en Estados Unidos. Los mayores se rieron y nos dijeron que no nos lo tomáramos tan en serio, asegurando que las compañías de seguros tenían dinero suficiente para eso. Mi primo asintió muy animado.

Según avanzó la historia, más o menos un año después, tuvo un accidente y tuvo que pedir asistencia en carretera. Mientras daba los detalles del accidente por teléfono, el agente **En realidad hacer el bien ni siquiera entraba en la ecuación, así como tampoco la culpa.** de seguros le preguntó si estaba con su esposa. Con la cabeza puesta en el accidente, él respondió que no tenía esposa. Como si nada, el agente le preguntó si había estado casado alguna vez, y mi primo respondió «no». Poco después, mi primo recibió un ajuste en su cuota de seguro muy por encima del doble de lo que había estado pagando.

Llegados a aquel momento la familia lloraba de risa. Al contar una historia tan buena había sido capaz de transformar la vergüenza de haber sido pillado mintiendo en el honor de ser un buen contador de historias. En realidad hacer el bien ni siquiera entraba en la ecuación, así como tampoco la culpa.

Estos son ejemplos relativamente inofensivos de cómo una cultura basada en el honor y la vergüenza puede ver las cosas de una manera diferente a una cultura occidental de culpa e inocencia. Por supuesto, existe una noción muy desarrollada de la moralidad en el islam, así que debemos tener cuidado de no simplificar demasiado la cuestión y asumir que los musulmanes hacen lo que quieren si creen que no serán pillados. Al mismo tiempo, se puede decir que la culpa es un factor menos determinante en Oriente de lo que es la vergüenza.

Volviendo a los musulmanes occidentales de segunda generación, puede que no sea fácil ver lo difícil que puede resultar cabalgar entre estas dos culturas. Cuando participa en algo poco aceptado socialmente, el joven musulmán se sentirá tentado a esconderlo y comenzará a luchar con la culpa interna. La tendencia natural oriental a esconder las verdades vergonzosas empeora la tendencia occidental a sentirse culpable.

Para mí, esto se fue convirtiendo cada vez más en un problema mientras avanzaba en la secundaria. Todos mis amigos sabían que yo era musulmán y que no tenía permitido salir con chicas. Lo había hecho lo mejor posible siendo embajador de mi cultura diciéndoles a los demás que estaba feliz con la idea de un matrimonio concertado. Y realmente no me importó… hasta que comencé a sentir un interés real por las chicas.

En mi último año me enamoré de una chica que también confesó que estaba interesada en mí. Para los estándares de cualquier occidental, era una relación muy inocente, tomándonos de la mano y diciéndonos cosas románticas. Pero aun así, guardé el secreto porque iba en contra de mis estándares orientales, y me sentía muy culpable. Lo di por terminado en cuestión de semanas, aunque todavía tenía sentimientos por ella. No mucho después, ella comenzó a salir con mi mejor amigo, David. Mis sentimientos por ella no habían amainado, y poco después me sentí muy culpable por estar enamorado de la novia de mi mejor amigo. Le confesé a David que había tenido una relación secreta con ella antes de que empezaran a salir y que todavía sentía algo por ella.

Ninguno de mis amigos entendía por qué les había ocultado aquello, y menos aún David. Desde su perspectiva, le había traicionado totalmente por no ser abierto con él y por albergar sentimientos por su novia. David y yo tuvimos una pelea días antes de la graduación, con todos a un lado y yo en el otro.

Una vez más, no tenía amigos, pero en esta ocasión estaba profundamente herido y totalmente confuso. ¿Qué había pasado? ¿Por qué siempre terminaba solo? Sabía que había hecho algo mal, ¿pero era tan malo que merecía perder a todos mis amigos? No fui a fiestas de graduación, ya no me invitaron a ningún viaje preuniversitario que habíamos planeado, y ya no llegué a ver a mis amigos, ya que todos se fueron a la universidad, y no fui capaz de reunirme con nadie cuando regresaron a casa en las vacaciones.

Si hubiera entendido el modo en que estaba actuando en aquel momento, habría hecho las cosas de otra manera. Si ellos me hubieran comprendido, se habrían sentido menos heridos por mis secretos. Si solo lo hubiéramos sabido, puede que todavía conservase a mis amigos de la infancia.

Algunos creen que no existen diferencias culturales entre Oriente y Occidente, y que toda la gente ve el mundo del mismo modo. Otros observan los paradigmas orientales y occidentales como una mera curiosidad. Pero para mí, y para otros como yo, el cisma entre Oriente y Occidente conforma el curso mismo de nuestras vidas.

Por su culpa no tuve amigos en mi primera infancia, y también por su culpa fui arrojado a la adultez solo una vez más.

Por fortuna, lo peor del dolor duró solo el verano. Comencé la universidad pocos meses después, en agosto de 2001, buscando la perspectiva de reinventarme a mí mismo y de encontrar nuevos amigos. Pero cuando solo llevaba tres semanas en la universidad, una nueva crisis golpeó, y esta afectó a toda nuestra nación. El mundo nunca volvería a ser el mismo.

Capítulo diecinueve

LA RELIGIÓN
DE LA PAZ

ERA EL COMIENZO de mi cuarta semana en la Universidad de Old Dominion. Baji y yo asistimos a la ODU por la misma razón: era la mejor escuela cerca de casa, y Ammi y Abba no nos iban a dejar ir más lejos. A menudo íbamos a la escuela juntos, pero los martes por la mañana Baji venía después de mí para evitar esperar en el tráfico. Yo tenía que estar en el laboratorio de anatomía a las ocho en punto.

Aquel martes por la mañana comenzó como cualquier otro. Terminé en el laboratorio de anatomía a las diez y media y me encaminé hacia el Webb Center, la asociación de estudiantes de la ODU. Estaba libre hasta la tarde, cuando el equipo de debate se reunía para las prácticas. Me había unido al equipo la primera semana de clase y estaba emocionado por ver si podía trasladar mi éxito en la secundaria a la universidad.

Mientras daba una vuelta por la entrada de la asociación de estudiantes, la capitana del equipo de debate salió a toda prisa. No sabía que pasaba algo, así que le pregunté:

—¿Qué ocurre?

Sin parar, dijo:

—Acaba de caer la segunda torre.

Confundido, vi a una multitud junto a los televisores del salón que había detrás de ella, así que me acerqué.

Los canales de noticias estaban repitiendo las imágenes del derrumbamiento de las torres norte y sur del World Trade Center. Una y otra vez, ponían las imágenes de un avión impactando sobre una de las torres, y cada una de ellas desmoronándose sucesivamente. Parecía sacado de una película, pero estábamos paralizados por un terror muy real.

Nadie se movía. Nadie hablaba. Pocos minutos después, mi teléfono sonó. Era Abba, con su voz extrañamente apresurada.

—¿Nabeel, dónde estás? ¿Por qué no contestabas al teléfono?

—Estoy en clase, Abba. No tengo cobertura en el laboratorio de anatomía.

—¡Ven a casa ahora mismo! ¿Está Baji contigo?

—No, ¿ella está bien?

—Tampoco contesta el teléfono. Encuéntrala, y vengan a casa enseguida.

Sin estar todavía recuperado de los minutos previos, traté de juntar las piezas.

—Abba, ¿qué ocurre? ¿Por qué tengo que ir a casa?

Sorprendido, Abba preguntó:

—¿No lo sabes? Ha habido un ataque.

—Sí, ¿pero por qué eso significa que tengo que volver a casa?

—¡Nabeel! ¡Están culpando a los musulmanes! La gente estará sensible, y pueden tomarla contigo o con Baji. Es tu trabajo encontrarla, asegurarte de que está a salvo y volver a casa.

—Pero Abba, yo…

Abba no perdió más el tiempo.

—¡Nabeel! ¡Haz lo que te he dicho! Tengo que llamar a Baji. Deja tu teléfono desocupado.

Con eso, colgó.

Observé a la gente de mi alrededor que miraba los televisores. ¿Eran mis enemigos? ¿Realmente querrían herirme? Lentamente el peligro dejó de estar en la televisión para estar a mi alrededor. Ahora yo era parte de una película macabra y tenía un papel. Me fui rápidamente y llamé a Baji.

Para alivio mío, contestó.

—¿As salamu 'alaikum?

—Baji, ¿sabes lo que está pasando? ¿Dónde estás?

—Sí, estoy en mi coche. Voy a casa.

—¿Por qué no contestabas el teléfono cuando Abba te llamaba?

—Estaba en un 7-Eleven viendo la televisión, y un policía me llevó a un lado. Me dijo que quizá no estuviera segura fuera de casa porque llevaba un burka. Se ofreció a escoltarme a mi coche, y ahora voy de camino a casa.

—¿De verdad? Qué amable. Muy bien. Conduce con cuidado. Te veo en casa pronto.

El resto del día lo pasamos pegados al televisor. Abba lo arregló para tomarse la semana libre, y nos dijo que hiciéramos lo mismo. Salimos de casa solo para comprar banderas de Estados Unidos, que se estaban vendiendo muy rápido. Colocamos las banderas a la vista en cada coche, en nuestro jardín, y conservamos unas cuantas en el garaje, solo por si acaso.

Queríamos que la gente supiera que nosotros no éramos el enemigo, sin importar lo que escucharan en las noticias.

No era una paranoia de mi padre. Durante la Operación Tormenta del Desierto, miembros de mi familia fueron objetivos y víctimas. A Nani Ammi le negaron el servicio en una gasolinera de Nueva York porque llevaba un burka. Nani Ammi, mi abuelita. Una tía lejana fue asaltada en un aparcamiento, y la golpearon en el estómago mientras guardaba la compra. De hecho, no mucho después de los ataques del 11 de septiembre la mezquita que había a las afueras de la ODU fue atacada, y le rompieron todas las ventanas. Conozco a la gente que pagó para reparar la mezquita. Todos eran gente buena y trabajadora.

Según iban pasando los días, fue sabiéndose que los secuestradores eran en efecto musulmanes y que su ataque a nuestra nación se había realizado en nombre del islam. ¿Pero qué islam era ese? Estaba claro que no era el islam que yo conocía. Es cierto que solía escuchar de musulmanes en tierras lejanas cometiendo atrocidades en nombre de Alá, pero aquellos relatos estaban demasiado lejos para crear cualquier disonancia cognitiva. Esto golpeó mucho más cerca de casa. Nos golpeó en el corazón.

> Fue sabiéndose que los secuestradores eran en efecto musulmanes. ¿Pero qué islam era ese?

Durante las semanas siguientes las cadenas de noticias repitieron en bucle sin piedad las imágenes de las torres derrumbándose. Una y otra y otra vez, visualicé a miles de inocentes siendo masacrados en nombre de mi Dios. Al final fue demasiado. Tenía que descubrir la verdad acerca de mi fe de una vez por todas. Tenía que averiguar cómo reconciliar mi islam, una religión de paz, con el islam de la televisión, una religión de terror.

En los doce años que han pasado desde aquel día, he aprendido que la pregunta es mucho más compleja de lo que parece a primera vista. La consideración más importante es la definición de *islam*. Si por *islam* me refiero a las creencias de los musulmanes, entonces el islam puede ser una religión de paz o una de terror, dependiendo de cómo se enseñe.

En Occidente, a los musulmanes normalmente se les enseña una versión muy pacífica del islam. Igual que con Baji y conmigo, a los musulmanes occidentales se les enseña que Mahoma luchó solo en batallas defensivas y que los versículos violentos del Corán se refieren a contextos específicos y defensivos. La *yihad* se define aquí principalmente como una empresa pacífica, una lucha interna contra los deseos más bajos. Cuando se les pregunta sobre su religión, los musulmanes occidentales informan sinceramente de lo que creen: el islam es una religión de paz.

En Oriente, sin embargo, los musulmanes a menudo tienen una visión menos dócil del islam. Se les enseña que el islam es superior a todas las demás religiones y modos de vida y que Alá desea verlo establecido en todo el mundo. A menudo definen *yihad* como una empresa física primordialmente, una lucha contra los enemigos del islam. Cuando se les pregunta por su religión, estos musulmanes hablan con sinceridad de lo que creen: que el islam dominará el mundo.

Así que si definimos el islam por las creencias de sus partidarios, puede ser una religión de paz o no. Pero si definimos el islam de manera más tradicional, como el sistema de creencias y prácticas enseñadas por Mahoma, entonces la respuesta es menos ambigua.

Los primeros documentos históricos muestran que Mahoma lanzó campañas militares ofensivas[31] y en ocasiones usó la violencia para conseguir sus propósitos.[32] Usó el término *yihad* en contextos tanto espirituales como físicos, pero la yihad física es la que Mahoma enfatiza con más fuerza.[33] La práctica pacífica del islam aparece después, normalmente en interpretaciones occidentales de las enseñanzas de Mahoma, mientras que las variaciones más violentas del islam están profundamente arraigadas en la ortodoxia y la historia.[34]

Por supuesto, como todo el mundo, los musulmanes en Oriente y en Occidente generalmente creen lo que se les ha enseñado. Rara vez hay mucha investigación crítica sobre los sucesos históricos, y los pocos que hacen el esfuerzo suelen hacer lo mismo que yo hacía en mi clase de TDC: intentar defender lo que ya creen, ignorando potencialmente o menospreciando las evidencias que señalan lo contrario. Esto solo es natural, porque es extremadamente difícil cambiar las creencias que descansan en el corazón.

Ese era el caso conmigo. En lo profundo del corazón quería saber la verdad acerca del islam, pero era casi imposible desafiar las creencias de mi infancia simplemente investigándolas. Encontraría el modo de ignorar verdades difíciles. Lo que necesitaba era algo que no me dejara marcharme con mis prejuicios. Necesitaba algo que sorteara sin cesar mis malos argumentos ante mis ojos, una y otra, y otra vez, hasta que ya no pudiera evitarlos.

Necesitaba un amigo, un amigo inteligente, intransigente y no musulmán que estuviera dispuesto a desafiarme. Por supuesto, no solo tenía que ser lo suficientemente valiente y testarudo para lidiar con los que son como yo, sino que yo tenía que confiar en él lo suficiente para dialogar acerca de las cosas que más me importaban.

No sabía yo que Dios ya nos había presentado, y que me encontraba en un camino que cambiaría mi vida para siempre.

Para leer una contribución experta sobre el encuentro de Oriente y Occidente por Mark Mittelberg, autor superventas y creador originario del curso de evangelismo Conviértase en un cristiano contagioso, *visita contributions.NabeelQureshi.com.*

Parte 3

PONIENDO A PRUEBA EL NUEVO TESTAMENTO

———·:·———

Oh, Alá, la Biblia no puede ser cierta, ¿verdad?

Capítulo veinte

VOLVIÉNDONOS HERMANOS

HAY UNA RAZÓN SENCILLA por la que nunca escuché a los predicadores callejeros: no parecía que yo les importase. No es que fueran molestos. Yo encontraba admirable su pasión, y apreciaba a la gente que luchaba por lo que creía. Más bien era que me trataban como un objeto de su agenda. ¿Tenían idea de cómo su mensaje impactaría en mi vida? ¿Acaso les importaba?

Por supuesto, hay predicadores callejeros que comparten su mensaje mientras saludan a la gente con amabilidad, llegando a conocer los problemas de los demás, y orando por sus penas personales, pero yo nunca los vi. Lo que vi eran hombres que se ponían de pie en las esquinas y abordaban al público con sus creencias. Sin duda alcanzaban a unos cuantos, pero repelían a muchos más.

Por desgracia, he encontrado que muchos cristianos piensan del mismo modo, endosando las creencias cristianas a los extraños en encuentros al azar. El problema con este enfoque es que el evangelio requiere un cambio de vida radical, y no mucha gente está dispuesta a escuchar que un extraño les diga que cambien el modo en que viven. ¿Qué sabrán ellos de las vidas de los demás?

Por otro lado, si un verdadero amigo comparte exactamente el mismo mensaje con auténtica sinceridad, hablando de circunstancias y luchas específicas, entonces el mensaje se escucha alto y claro.

El evangelismo eficaz requiere relaciones. Hay muy pocas excepciones.

En mi caso, no conocía a ningún cristiano al que le importase de verdad, ninguno que hubiera sido parte de mi vida en las buenas y en las malas. Tenía multitud de conocidos cristianos, y estoy seguro de que habrían sido mis amigos si me hubiera convertido en cristiano, pero esa clase de relación es condicional. No había nadie al que yo sintiera que le importase incondicionalmente. Como no había cristianos a los que les importase, a mí no me importaba su mensaje.

> El evangelismo eficaz requiere relaciones. Hay muy pocas excepciones.

Pero eso estaba a punto de cambiar.

Llevó unas semanas después del 11-S que la vida recobrase su apariencia de normalidad. Baji y yo comenzamos a asistir de nuevo a clase, Abba volvió al trabajo y Ammi se sintió suficientemente segura de nuevo como para hacer recados. Aunque el islam era el tema candente en las noticias y todavía flotaba en el aire una desconfianza general contra los musulmanes, la ola de ataques emocionales no había sido tan mala como se había esperado. Es cierto, la mezquita de nuestra comunidad había sido asaltada, y con frecuencia escuchábamos de sentimientos antimusulmanes, pero no teníamos noticia de ningún ataque físico contra musulmanes. Nos sentimos seguros para regresar a nuestras vidas, a su debido tiempo.

El primer torneo de debates del año se nos venía encima. A diferencia de los torneos en secundaria, los torneos de debate universitarios conllevaban varios días, a menudo en otros estados. El primer torneo de nuestro equipo fue anunciado para West Chester, Pennsylvania.

El día de nuestra salida, Ammi decidió llevarme a la ODU para verme marchar. Cuando llegamos al Edificio Batten de Bellas Artes otro de los estudiantes del equipo de debate vino a saludarnos. Había hablado con él unas cuantas veces en las prácticas, pero todavía estábamos conociéndonos. Corrió hasta nosotros y empezó a ayudarme con mis maletas mientras se presentaba a Ammi.

—Hola, señora Qureshi. Soy David Wood.

Ammi estaba feliz de conocer a alguien del equipo antes de mandarme quién sabía dónde.

—Hola, David, un placer conocerte. ¿Vas con Nabeel en este viaje?

—Sí. Él me dijo que usted estaba preocupada, pero cuidaremos bien de él. Quédese tranquila.

David no podría haber dicho otra cosa para hacer más feliz a Ammi.

—Nabeel, estoy segura de que este es un buen chico. ¡No te separes de él!

—*Acha*, Ammi. Lo haré.

—Lleva el teléfono contigo, ¿de acuerdo, Nabeel? Llámame cuando llegues al hotel para que sepa que estás bien y así puedas darme el número de tu habitación.

—Acha, Ammi, lo haré. Estaré bien. No te preocupes.

Decirle a Ammi que no se preocupase era como decirle que no respirase, así que simplemente me ignoró.

—Y no te olvides de llamar también a Abba, para que él sepa que estás bien.

—¡Acha, Ammi!

Ammi entonces miró a David.

—Recuérdale a Nabeel que nos llame. Es muy olvidadizo.

David no pudo esconder su sonrisa.

—¡Me aseguraré de que lo haga!

Ammi se quedó finalmente satisfecha.

—Gracias, David. Estoy muy contenta de haber conocido a uno de los amigos de Nabeel. Después del viaje deberías venir a nuestra casa a comer. Haré comida paquistaní de verdad.

No había duda en la voz de David.

—No tendrá que decirlo dos veces. ¡Gracias, señora Qureshi!

—Muy bien, chicos, diviértanse. ¡Sean buenos! Nabeel, llámame. ¡Y no olvides rezar la salaat!

Ammi tomó mi cara entre sus dos manos y me besó la mejilla, como solía hacer cuando tenía cuatro años, excepto que ahora era yo el que se tenía que inclinar. David estaba casi fuera de sí con la risa reprimida, esperando que yo me sintiera avergonzado por la muestra de afecto de Ammi. Pero esto era normal en nuestra familia, y más bien disfrutaba de recibir tanto amor de ella.

De regreso al coche, gritó una despedida tradicional paquistaní:

—*Khuda hafiz,* beyta.

Que Dios te proteja.

—Khuda hafiz, Ammi. Te quiero.

Mientras salía del aparcamiento, David simplemente se me quedó mirando, con una sonrisa cómica pintada en la cara.

—¿Qué?

—Oh, nada, nada. Ella sabe que solo estarás fuera tres días, ¿verdad?

—Sí, pero no me voy de casa a menudo.

Agarré algunas bolsas y comencé a caminar hacia el edificio para encontrarme con nuestro equipo.

—Ajá —David agarró el resto de las bolsas y me siguió, sin abandonar su sonrisa tonta—. Oye, ¿sabes una cosa? Ha pasado un buen rato desde que hablaste con tu madre. Deberías llamarla.

Paré y miré a David, y entonces me giré para ver la carretera principal. Ammi todavía estaba allí, esperando en un semáforo en rojo para girar a la izquierda. Nos miraba caminar hacia el edificio.

Por despecho juguetón, me volví a David y le dije:

—¿Sabes qué? Lo haré. Gracias, David, por tu sincera preocupación por mi relación con mi madre.

Saqué mi teléfono móvil y llamé a Ammi. David se rio.

Y así fue como tomó vuelo nuestra amistad, saltándose las sutilezas y yendo directamente hacia las bromas fraternales. En los días siguientes muchos comentaron que David y yo éramos el complementario del otro. Éramos exactamente de la misma estatura —un metro ochenta y nueve—, pero yo tenía la piel y el pelo oscuros, mientras que David tenía la piel clara y el pelo rubio. Yo era un tipo delgado de ochenta kilos, mientras que David perfectamente podía tener veinte kilos más de músculo que yo. Yo era muy meticuloso con mi apariencia y mi imagen, mientras que David prefería vaqueros y camisetas. Yo había tenido una infancia consentida, mientras que David venía de parques de caravanas y de un pasado áspero.

Pero lo que no sabía acerca de David resultó ser el contraste más absoluto de todos. David era un cristiano de fuertes convicciones que había pasado los últimos cinco años de su vida estudiando la Biblia y aprendiendo a seguir a Jesús. Aunque el evangelio era su pasión, no me bombardeó con sus creencias de buenas a primeras. La discusión surgió con mucha más naturalidad, después de convertirnos en amigos, y en el contexto de una vida compartida. De hecho, yo fui quien lo mencionó.

Capítulo veintiuno

ABRIENDO LOS OJOS

EL VIAJE A WEST CHESTER fue una sacudida. Todos los del equipo estábamos conociéndonos, practicando nuestras piezas de debate, compartiendo las historias de nuestras vidas y simplemente riéndonos juntos. Fue una experiencia muy esclarecedora para mí, porque era la primera vez que me familiarizaba íntimamente con personas que tenían estilos de vida y pensamiento ampliamente diferentes. Una chica del equipo defendía legalizar las drogas, uno de los chicos vivía con su novia, y otro vivía con su novio.

«Bienvenido a la universidad», pensé.

Paramos para cenar en un restaurante italiano de Maryland. Después de que los camareros nos prepararan una mesa suficientemente grande para todos, nos sentamos junto a la cocina, donde podíamos tener una visión clara de todos los cocineros. David y yo habíamos pasado las últimas horas conociéndonos mejor. Decidimos sentarnos juntos en la cena y compartir una pizza.

David podía leer a la gente bastante bien, y rápidamente se dio cuenta de que yo no me ofendía por los comentarios burlones. Lejos de eso, siempre apreciaba cuando la gente bajaba la guardia conmigo y me hablaba sin filtros. La corrección política es para los conocidos, no para los amigos.

Así que mientras mirábamos el menú, se giró hacia mí con fingida preocupación y dijo:

—Nabeel, como probablemente tengas nostalgia, estaba buscando una pizza que te alegrase. Pero solo tienen pizza mediterránea, no pizza de Oriente Medio.

Sin inmutarme, respondí:

—Pero por suerte para ti, tienen una pizza blanca. Supongo que estará sosa e insípida. Te encantará.

David se rio.

—Acepto. Espero que este lugar sea auténtico. Hay un modo de comprobarlo, ya sabes.

—¿Ah, sí?

—Sí, mira —con esto, David se giró hacia la cocina y gritó—: ¡Eh, Tony!

Inmediatamente, tres de los cocineros miraron en nuestra dirección, y nosotros empezamos a partirnos de risa.

—David, la próxima vez que quieras hacer una tontería así, ¡espera a que nos hayan traído la comida!

Así que la noche continuó con una desenfadada frivolidad. Cuando finalmente llegamos al hotel, nuestro entrenador nos dijo que los cuatro chicos del equipo teníamos que compartir dos habitaciones. Para nosotros era una obviedad, y poco después David y yo estábamos instalándonos.

El resto del equipo quería salir y divertirse. Gran parte de los miembros fueron a beber o bailar a un bar cercano, mientras otros fueron a buscar un lugar adecuado para fumar varias cosas. Yo nunca me había involucrado en ninguna de esas actividades, y no pensaba empezar a hacerlo. David también decidió no unirse a ellos, lo que me intrigó. Me preguntaba qué le hacía diferente del resto del equipo y más parecido a mí.

No tuve que esperar mucho para averiguarlo.

Mientras yo desempacaba, David se sentó en un sillón en la esquina de la habitación y se quitó los zapatos. Sacó su Biblia y comenzó a leer.

Es difícil explicar lo atónito que me dejó. Nunca en mi vida había visto a nadie leer la Biblia en su tiempo libre. De hecho, ni siquiera había escuchado que esto pasase. Cierto, sabía que los cristianos veneraban la Biblia, pero imaginaba que en el fondo todos sabían que había cambiado con el tiempo y que no había necesidad de leerla.

Así que en el mismo momento en que descubrí que David era cristiano, también llegué a la conclusión de que debía ser especialmente iluso. Como no había barreras entre nosotros, simplemente le pregunté.

—Así que, David... —comencé a decir, todavía sacando mi ropa—. ¿Eres un... cristiano aplicado?

David me miró divertido.

—Sí, supongo que lo soy.

—Eres consciente de que la Biblia ha sido corrompida, ¿verdad?

—¿Ah, sí?

—Sí. Ha cambiado con el tiempo. Todo el mundo sabe eso.

David me miró sin estar convencido, pero genuinamente interesado en lo que tenía que decir.

—¿Cómo es eso?

—Bueno, es obvio. Para empezar, simplemente mira cuántas Biblias hay. Tienes la King James, la New International Version, la Revised Standard Version, la New American Standard Bible, la English Standard Version, y quién sabe cuántas más. Si quieres saber exactamente lo que Dios dijo, ¿cómo se supone que tengo que saber a qué Biblia ir? Todas son diferentes.

—Vale. ¿Esa es la única razón por la que crees que la Biblia no es de confianza?

La respuesta calmada y controlada de David era sorprendente. Normalmente la gente se quedaba fuera de juego.

—No, hay montones de razones.

—Bueno, te escucho.

Dejando mi maleta a un lado, reuní mis pensamientos.

—Ha habido ocasiones en las que los cristianos han tomado secciones enteras de la Biblia que ya no les gustaban y han añadido cosas que deseaban que estuvieran allí.

—¿Cómo qué?

—No sé las referencias exactas, pero sé que añadieron lo de la trinidad a la Biblia. Más tarde, cuando se les desafió, lo sacaron.

—Oh, ya sé de lo que hablas. Hablas de primera de Juan cinco.

No tenía ni idea de lo que «primera de Juan cinco» significaba, pero prácticamente salté sobre él por admitir el error.

—¡Así que ya lo conoces!

—Sé a lo que te refieres, pero no creo que lo estés viendo bien.

—¿Cómo no puedo estar viéndolo bien?

—No es que los cristianos simplemente añadieran y quitaran cosas como si fuera una gran conspiración con personas por controlar el texto de la Biblia. Quiero decir, imagina por un segundo que alguien quiere añadir algo. ¿Crees que simplemente podría cambiar todas las Biblias del mundo?

—Bueno, probablemente no todas —admití, acercándome a mi cama y sentándome frente a David—, pero bastantes.

—¿Bastantes para qué?

—Bastantes para cambiar eficazmente el texto.

No parecía impresionado.

—Nabeel, ¿me estás diciendo que los cristianos del mundo simplemente dejan que alguien les cambie sus textos sagrados... y que ese cambio masivo no habría sido documentado en algún momento de la historia? Venga ya.

—No en todo el mundo, pero me puedo imaginar a alguien saliéndose con la suya en una región específica.

—¿Así que estás de acuerdo, entonces, en que si hubiera una interpolación en una región específica, se encontrarían copias de la Biblia sin esa interpolación en otra parte del mundo?

—Supongo que sí.

—Bueno, pues ahí lo tienes —dijo él con aires de finalidad—. Eso explica las múltiples versiones de la Biblia y la cuestión de primera de Juan cinco.

—Eh, ¿qué?

Sentía como si hubiera estado jugando al ajedrez con David y él de repente hubiera declarado «jaque mate».

—El hecho de que haya **manuscritos** de la Biblia por todo el mundo significa que podemos compararlos y ver dónde se han introducido cambios. Es un campo del estudio bíblico llamado "crítica textual". Si hay algo cambiado, como el versículo sobre la trinidad en primera de Juan cinco, entonces podemos encontrar rápidamente las alteraciones comparándolas con otros manuscritos. Eso explica las grandes diferencias entre las diferentes versiones

> **Manuscrito.** Una copia física de un texto, ya sea de una parte o de su totalidad

de la Biblia. Pero no pienses mal; solo hay un puñado de grandes diferencias entre ellas.

—¿Y qué hay de las diferencias menores?

—Bueno, esas son solo diferencias estilísticas en la traducción, en mayor parte. Hay diferentes traducciones del Corán, ¿no?

—Sí, pero todas usan el texto árabe para traducir, no transmisiones en lenguas extranjeras.

—Bueno, es lo mismo con la Biblia. Gran parte de las diferencias entre las versiones de la Biblia son solo cuestión de la traducción, no del hebreo o el griego originales.

Dejé que toda esta nueva información se asentase, y miré a David con nuevos ojos. ¿De dónde había sacado él toda esta información? ¿Por qué no la había escuchado antes? Me resultaba difícil de creer.

Mi incredulidad ganó.

—David, no te creo. Tengo que verlo por mí mismo.

Él se rio.

—¡Bien! Me habrías decepcionado si no quisieras averiguar más. Pero si vas a hacerlo bien, ¡hazte a la idea!

Me levanté y me dirigí hacia mi maleta.

—Oh, no te preocupes. Estoy hecho a la idea.

> ¿De dónde había sacado él toda esta información? ¿Por qué no la había escuchado antes?

Después de terminar de desempacar, nos centramos en los preparativos finales del torneo. Mientras tanto, yo seguía pensando en la conversación. Todavía estaba totalmente convencido de que la Biblia estaba corrupta, pero tenía que lidiar con argumentos más avanzados de los que había oído previamente. Tenía ganas de regresar a casa y profundizar más en estas cuestiones.

Capítulo veintidós

EVOLUCIÓN TEXTUAL

POCO DESPUÉS estábamos de regreso, poniéndonos al día con las clases. David estaba con una doble licenciatura en Biología y Filosofía, y yo estaba en el curso preparatorio para la Facultad de Medicina. Resultó que estábamos juntos en algunas clases: Química y Biología Evolutiva.

A veces estar juntos en clase era algo bueno. David y yo estudiábamos Química juntos regularmente con la idea de que se trataba de una guerra total. Intentábamos superarnos el uno al otro. Después de cada examen nuestro profesor colgaba las notas en la sala de conferencias, y David y yo trepábamos uno sobre otro para verlas. Debido a nuestra amistosa competición, siempre teníamos las notas más altas de la clase.

Otras veces estar juntos en clase no era bueno. En Biología Evolutiva David y yo apenas prestábamos atención. La profesora no hacía ningún esfuerzo por ocultar su ateísmo, y a menudo nos distraíamos con sus comentarios paralelos. Siendo ambos fuertes teístas, encontrábamos la gran mayoría de sus argumentos triviales y nada convincentes. Siempre que nuestra profesora decía algo con una doblez atea, nos girábamos para hacer bromas sobre ello… o sobre ella. Éramos universitarios, después de todo.

Cierto día en particular, después de una breve diatriba pro atea, volvió a enseñarnos acerca de la taxonomía, la clasificación de todos los seres vivos en reino, filo, clase, orden, familia, género y especie. Me incliné sobre David y susurré:

—Después de mucha observación, he llegado a la conclusión de que su pelo tiene vida propia. Estoy intentando imaginar en qué filo lo pondría.

David respondió con tono serio:

—Es una decisión difícil, Nabeel. Parece que ha desarrollado mecanismos de autodefensa reminiscentes a los de los escorpiones. ¿Qué crees?

—Muy agudo, David. Yo habría dicho que se parece más al moho o al liquen, pero ahora que lo mencionas, puede ser perfectamente un ser consciente.

Los siguientes minutos los pasamos aguantando la risa, y esta clase de bromas impertinentes finalmente me llevaron a abandonar el curso de evolución. Simplemente, no podíamos concentrarnos cuando estábamos juntos.

A lo largo de los años de universidad, aprendí que la teoría de la evolución se había colado en muchos campos: biología, sociología, antropología, comunicaciones, psicología en incluso teoría de la religión. De hecho, había notas de la teoría de la evolución en los argumentos que yo usaba contra la Biblia. Yo aseguraba que la Biblia había cambiado con el tiempo, alterándose la transmisión por aquellos en el poder de acuerdo con sus objetivos. Más tarde llegué a defender un modelo evolutivo para los evangelios, que el evangelio más temprano, Marcos, tenía un punto de vista más humano de Jesús que los evangelios posteriores, y que la divinidad de Jesús en los evangelios evolucionaba gradualmente.

> Había notas de la teoría de la evolución en los argumentos que yo usaba contra la Biblia.

Pero por ahora David y yo estábamos centrados en el primer punto, la integridad textual de la Biblia, específicamente del Nuevo Testamento. Como a muchos musulmanes, no me preocupaba el Antiguo Testamento tanto como lo hacía el Nuevo. Como yo lo veía, el Antiguo Testamento estaba de acuerdo en gran parte con el Corán: nombraba a muchos de los mismos profetas, los mostraba yendo a la guerra contra los politeístas y no decía nada acerca de la trinidad. El Nuevo Testamento es lo que realmente ofende las creencias musulmanas, así que hablábamos sobre él.

Fue después de nuestra clase de Química un día cuando David y yo continuamos nuestra discusión acerca del Nuevo Testamento.

—Muy bien, David, he estado investigando un poco más lo de la crítica textual, y he encontrado algunos problemas.

—¿Qué tienes?

—Parece ser que yo tenía razón acerca de lo de las secciones enteras de la Biblia que fueron interpoladas. Los estudiosos de la Biblia dicen que el final de Marcos no es original, ni tampoco la historia de Juan acerca de la mujer sorprendida en adulterio.[35] Ya sabes, la historia en la que Jesús dice: "Quien esté libre de pecado que tire la primera piedra".

—Sí, conozco esa historia. Tienes razón, no estaba en el texto original. ¿A qué te refieres?

Me sorprendió que me concediera aquel punto de tan buena gana.

—¿No ves que eso sea un problema? Quiero decir, porciones enteras de la Biblia no son en realidad palabra de Dios.

—Sé adónde quieres llegar, pero no, no es un problema. ¿No lo ves? El mismo hecho de que podamos identificar estas adiciones significa que podemos detectar las alteraciones.

—Cierto, pero sin importar que puedan o no detectarlo, significa que la Biblia ha sido alterada.

—Manuscritos tardíos, sí. ¿Pero y qué si un manuscrito tardío tiene alteraciones? No es que nadie vaya a considerar una copia posterior más exacta que una temprana. Los manuscritos tempranos son aquellos que importan, y tenemos muchas copias tempranas del Nuevo Testamento sin esas interpolaciones.

Pensé en su sugerencia con cuidado.

—¿Cuántas, y cómo de tempranas?

—Bueno, tenemos muchos manuscritos del segundo siglo en el griego original y docenas más del siglo tercero. En nuestra posesión hoy, conservamos dos Nuevos Testamentos enteros de principios del siglo cuarto.[36] Si quieres ver cuánto ha cambiado la Biblia desde el siglo cuatro hasta el veintiuno, todo lo que tienes que hacer es sacar los manuscritos y compararlos.

Esa era una proposición interesante. Sacaba toda conjetura del debate. Tenía que asegurarme de que lo había escuchado claramente.

—¿Así que me estás diciendo que en realidad tenemos Biblias enteras de principios del siglo III?

—Ajá.

—¿Y cuánto se diferencian de las Biblias de hoy?

David me miró directamente a los ojos.

—Nabeel, las traducciones modernas de la Biblia están basadas en esos manuscritos.[37]

Consideré sus palabras, pero el simple hecho de que hubiera múltiples versiones continuaba molestándome. Significaba que las palabras de la Biblia no habían sido acordadas.

—¿Acaso no son importantes las palabras exactas, David? Como musulmán creo que el Corán es exactamente el mismo que fue dictado a Mahoma. Ni una sola palabra ha sido cambiada.[38] De lo que tú me estás diciendo parece que crees que las palabras exactas de la Biblia no importan.

—Las palabras importan, pero lo hacen porque constituyen un mensaje. El mensaje es lo más importante. Por eso se puede traducir la Biblia. Si la inspiración estuviera ligada a las propias palabras a diferencia de su mensaje, entonces nunca hubiéramos podido traducir la Biblia, y si nunca la hubiéramos traducido, ¿cómo podría ser un libro para todo el mundo?

No sabía si David estaba desafiando mi visión de la inspiración coránica, pero lo que dijo tenía sentido.

Mientras yo pensaba en silencio en su perspectiva, él continuó.

—Nabeel, creo que deberíamos dar un paso atrás un momento y mirar esto con un poco más de amplitud. Estás intentando defender que la Biblia ha sido cambiada irreparablemente. Pero, primero, tienes que ser más específico. En la Biblia hay sesenta y seis libros; ¿de qué parte hablas? ¿Cuándo fue cambiada, y cómo? ¿Fue cambiada de un modo significativo?

Yo continuaba sentado en silencio. Mis maestros nunca me habían enseñado nada específico. Simplemente proclamaban repetidamente que la Biblia había sido cambiada. Yo no dije nada.

—Si crees que ha habido un cambio significativo, deberías proporcionar una prueba de ello. Conjeturar no es suficiente. Necesitas pruebas.

Aunque lo que David decía tenía todo el sentido, no me gustaba estar arrinconado.

—Ya te lo he dicho, el final de Marcos, la historia en Juan y la interpolación de primera de Juan cinco acerca de la trinidad son ejemplos de cómo la Biblia ha sido cambiada.

—Y yo te digo que casi ningún estudioso considera ya esos segmentos como parte de la Biblia. Tienes que mostrarme un cambio mayor en algo que en realidad consideremos parte de la Biblia.

Continué luchando.

—¿Y si hay otras partes como estas tres que simplemente no hemos encontrado todavía?

—Eso es conjeturar de nuevo, Nabeel. "Y si" no constituye un gran argumento. ¿Qué es lo que defiendes? ¿Dónde está la evidencia? Si no hay nada específico, no hay argumento.

Estaba claro que yo me estaba revolviendo. David se echó hacia atrás y dijo su conclusión.

—Cuando los libros del Nuevo Testamento fueron escritos, proliferaron rápidamente. Se copiaron muchas veces, y esas copias fueron enviadas muy lejos a otros cristianos para que también pudieran leerlas. Después de leerlas, esos cristianos a menudo copiaban los libros antes de enviarlos de nuevo. ¿De qué modo exactamente esta clase de proliferación textual, sin un control central, puede ser uniforme y ser alterada sin ser detectada? ¿Cómo puede alguien corromper las palabras? Nadie tuvo control sobre la cristiandad hasta cientos de años después de Cristo. Tenemos docenas de manuscritos de antes de esa fecha, y son los mismos que las Biblias de hoy en día. Simplemente no hay un ejemplo concebible de que el Nuevo Testamento haya sido cambiado en ningún sentido significativo, ningún modelo que sea coherente con los hechos de la historia, de todos modos.

«No hay un ejemplo concebible de que el Nuevo Testamento haya sido cambiado en ningún sentido significativo».

Yo me ablandé por el momento.

—Muy bien. Déjame que lo considere un poco.

David no había cambiado mi parecer porque yo en el fondo sabía que la Biblia había sido alterada. Aun así, por alguna razón, no podía averiguar cómo. Empecé a investigar el asunto en serio.

Mientras tanto, decidí intentar un enfoque diferente: negar en primer lugar que la Biblia hubiera sido alguna vez de confianza.

Capítulo veintitrés

RECONSIDERANDO LA FIABILIDAD

NO MUCHO DESPUÉS David estaba en nuestra casa, aceptando la oferta de Ammi. Cuando le abrí la puerta de nuestra casa, fue directo al frigorífico, lo que divirtió tremendamente a Ammi. Ella lo encontró encantador.

Pero si él hubiese utilizado primero su nariz, no se habría entretenido con el frigorífico. Ammi amaba cocinar para los invitados, y como era su costumbre, tenía un festín esperándonos en la mesa. Había preparado cordero korma, cabra biryani, pollo makhani, ternera nihari y mucho más. Estoy seguro de que debía haber verduras en la mesa, pero yo siempre las ignoraba.

Cuando nos sentamos a comer, David parecía felizmente confuso. Estábamos empezando con el nihari, una rica carne al curri, pero no había cubiertos en la mesa. Le mostré a David cómo se comía con el roti, usando los dedos para romper la tortilla de pan y utilizarlo de cuchara para coger trozos de comida. David siguió mi ejemplo con cautela. Duró toda la comida sin hacer ningún destrozo, cosa que hizo que me preguntase si Dios estaba con él después de todo.

Poco después estábamos en la salita, echados en los sofás y descansando del arrebol de nuestro festín. David estaba bocarriba, mirando al techo. Aunque había venido para estudiar química, me di cuenta de que tenía baja la guardia y que era el momento perfecto para presionarlo con la fiabilidad del Nuevo Testamento.

—Por el bien de la discusión —postulé desde mi sillón—, vamos a decir que estoy de acuerdo en que el Nuevo Testamento no ha sido cambiado.

—Aleluya —murmuró él sin mover un músculo.

—Incluso aunque no haya sido cambiado, eso no lo hace fiable automáticamente. En otras palabras, ¿cómo puedo saber que lo que dice es exacto?

David me miró fingiéndose sorprendido.

—¡Pero, Nabeel! ¿Cómo puedes preguntar algo así? ¿No dice el Corán que el *Injil* es la palabra de Alá?

Injil. El libro que los musulmanes creen que Alá mandó a Jesús, a menudo considerado ser los evangelios del Nuevo Testamento

Estaba claro que David había estado estudiando el islam para poder comprenderme mejor. Y tenía razón. Mi posición no era común entre los musulmanes, que a menudo creen que los evangelios del Nuevo Testamento son el Injil.

—No estoy convencido de que el Corán esté hablando de los evangelios del Nuevo Testamento. Quizá se refiere a otro libro dado a Jesús, uno que ya no tenemos.

Estaba proponiendo un punto de vista que había escuchado que los debatientes musulmanes adoptaban.

David lo pensó.

—Bueno, consideraré tu cuestión, pero me pregunto si estás buscando el modo de dudar del Nuevo Testamento. Los únicos evangelios que siquiera se acercan a ser de la época de Jesús son los del Nuevo Testamento.

—Espera —interpelé yo. David estaba diciendo algo muy atrevido, y quería asegurarme de que dejábamos las cosas claras—. ¿Estás diciendo que los evangelios del Nuevo Testamento son más tempranos que todo el resto de relatos de la vida de Jesús?

—Sí. Todos los demás relatos de la vida de Jesús vinieron mucho después.

—Pero yo he escuchado que había muchos otros evangelios, y que esos fueron simplemente los que los cristianos eligieron poner en la Biblia.

—Había otros evangelios, eso seguro, pero todos se hicieron mucho después, a mediados del siglo II o más tarde. Los cuatro evangelios del Nuevo Testamento son todos del siglo primero, justo después de Jesús. Esa es una de las razones por las que los primeros cristianos los eligieron.

Intenté hacer avanzar mi defensa.

—¿Pero y si el Injil era otro evangelio, uno revelado a Jesús, y se perdió después de su muerte?

—Por lo menos hay dos problemas importantes con eso, Nabeel. Lo primero, es pura conjetura. "Y si" no es ningún argumento si no hay pruebas. Segundo, sabes que el Corán les dice a los cristianos que "juzguen por el Injil".[39] Eso significa que ya lo tenían en los tiempos de Mahoma. El Injil no es una escritura perdida.

Traté de contestar, pero no pude ver inmediatamente cómo reivindicar mi posición. Cuanto más pensaba en su argumento, más dejaba un sabor amargo en mi boca. Se había ido mi arrebol.

David continuó.

—Como investigadores objetivos, si vamos a aprender acerca de la vida de Jesús, debemos mirar en los evangelios porque son los que tienen más probabilidades de ser precisos. ¿A dónde si no iríamos?

«Si vamos a aprender acerca de la vida de Jesús, debemos mirar en los evangelios porque son los que tienen más probabilidades de ser precisos».

Me senté para pensar en este punto.

—Bueno, aunque fueran los mejores, eso no significa que sean buenos.

—Cierto, pero esos libros fueron escritos poco después de la crucifixión de Jesús, mientras los discípulos seguían vivos. Eso es mucho mejor que la mayoría del resto de las biografías. Por ejemplo, las biografías principales sobre Alejandro Magno fueron escritas unos cuatrocientos años después de su muerte.[40] Si estamos seguros de que sabemos algo acerca de Alejandro, deberíamos estar exponencialmente más seguros en lo que sabemos acerca de Jesús.

—Sí, pero que sean mejores que otras biografías no quiere decir que los evangelios sean fiables.

—No me estás entendiendo. No solo es que los evangelios sean más cercanos en el tiempo a Jesús que lo que son otras biografías a sus sujetos, sino que son tan cercanos que los testigos presenciales todavía estaban vivos entonces. Dado que los evangelios estaban circulando dentro de las comunidades cristianas, los testigos debieron escucharlos y habrían contribuido.

Yo sonreí.

—Eso me suena a conjetura, David. ¿Dónde están las pruebas?

—Bueno, los primeros padres de la iglesia documentaron que esto fue exactamente lo que pasó. Según Papías, un autor que escribió alrededor del año 100 A.D., el evangelio de Marcos está basado en el testimonio presencial de Pedro.[41] Papías también se refiere a Juan y a Mateo como discípulos.[42] Así que es más que una conjetura que los testigos contribuyeron a los evangelios; es historia documentada que en realidad los produjeron.

—¿Qué hay de Lucas?

—Lucas era el compañero de viaje de Pablo, así que no era un discípulo. Pero él dice al comienzo de su evangelio que entrevistó a testigos, y dado que gran parte de lo que dice coincide con Marcos y Mateo, eso tiene sentido.

Eso sonaba débil.

—No lo sé. Admites que Lucas no era un testigo, lo que es problemático. Además, he escuchado que hay muchas inexactitudes históricas en ese evangelio.

David estaba preparado con una respuesta.

—Lucas fue quien dio más datos históricos, lo que significa que le dio a la gente más oportunidades para que le cuestionasen. Pero cuanto más encontramos arqueológicamente, más se demuestra que estaba en lo cierto. Por ejemplo, algunos estudiosos solían concluir que en Lucas 3.1 se llama inapropiadamente a Lisanias el tetrarca de Abilene. Argumentan que Lisanias existió cincuenta años antes y que Lucas se equivocó al decir que vivió durante la época de Jesús. Los estudiosos cristianos defendían que bien pudo haber habido un segundo Lisanias, pero los escépticos lo consideraban una especulación apologética.

»Resultó que durante una excavación, los arqueólogos encontraron una inscripción datada en la época de Jesús que mencionaba a un segundo Lisanias, uno que fue el tetrarca de Abila. Esto probó que los escépticos a veces son muy rápidos a la hora de criticar a Lucas y que él es una fuente fiable de información antigua.

Todo esto era nuevo para mí, y estaba fascinado. Pero no quería admitir, ni siquiera para mí mismo, que los evangelios eran fiables. Toda mi vida se me había dicho que no podía confiar en ellos, y hubiera sido vergonzoso de mi parte admitir que mis maestros estaban equivocados. Así que continué presionando.

—¿Podemos estar seguros de todo esto, David? Quiero decir, no he visto esas inscripciones, y aunque lo hubiera hecho, no sería capaz de comprobar su autenticidad. Además, no estoy seguro de cuánto se puede confiar en los documentos de la iglesia. Son tendenciosos, después de todo. Hay demasiado lugar para dudas.

Esto pareció molestar a David.

—Mira, Nabeel, tú has estudiado epistemología. Sabes que, si quieres, puedes incluso dudar de que estemos teniendo esta conversación, ¡o incluso de que existamos! Es como *Matrix*. Podríamos ser cerebros metidos en tarros, alimentados de estímulos por científicos malvados. Tampoco puedes refutar eso.

»Así que todo depende de lo escéptico que estés dispuesto a ser. Siéntete con la libertad de ser todo lo escéptico que quieras, pero no seas incoherente. Si vas a ser así de escéptico con respecto a la Biblia, quiero que seas igual de escéptico cuando miremos el Corán.

Se estaba empezando a formar una fisura entre mi corazón y mi cabeza. Estaba roto.

Acuciado por la mera mención a un desafío a mi fe, me animé.

—El Corán puede soportar el nivel más alto de escepticismo, David. Es fácil probar que el Corán nunca ha sido cambiado y que viene de Alá por medio del mismo Mahoma.

Insistente, David respondió:

—Nabeel, con el nivel de escepticismo que estás proponiendo hoy, no estoy seguro de que tú albergues ninguna creencia. Ya lo veremos cuando lleguemos allí, pero por ahora, ¿te das cuenta de que solo estamos trabajando con niveles de probabilidad? No hay tal cosa como la certeza absoluta, no en el mundo real.

—Sí, eso es verdad.

—Bien. Entonces, la mejor explicación con mucho es que los evangelios son una fuente fiable de la vida de Jesús, incuestionablemente más fiable que cualquier otra cosa que tengamos. ¿Puedes estar de acuerdo al menos en eso?

Se estaba empezando a formar una fisura entre mi corazón y mi cabeza. Lo que quería creer batallaba con la evidencia del Nuevo Testamento. Estaba roto.

Esquivo, eché un vistazo a nuestra tarea de química, que trataba sobre la electronegatividad y la resistencia de la unión.

—Es demasiado malo que la religión no sea como la ciencia. Así podríamos demostrar en un laboratorio qué reivindicaciones son verdad.

—No sé, Nabeel. Incluso la ciencia es inductiva, descansa sobre observaciones y las mejores explicaciones, no siempre las conclusiones son deductivas. No creo que lo que estamos discutiendo sea muy diferente conceptualmente.

Le miré con incredulidad.

—¡Ahora simplemente estás discutiendo por el hecho de discutir! No quieres estar de acuerdo conmigo en nada, ¿verdad?

David se rio.

—Odio decirlo, ¡pero tampoco estoy de acuerdo con eso! Estemos de acuerdo en no estar de acuerdo por ahora.

Asentí a esa afirmación, y con eso volvimos a centrarnos en la química el resto de la tarde.

Pero en los recovecos de mi mente, no estaba en desacuerdo con David... no en realidad. Si esos hechos eran ciertos, entonces sus argumentos tenían sentido. No obstante, no podía permitirme concedérselo porque habría un coste. Tendría que admitir que mis padres y mis maestros estaban equivocados acerca de la Biblia. Pero ellos eran tan firmes, tan devotos a Dios, tan genuinos... ¿Realmente podían estar equivocados?

Así que no admití frente a David que sus argumentos tenían sentido. De hecho, ni siquiera me lo admití a mí mismo.

Para leer la contribución del experto en el Nuevo Testamento, el doctor Daniel B. Wallace, profesor de Estudios del Nuevo Testamento en el Seminario Teológico de Dallas y editor jefe o consultor en cinco traducciones de la Biblia, visita contributions.NabeelQureshi.com.

Parte 4

LLEGANDO A LA CRUZ

Tener que comer, llegar a cansarse, y sudar y derramar sangre,
y ser finalmente clavado en una cruz. No puedo creerlo.
Dios se merece infinitamente más.

Capítulo veinticuatro

LA PRUEBA DEL TORNASOL

DURANTE LOS DOS AÑOS SIGUIENTES fijé profundas raíces en la ODU. Me uní a muchas organizaciones y sociedades de honor, esperando conseguir una vívida experiencia universitaria y fortalecer mi currículo. Aparte de la membresía en un puñado de clubes, me convertí en el presidente del equipo de debate, supervisando las prácticas y funcionando como un enlace con la oficina de actividades estudiantiles. También trabajé en el departamento de admisiones, donde hice presentaciones en PowerPoint y sustituí a los guías turísticos cuando no había suficientes. Debido a mi frenesí de actividades extracurriculares, hice unos cuantos buenos amigos y nunca me faltó compañía.

Pero sin lugar a dudas, David fue mi mejor amigo durante toda la universidad, y yo fui el suyo. Entre clase y clase, si no tenía nada que hacer, o tenía que tomar una comida y no había nadie cerca, David era al primero al que llamaba. Aunque podía hacer el tonto con la mayoría de mis otros amigos, no había nadie con quien conectara más que con David. A mí mi fe me importaba, y a David le importaba la suya. Era en ese nivel donde conectábamos, un nivel más profundo y más personal que el de muchas amistades.

Además, ayudaba que David y yo pasáramos gran parte de nuestro tiempo o bien en los edificios de ciencias o en el de Artes y Letras. Solíamos vernos con frecuencia y a menudo planeábamos caminar juntos desde nuestras clases de ciencia, que tendían a ser las primeras del día, a nuestras clases de humanidades.

Una de aquellas rutas era después del laboratorio de química. David y yo teníamos el laboratorio en diferentes salas, así que siempre que nos reuníamos después, compartíamos historias sobre nuestras proezas. Empezábamos con meras exageraciones, pero pronto urdíamos relatos imposibles con el objetivo de superar la historia del otro. El «y yo más» estaba destinado a ser grandioso.

En una ocasión específica, tuve que comparecer con una impresionante proeza de una titulación ácido-base. En realidad me encantaba este tema y lo entendía intuitivamente, tal vez porque podíamos comprobar de forma visual nuestro progreso. En el proceso de nuestra titulación, si no sabíamos si nuestro líquido era un ácido o una base, todo lo que teníamos que hacer era bañar un papel de tornasol en él. Si el papel se ponía rosa, era un ácido. Si el papel se ponía morado, era una base. El papel te tornasol hacía fácil saber dónde estábamos en el proceso de nuestro experimento global.

Después del laboratorio, esperé a David en el patio. Llegaba tarde. Cuando salió del edificio, no perdí tiempo en contarle mi historia.

—Chico, solo me llevó quince minutos hacer mis titulaciones. Ni siquiera necesité el tornasol. Solo le clavé la mirada y ¡bam! Ya estaba hecho. Te llevo esperando desde entonces.

—¿Ah, sí? Bueno, cuando llegué al laboratorio, tenía un vaso de ácido y otro de base, y los coloqué uno junto al otro y les ordené que se titularan ellos solos. Obedecieron llenos de temor y temblor. Así que solo me llevó un minuto.

—Ajá. ¿Entonces por qué llegas tarde?

—Tardé una hora en firmar autógrafos para todos los profesores.

—¿Por eso llegas tarde?

—Por eso llego tarde.

Agarré mi mochila y empezamos a caminar hacia el edificio de Artes y Letras. Comenzamos a inventar una bola detrás de otra intentando tener la última palabra en quién tenía las habilidades más legendarias en química. El paseo fue corto y relajante; pasamos por delante de los grandes ventanales de la biblioteca y de una fuente tranquilizante junto al nuevo edificio de comunicaciones.

Cuando finalmente hubo una pausa en las bromas, el rostro de David poco a poco se fue poniendo serio. Parecía estar preocupado. Las preocupaciones de mi amigo eran mis preocupaciones, así que yo también me puse serio.

—Eh, Dave. ¿En qué estás pensando?

—Estaba pensando en una cosa. Querría saber lo que piensas, pero me gustaría que me respondieses con sinceridad.

David no solía hablar así, así que captó mi atención.

—Claro, hombre. ¿Qué pasa?

—Ahora mismo estamos bromeando y discutiendo sobre quién es mejor en química. Es una diversión inútil. No me malinterpretes, estamos en racha y es una maravilla. Pero lo que buscamos es la risa; el argumento en sí mismo no tiene importancia.

Yo asentí.

—También es muy divertido cuando hablamos de la Biblia y del cristianismo, pero me pregunto si no estaremos también bromeando y tratando de ganar al otro. ¿Entiendes lo que digo? Supongo que me pregunto si nuestras conversaciones acerca de la fe son algo más que discusiones divertidas.

—¿Qué quieres decir? Claro que lo son.

—Deja que te lo explique así. Digamos que el cristianismo es verdad. Solo por un momento, imagina conmigo que Jesús realmente es Dios y de verdad murió en la cruz por tus pecados y que se levantó de los muertos. Que te ama y quiere que vivas tu vida siguiéndole y proclamándole.

—De acuerdo. Lo imagino. Es difícil, pero lo intento.

—Vale. Ahora, si fuera el caso de que el cristianismo fuera verdad, ¿querrías saberlo?

—Perdona, ¿qué?

No entendía lo que me estaba diciendo.

—Si el cristianismo fuera verdad, ¿querrías saberlo?

—¿Por qué no querría?

—Por toda clase de razones. Para empezar, tendrías que admitir que estuviste equivocado todos estos años, y eso no es fácil. También significaría que tendrías que revisar tu vida entera y ajustar cuentas con todo lo que alguna vez supiste acerca de Dios y de la religión. Eso es duro, chico. Yo no querría hacerlo.

No contesté inmediatamente, sino que seguí caminando lentamente con David.

Los árboles del sendero se fueron aclarando según nos aproximábamos al edificio de Artes y Letras. Entrecerrando los ojos al salir de sus sombras, decidimos dejar nuestras mochilas junto a la fuente y tomar un descanso. Miré más allá de David, por encima del agua.

Después de un momento, respondí.

—Sí y no.

Miré a David. Él esperaba.

—Sí, me gustaría saberlo porque quiero conocer la verdad y

quiero seguir a Dios. Él es lo más importante que hay. Pero no, no querría porque me costaría mi familia. Ellos perderían al hijo que siempre
desearon y perderían todo el respeto que tienen en la comunidad. Si me
hiciera cristiano, eso destruiría a mi familia. No estoy seguro de que
pudiera vivir con eso. ¿Después de todo lo que han hecho por mí? No.

El silencio que siguió fue significativo. El sonido del agua
corriendo se llevó toda la incomodidad, y permanecimos allí unos
cuantos minutos más, sin decir nada.

Al final, David preguntó:

—Entonces, ¿quién crees que debería ganar: Dios o tu familia?

Era una pregunta directa, pero era así como tenía que escucharla.

—Dios.

Incluso mientras hablaba, una ola de desafío se extendió dentro
de mí. Recapacité y me volví a David.

—Pero no es que importe en algo esta especulación. El cristianismo no es verdad. El islam es la verdad. ¿Estarás dispuesto a admi-
tirlo cuando te des cuenta, David?

David me miró con incredulidad.

—Nabeel, ¡lo estás haciendo de nuevo! Odio decirlo, pero parece
que cuando hablamos de nuestras fes tú simplemente tratas de ganar la
discusión en vez de buscar la verdad con sinceridad. Es como si presu-
pusieras que el cristianismo es falso.

Si otra persona hubiera lanzado esas acusaciones, probablemente
me habría marchado para evitar una discusión mayor. Pero él era mi
mejor amigo y sabía que se preocupaba por mí. Consideré sus palabras con cuidado.

—Quizá tengas razón. No creo que el cristianismo pueda siquiera
tener una posibilidad de ser verdad.

—¿Por qué no, Nabeel? No has sido capaz de defender tu posición
en ninguna de nuestras discusiones. Pensabas que la Biblia ha sido
alterada con los años, pero no fuiste capaz de defenderlo. Pensabas
que no es de confianza, pero tampoco fuiste capaz de defender eso.

—Bueno, tal vez sea porque no estoy muy versado en estas materias. No soy un experto, no sé todas las respuestas.

Al decir esto se reveló una realidad escondida: aunque mi educación fue occidental, fue construida sobre los cimientos orientales de la autoridad.

David siguió con el tema.

—¿Qué te tomaría empezar a pensar que el cristianismo sea posiblemente verdad?

Reflexioné un momento antes de responder.

—Mi padre me enseñó todo lo que sé acerca de la religión, y él sabe mucho más que yo. Si veo que ni siquiera él puede poner objeciones, entonces empezaré a mirarlo de otra manera.

—¿Entonces considerarías que el cristianismo puede ser verdad?

—Solo posiblemente.

David lo pensó.

—¿Crees que tu padre estaría dispuesto a tener una conversación?

—Por supuesto —contesté yo sin dudarlo.

—Tengo un amigo llamado Mike que hace reuniones en su casa una vez al mes, donde personas de toda clase de trasfondos se reúnen y hablan de religión. Lo llamamos las reuniones del "Dream Team". Sé que él estaría encantado de tener una conversación con tu padre. ¿Crees que funcionaría?

—Sí, por supuesto. Lo hablaré con mi padre, pero no creo que tenga ningún problema. Cuenta con nosotros.

—Vale, bien. Escojamos un tema, para que no nos desperdiguemos. ¿Qué deberíamos discutir?

—Bueno, si hay una prueba de tornasol entre el islam y el cristianismo, creo que es la cuestión de si Jesús murió en la cruz.

—Muy bien. Hablaremos de la muerte de Jesús en la cruz. Ya está decidido.

David y yo nos giramos para ver más allá del agua, pensando en las implicaciones de lo que acababa de suceder.

Años después descubrí que este fue un importante punto de inflexión para David. Si yo hubiera dicho que no quería saber si el cristianismo era verdad, David no habría llevado nuestras conversaciones más allá. Hacía mucho tiempo que se había dado cuenta de que la gente que quería evitar la verdad solía tener éxito en hacerlo.

También fue un punto de inflexión para mí. Yo, convencido de que Abba sería capaz de manejar con destreza cualquier cosa que le saliese al paso, no estaba preparado para cómo transcurriría la conversación.

Capítulo veinticinco

CRUCIFICANDO LA TEORÍA DEL DESMAYO

POCO DESPUÉS DE LA SINCERA CONVERSACIÓN junto a la fuente, le pregunté a Abba si estaría dispuesto a ir conmigo a conocer a Mike y hablar de la muerte de Jesús. Como esperaba, Abba respondió con entusiasmo. Como a mí, le encantaba hablar de cuestiones de religión porque estaba convencido de la verdad del islam. Veía cada oportunidad para discutir sobre nuestras creencias como una oportunidad para honrar y glorificar a Dios.

A causa de los exámenes finales, los viajes familiares y otras obligaciones, no hubo oportunidad en un momento cercano para que fuéramos a una de las reuniones de Mike. No fue hasta mi segundo año que los astros se alinearon.

David y yo teníamos Genética juntos, y un día me dijo en clase que un amigo de Mike iba a venir a la ciudad, alguien que había estudiado el **Jesús histórico**. Si quería, los cinco podríamos reunirnos el fin de semana. Sonaba a la oportunidad perfecta, así que me aseguré de que Abba y yo estuviéramos disponibles. Después de mucho, el día por el que habíamos estado esperando finalmente llegó.

> **Jesús histórico.** El Jesús que puede conocerse a través de los registros históricos

Resultó que la reunión no estaba lejos de nuestra casa, prácticamente en nuestro vecindario. El hombre que acogía el evento, Mike Licona, era amigo de David desde hacía tiempo. Antiguamente había sido instructor de taekwondo y agente de seguros, y había estado estudiando el Nuevo Testamento los últimos años. Hacía poco que había terminado un máster en estudios religiosos y estaba pensando en el doctorado.

Cuando llegamos a su casa, nos saludó con calidez. Con sus 1,92 metros, tenía más bien una figura imponente, pero a pesar de su tremendo peso y su formación en artes marciales, tenía la mirada dulce y una voz suave.

Mike nos presentó a su amigo, Gary, que también era bastante descomunal. Aparentaba tener unos cinco años más que Abba, con unos intensos ojos azules y una barba bien cuidada. Parecía una mezcla entre Papá Noel y un defesa de fútbol. Gary me extendió su mano.

—Hola, me llamo Gary Habermas. Soy amigo de Mike, uno de sus antiguos profesores.

—Nabeel Qureshi. Encantado de conocerte. Gracias por venir a la reunión. He oído que estás familiarizado con el Jesús histórico.

Gary se rio entre dientes.

—Supongo que se puede decir así. He escrito algunos libros sobre el tema.

Aquella fue la primera indicación de que podía ser que las cosas no salieran tan bien para Abba y para mí aquella noche. Decidí hacerle algunas preguntas más, para ver exactamente con quién nos habíamos tropezado.

—David me dijo que conoces bien el tema, pero no sabía que habías escrito libros sobre ello. ¿Cuánto tiempo llevas estudiando la materia?

—Bueno, mi tesis versó sobre la historicidad de la resurrección de Jesús. La escribí en 1976, y he estado estudiando al Jesús histórico desde entonces, así que deben ser unos veintiséis años.

Sonriendo y asintiendo con la cabeza, decidí que dejaría que Abba hablara aquella tarde.

Los cinco continuamos conociéndonos mientras nos acomodábamos en la salita de Mike. Mike se sentó con la espalda sobre la ventana y Gary a su izquierda. Yo lo hice en un sillón reclinable delante de Mike, con Abba a mi derecha. David se sentó más lejos de nosotros, en un sillón en una esquina de la habitación. Él tiró de las riendas cuando fue el momento de comenzar.

—Bueno, rápidamente les daré un poco de trasfondo y después cederemos el turno a Nabeel y a su padre. Queríamos hablar acerca de la crucifixión de Jesús. Nabeel y el señor Qureshi creen que Jesús no murió en la cruz, aunque el resto sabemos que eso no es verdad.

Gary se quedó boquiabierto, y yo simplemente meneé la cabeza. Pero Abba se había encontrado con David en más de una ocasión y sabía que era un poco indiscreto, así que se rio, y Mike reprendió en tono alegre a David.

—¡Ahora pórtate bien, David!

—Está bien, está bien. Pero ustedes piensan que Jesús fue crucificado, ¿verdad? Crucificado, pero que no murió en la cruz.

Abba respondió.

—Eso es cierto.

Mike se adelantó.

—Bueno, ¿por qué no empezamos aquí? Cuéntennos por qué piensan así.

Con eso, Abba y yo tomamos la palabra. Abba protagonizó la mayor parte de la charla, en gran medida defendiendo la teoría del libro *Jesus in India* de Mirza Ghulam Ahmad. Era la misma defensa que había compartido con mi amiga Kristen años atrás en el autobús escolar, solo que Abba le añadió argumentos suplementarios.

Mike y Gary escuchaban atentamente, haciendo preguntas solo en aras de la claridad. No interrumpieron a Abba ni saltaron con refutaciones, para el disgusto de David. Después de media hora, hubo un sutil cambio de humor en la habitación. Mike y Gary buscaban una oportunidad para empezar a responder.

Cuando Abba mencionó la **Síndone de Turín**, Gary metió baza.

—Espera, ¿crees que la Síndone de Turín es real? ¿Crees que la imagen de Jesús está en ese sudario?

Abba dio marcha atrás y consideró su afirmación con más detenimiento.

—Sí, lo creo. ¿Por qué, qué crees tú?

—Bueno, creo que hay un montón de buenas razones para estar de acuerdo contigo, pero me sorprende que creas

Síndone de Turín. Reliquia controvertida; se cree que es la tela con la que se enterró al mismo Jesús, que porta su imagen de forma sobrenatural

que sea Jesús. Está bastante claro que el hombre del sudario está muerto.

Los imanes de nuestra yamaat proclamaban la autenticidad del sudario, pero defendían que Jesús estaba vivo cuando lo colocaron sobre él. Al haber escuchado algunos de sus argumentos, Abba respondió:

—Pero la sangre se coagula cuando un hombre muere, y la del hombre del sudario fluye.

—Tienes razón, pero la sangre del sudario demuestra una separación del suero y del coágulo de la sangre, cosa que solo ocurre después de la muerte. También se ven evidencias del rigor mortis, otra indicación de que el cuerpo está muerto.

Al no estar familiarizado del todo con los detalles del sudario, Abba decidió atenerse a los relatos del evangelio.

—Pero incluso la Biblia dice que cuando Jesús fue atravesado, brotó sangre y agua. Eso significa que su corazón todavía bombeaba. De otro modo, ¿cómo podría haber brotado sangre?

Gary sacudió la cabeza.

—Si su corazón todavía bombeaba, ¿qué era el agua? A lo que el autor del evangelio llama "agua" es o el suero después de haberse separado o el fluido que rodea el corazón. En cualquier caso, Jesús tenía que estar muerto para que hubiera "sangre y agua".

Mike tenía un Nuevo Testamento a mano y añadió:

—La palabra griega que estás traduciendo por "brotar" es la misma que significa simplemente "salir". Eso no quiere decir que el corazón estuviera bombeando. Aparte de que si vas a citar a Juan, tienes un problema mayor: Juan dice explícitamente que Jesús estaba muerto. ¿Ves? 19.33: "Ya estaba muerto".

Abba le pidió a Mike que le mostrase la Biblia, y Mike le señaló el versículo. Estaba en griego, así que no pudo ayudar mucho a Abba, pero él siguió mirándolo, yendo una y otra vez del Nuevo Testamento de Mike a su propia versión King James.

Después de darle un momento, Gary habló de nuevo.

—No creo que un hombre pudiera sobrevivir a la clase de herida de lanza que le infligieron a Jesús. La misma razón de apuñalarle en el pecho era asegurarse de que estaba muerto. La lanza habría entrado en el corazón de Jesús, matándolo instantáneamente.

—Pero la Biblia no dice que llegase a su corazón —presionó Abba—, solo que le perforó el costado. Además, solo estuvo en la cruz unas cuantas horas; podría haber sobrevivido a eso perfectamente.

—Bueno, yo no estaría tan seguro. Hay toda una historia de la práctica de la crucifixión, y puedo asegurarte algo: no era lo suficientemente suave como para sobrevivir. Hasta donde sabemos, nadie en la historia sobrevivió jamás a una crucifixión romana completa.[43] Los romanos la diseñaron para que fuera un método de ejecución humillante, tortuoso e infalible. ¿Conoces el proceso de flagelación y el resto de la crucifixión?

Abba agitó la cabeza.

—Usaban lo que llamaban un flagrum, una fusta diseñada para desgarrar la piel del cuerpo y provocar un sangrado excesivo. Después de unos cuantos azotes, la piel de la víctima comenzaba a caer a tiras y sus músculos se desgarraban. Tras unos cuantos latigazos más, los músculos quedaban hechos papilla. Las arterias y las venas quedaban al descubierto. Algunas veces el flagrum llegaba al abdomen y la pared abdominal se venía abajo, causando que los intestinos de la víctima se derramasen. Obviamente, mucha gente moría simplemente durante la flagelación.[44]

Todo esto era nuevo para mí, y estaba horrorizado. Sabía que la Biblia decía que Jesús había sido flagelado, pero no daba detalles. Si esa era de verdad la clase de tortura que Jesús tuvo que soportar, iba a ser difícil defender la idea de que Jesús sobrevivió a la cruz. Pero Gary no había terminado.

> Si esa era de verdad la clase de tortura que Jesús tuvo que soportar, iba a ser difícil defender la idea de que Jesús sobrevivió a la cruz.

—Después de la flagelación, las víctimas eran clavadas por los brazos a una viga. Los clavos atravesaban directamente el nervio mediano, provocando un dolor extremo e incapacitando las manos. Se solía clavar un clavo de unos quince centímetros a través de ambos pies, y la víctima de la crucifixión quedaría colgada de los brazos, en una posición que hacía casi imposible respirar. Tenía que usar las pocas energías que le quedasen para incorporarse sobre el clavo de los pies para poder tomar aire. Podía respirar mientras se encorvaba hacia abajo, pero tenía que echarse hacia atrás antes de respirar de nuevo. Cuando había gastado toda su energía y no podía empujar más, moría de asfixia.

Mike añadió rápidamente.

—Por esto es que les rompieron las piernas a los ladrones junto a Jesús. Sin rodillas, no podían respirar, así que morían.

Gary continuó.

—Y eso hacía que a los guardias les resultara fácil saber cuándo alguien había muerto; todo lo que tenían que hacer era ver si la víctima había dejado de empujar. Pero los guardias desarrollaron modos de asegurarse de que las víctimas estuvieran realmente muertas. Además de romperles las piernas, a veces aplastaban la cabeza de la víctima, otras le daban el cuerpo a los perros para que se lo comiesen o, en el caso de Jesús, a veces les apuñalaban el corazón.

Con cada punto sentía que nuestra posición se hacía más y más problemática, pero Abba no había terminado.

—Jesús oró para que la copa amarga le fuera apartada en el huerto de Getsemaní. ¡Estaba claro que no quería morir! ¿Acaso Dios no honraría eso?

Mike respondió:

—Sí, pero también le dijo a Dios: "Hágase tu voluntad, no la mía". Así, en el nivel humano de experimentar dolor, por supuesto que Jesús no quería ser crucificado. Pero en un nivel más profundo, Jesús quería que se cumpliese la voluntad de Dios, así que estaba dispuesto a ser crucificado. Lo dejó claro cuando volvió a Jerusalén mucho antes en su ministerio, profetizando su muerte y dirigiéndose a ella por voluntad propia.[45]

Gary añadió:

—Y eso es algo que quería clarificar de tu posición. Parece que citas los evangelios para defender tu causa, pero no tomas en cuenta los versículos que pueden oponerse a tu visión. Por ejemplo, citas el sueño que tuvo la esposa de Pilatos, aunque solo aparece una vez en uno de los evangelios,[46] pero ignoras las veces que Jesús profetiza su muerte, aunque eso ocurre en múltiples ocasiones en cada evangelio.[47] ¿Por qué?

Abba respondió con sinceridad.

—Porque no es posible que Jesús muriese en la cruz. Era amado por Dios, y él clamó para ser salvado. Si hay versículos que dicen que él profetizó su muerte en la cruz, esos versículos han tenido que ser añadidos por los cristianos.

Sentí que mi cara se sonrojaba. De mis primeras conversaciones con David sabía que argumentar contra la integridad textual del Nuevo Testamento era difícil, pero no era eso lo que encontré embarazoso. Era más bien que estaba claro que mi padre estaba manipulando versículos para defender su punto de vista. Decidí hablar.

—Abba, creo que lo que están diciendo es que a menos que tengamos una buena razón para desacreditar un versículo específico, puede ser incoherente usar los que nos gustan e ignorar los que no.

Abba se giró hacia mí, profundamente asombrado de que estuviera contraviniendo su autoridad. Parecía traicionado, y me arrepentí de mis palabras. De ahí en adelante él no dijo mucho. Fui yo quien tomó el relevo en la conversación, que acabó siendo bastante breve.

—Muy bien, he escuchado su defensa, chicos, pero creo que también hay espacio para la duda. ¿Hay expertos que están de acuerdo con Abba y conmigo en que Jesús no murió en la cruz?

Mike respondió:

—Bueno, en el siglo XVIII algunos expertos empezaron a sugerir que Jesús no murió en la cruz, pero su teoría duró poco. David Strauss, un experto no cristiano muy respetado, defendía el siguiente punto: que no solo la supervivencia de Jesús a la cruz era altamente inverosímil, sino que eso habría reventado el movimiento cristiano en sus comienzos.[48]

—Como ves, los discípulos pasaron de tener miedo a ser asociados con Jesús en el huerto de Getsemaní a estar dispuestos a morir por proclamarlo el Señor Resucitado. Si Jesús simplemente hubiera sobrevivido a la crucifixión, habría vuelto a ellos hecho trizas y al borde de la muerte. Esa no es la clase de aparición que inspiraría una transformación tal y una indiferencia por la muerte. Esa valentía fue el espíritu del primer movimiento cristiano, y sin ello, no habría cristianismo.

> No había sombra de duda: la afirmación cristiana se ajustaba a la evidencia al cien por cien.

Gary añadió:

—Esas son algunas de las razones por las que prácticamente ningún experto en el campo niega la muerte de Jesús en la cruz. De hecho, lo contrario es cierto: muchos afirman que se puede estar más seguro de la muerte por crucifixión de Jesús que de ninguna otra cosa de su vida.

Yo presioné.

—Están hablando de expertos cristianos, ¿verdad?

—Cristianos, no cristianos, lo que sea. Y como he dicho, hay otras razones, todas convincentes. Por ejemplo, hay muchas fuentes no cristianas del primer siglo después de Jesús que testifican de la muerte de Jesús en la cruz, y hay muchas más fuentes cristianas que lo confirman. Además, no hay tradición de lo contrario, no durante mucho tiempo. Pero para responder a tu pregunta, estoy hablando prácticamente de todo el mundo.

Mike añadió la última palabra:

—Los expertos son casi unánimes: la muerte de Jesús en la cruz está entre los hechos más seguros de la historia.

Dejé que esas palabras se asentaran. Poco después Abba indicó que era hora de marcharnos. Yo quería quedarme y hablar un poco más, pero Abba estaba decidido. El silencio durante el viaje a casa sirvió como eco a las palabras de conclusión de Mike. Me parecía que si quería sostener una versión islámica de la crucifixión de Jesús —ya fuera la teoría de la sustitución o la teoría teísta del desmayo— tenía que descartar la historia. El Corán me exigía que cerrara los ojos a la evidencia y creyera solamente por fe.

Aquí estaban los resultados de la prueba del tornasol, y no había sombra de duda: la afirmación cristiana se ajustaba a la evidencia al cien por cien.

Pero, lo que era peor, había visto a Abba refutado. Por una razón o por otra, él había elegido ignorar una verdad obvia durante nuestra conversación, y eso tampoco me sentaba bien a mí. Me di cuenta de que no podía seguir confiando acríticamente en lo que mis padres me habían enseñado. No dudaba de su sinceridad, de su devoción o de su amor, pero empezaba a dudar de su entendimiento de la verdad.

Era como si, de repente, se hubiera levantado un velo de certeza, y estuviera viendo el potencial del mundo bajo una nueva luz. Como si hubiera estado llevando gafas tintadas toda la vida y me las hubiera quitado por primera vez. Todo parecía diferente, y quería examinarlo con más cuidado.

Tal vez, solo tal vez, empezaría a considerar la remota posibilidad de que el mensaje cristiano pudiera ser verdad.

Capítulo veintiséis

UN MUSULMÁN EN LA IGLESIA

CUANDO LLEGAMOS A CASA, Ammi nos recibió en la puerta. Tenía curiosidad por saber cómo había ido la reunión. Yo le conté brevemente nuestra conversación, enfatizando que habíamos podido hacer entender nuestra visión. Pero dado que Abba todavía dudaba en hablar y que yo estaba ansioso por dejar la habitación, dudo que quedara convencida. En cuanto pude me disculpé y subí las escaleras.

La habitación al final de nuestro pasillo de arriba estaba diseñada originalmente para ser un armario grande o un lavadero, pero cuando Abba hizo construir la casa le pidió a los constructores que la ampliaran hasta una habitación de tamaño normal. Él hizo allí su biblioteca, revistiendo las paredes de librerías, todas llenas hasta arriba. Siempre que quería estudiar literatura acerca de religión, iba a la sección adecuada de las estanterías de Abba, tomaba algunos libros y me echaba sobre el suelo a leer. Era algo que hacía a menudo por diversión.

Pero aquel día no estaba pensando en divertirme. Estaba en la misión de resolver la tensión que crecía en mi corazón y mi mente.

Saqué los libros que teníamos acerca de Jesús, casi todos escritos por autores y expertos musulmanes. Comencé a examinarlos sistemáticamente, buscando información que pudiera responder a lo que acababa de escuchar.

Fue entonces cuando me di cuenta de algo por primera vez: todos los libros que Abba tenía sobre la vida de Jesús eran polémicos.

Empezaban con una conclusión, encontraban hechos que apoyasen su posición y entonces montaban su causa. Como Gary había señalado en los argumentos de Abba, los tratamientos no eran cuidadosos ni justos. No confrontaban contraargumentos, lo que dejaba su defensa quebradiza y sin pruebas.

Aunque yo había visto nuestros argumentos fallar en muchas ocasiones, ahora me estaba convenciendo de que era porque teníamos una metodología pobre. Los autores orientales eran capaces de defender ideas apasionadamente apelando al corazón, pero los autores occidentales pensaban de forma más sistemática y lineal, proveyéndose de excelentes contraargumentos y posiciones más temperadas. Tal vez si yo empleaba la metodología occidental con la pasión oriental sería capaz de elaborar el caso más convincente y defendible de todos.

Era hora de volverme más sistemático con mi enfoque, pero no tenía ni idea de por dónde comenzar. Justo entonces, David llamó. Yo contesté al teléfono.

—¡Nabeel! —comenzó él, jovial—. ¿Qué piensas de la conversación?

—Todavía la estoy procesando. Creo que necesito aprender metodología.

—¿Ah, sí? ¿Cómo?

—No lo sé. ¿Tienes alguna idea?

—En realidad sí. Me di cuenta de que no querías marcharte al final de la conversación, así que les pregunté a Mike y a Gary si tendrían otra oportunidad para hablar. Resulta que están planeando comer juntos mañana, y no les importaría que nos uniésemos. Será después de la iglesia, donde han invitado a predicar a Gary. ¿Quieres venir? Podrías preguntarles todo sobre metodología histórica, y…

—Eh, espera —mi cerebro no había procesado su sugerencia—. ¿Quieres que vaya a la iglesia contigo?

—Si quieres.

—¿Y qué quieres que les diga a mis padres?

—¿Qué quieres decir?

Traté de hacerle entrar en razón.

—¿Crees que simplemente me van a dejar ir a la iglesia contigo? ¿Para que pueda hablar con Mike y Gary? No después de lo de hoy.

—Sácate el pulgar de la boca, toma aire y díselo. Eres un adulto, por el amor de Dios.

Yo suspiré, exasperado.

—No lo entiendes. Es mucho más complicado.

Para mis padres, una segunda reunión indicaría que estaba empezando a darles a Mike y Gary un lugar de autoridad en mi vida. Esto sería especialmente cierto si no llevaba a Abba conmigo, pero llevarlo estaba totalmente descartado. No sería capaz de hablar con libertad con él presente.

No quería causarles una preocupación excesiva y, sinceramente, no quería darles la oportunidad de que me dijeran que no podía ir. Decidí decirles a mis padres que iba a quedar con David, cosa que era verdad, pero no toda la verdad.

> Una segunda reunión indicaría que estaba empezando a darles a Mike y Gary un lugar de autoridad en mi vida.

En los años siguientes hubo unas cuantas ocasiones más en las que tuve que poner a prueba mi brújula moral navegando entre las verdades totales y parciales en honor de un bien mayor. Nunca me gustó, pero de lo contrario me habría sentido entre la espada y la pared.

Fui a casa de David al día siguiente y me llevó en coche hasta su iglesia. Era una iglesia universitaria llamada «Campus Impact», y fue una experiencia totalmente nueva para mí. Tenían lo que llamaban un equipo de alabanza en el escenario: cantantes y una banda que tocaba la guitarra, la batería y otros instrumentos mientras la gente daba palmas y cantaba con ellos. Hubo anuncios chistosos, un pequeño descanso durante el cual la gente parecía obligada a saludarse unos a otros y un cubo que la gente pasaba por allí para recoger dinero.

Nunca había visto nada así antes, y todo me parecía irreverente. Se suponía que la alabanza tenía que ser un tiempo solemne y reflexivo de unión entre el hombre y Dios, pero esta gente estaba golpeando tambores y pidiendo dinero. En la mezquita nadie tenía permitido ponerse de pie delante de ti mientras alababas para pudieras centrarte en alabar a Dios. Que hubiera chicas en el escenario durante el servicio de alabanza me parecía que rozaba el sacrilegio.

Así que el servicio de alabanza me afectó y me dejó un sabor amargo en la boca. Pensé: «Si esto es lo que significa adorar a Dios como cristiano, no quiero tener nada que ver».

Para mí, el sermón fue el acto principal. Cuando llegó la hora de que Gary hablase, él presentó un sermón sobre la inmortalidad. Argumentó que la resurrección de Jesús había sido un suceso históricamente verificable y que las implicaciones eran tremendas. Significaba que la vida no terminaba cuando moríamos, y que éramos inmortales. Esto era causa de regocijo o de grave preocupación, dependiendo de lo que la vida después de la muerte nos deparase.

Pensé: «Si esto es lo que significa adorar a Dios como cristiano, no quiero tener nada que ver».

Pero, según Gary, la resurrección de Jesús también respondía a esta pregunta. Significaba que el mensaje cristiano era verdad y que debíamos saber que estaríamos en el cielo para siempre con Dios si confiábamos en Jesús como nuestro Señor y Salvador.

Ahí fue donde mi mente musulmana discrepó con Gary. Sí, Dios nos hizo, en cierto sentido, inmortales. Aunque nuestros cuerpos mueren, nuestras almas nunca dejarán de ser. Pero aunque Jesús hubiera sido en realidad resucitado de la muerte, eso no convertía en verdad automáticamente todo lo que tenía que ver con el cristianismo.

Después de la iglesia fuimos a un restaurante llamado «The Max» y hablamos de este tema entre bocados de ensalada.

—Gary, digamos que la resurrección de Jesús realmente sucedió. Eso no quiere decir que de repente debamos aceptarle como nuestro Señor y Salvador. Solo significa que resucitó de la muerte.

—Sí, pero debes empezar haciéndote la pregunta de por qué. ¿Por qué murió en la cruz, y por qué resucitó? —Gary hizo una pausa para que yo lo procesase, y después continuó—. Además, tienes que confrontar el hecho de que este hombre está diciendo la verdad acerca de sí mismo, obviamente.

—¿Qué verdad? —pregunté, apartándome de mi comida.

—Que él es divino.

—Espera un momento. Esa es otra cuestión completamente diferente. No creo que Jesús dijese que él era Dios.

Gary inclinó suavemente la cabeza.

—Me parece justo, pero al menos estás de acuerdo con esto: si Jesús fue resucitado, entonces eso significa que Dios tiene Su sello de aprobación sobre Jesús.

—Sí, por supuesto, pero yo ya creía que Dios aprueba a Jesús. David interrumpió.

—Nabeel, ayer mismo dijiste que querías aprender metodología, lo que significa que quieres ser más objetivo en tu investigación y en la argumentación, ¿cierto?

—Por supuesto.

—Entonces el "Yo ya creía algo" no es una buena razón para seguir creyéndolo. Necesitas mejores razones, unas que estén basadas en hechos objetivos. Si la resurrección tuvo lugar, tenemos una buena razón para creer que Dios aprueba a Jesús. Esa es la cuestión.

Me volví a Gary:

—Está bien, lo tengo. ¿Pero y qué? ¿Qué significa eso para mí?

Aunque la pregunta iba dirigida a Gary, David continuó:

—Significa que deberías mirar y ver si Jesús realmente aseguró ser Dios.

—De acuerdo, quiero hacerlo. ¿Pero cómo? Y esta es mi pregunta principal: ¿cómo puedo investigar esto con más o menos objetividad? ¿Cómo debo acercarme metodológicamente?

Mike, que hasta este momento había estado escuchando principalmente, se animó.

—De hecho, he estado trabajando en un libro, uno que Gary yo publicaremos juntos, donde tratamos esa misma pregunta con respecto a la resurrección de Jesús.[49] Los historiadores utilizan criterios y técnicas cuando investigan el pasado. Su enfoque sistemático se llama el **método histórico**.

Mike comenzó a exponer algunos de los criterios básicos del método his-

Método histórico. Criterios y técnicas usadas por los historiadores para investigar sistemáticamente el pasado

Criterio de atestación múltiple. Principio del método histórico que plantea que un suceso registrado es más probable que sea históricamente preciso si ha sido registrado en múltiples fuentes independientes

Criterio del testimonio temprano. Principio del método histórico que plantea que los relatos tempranos de un suceso tienen más probabilidad de ser más exactos que los posteriores, siendo todos iguales

tórico, como el **criterio de atestación múltiple** o el **criterio del testimonio temprano**. De lo que yo me fui dando. cuenta era de que el método histórico trataba en su mayor parte de ser justo, cuidadoso y de usar el sentido común.[50]

Para concluir la discusión, Mike señaló un punto final.

—Nabeel, lo más importante es que debes ser coherente cuando haces tu investigación. Lee ambas partes de un argumento. No aceptes ninguna teoría antes de probarla un poco. Ve qué argumento aborda la mayor cantidad de hechos y problemas, cómo los aborda de bien y qué importancia tienen esos hechos y problemas al argumento general. Finalmente, así es cómo encontramos la mejor explicación del pasado.

Este término me intrigó.

—¿La mejor explicación? —pregunté.

—Sí, en eso consiste estudiar historia. Siempre habrá teorías en conflicto, y ninguna teoría acerca del pasado puede ser perfecta. Pero a menudo hay una mejor explicación, y a veces supera de lejos a todas las demás. En el caso de los sucesos que rodean a la muerte de Jesús, la mejor explicación es que él se levantó de los muertos. Y esta supera con creces a las otras teorías.

Yo procesaba esta información en la cabeza, determinando cómo la aplicaría.

—Está bien, creo que ya lo tengo. Esto es lo que quiero hacer: quiero poner las cuestiones principales del cristianismo y el islam en términos históricamente investigables para determinar cuál tiene más probabilidades de ser verdad. Así que díganme si esto les parece bien: si podemos determinar que Jesús aseguró ser Dios, que murió en la cruz y que se levantó de la tumba, entonces eso sería una buena defensa del cristianismo.

> «Si podemos determinar que Jesús aseguró ser Dios, que murió en la cruz y que se levantó de la tumba, entonces eso sería una buena defensa del cristianismo».

Los tres asintieron.

Yo continué.

—Pero si podemos determinar que Jesús no murió en la cruz, que no se levantó de los muertos y que no aseguró ser Dios, entonces tendría una buena razón para pensar que el cristianismo es falso. ¿Están de acuerdo?

David hizo una aclaración.

—¿Estás diciendo que las tres deben ser falsas para desaprobar el cristianismo?

Sacudí la cabeza.

—No, si cualquiera de estos tres argumentos no es convincente, el caso entero no lo sería. Por ejemplo, ¿y si Jesús aseguró ser Dios y después murió en la cruz? Hay mucha gente que asegura que es Dios y termina muriendo. Pero si resucitó después, eso ya es algo.

Ante eso, Gary preguntó:

—Bueno, hablamos de la muerte de Jesús en la cruz ayer. ¿Qué crees? ¿Crees que el argumento es fuerte?

—Creo que es tan fuerte que por ahora voy a investigar su resurrección y su deidad. Puede que revisite su muerte en la cruz más adelante.

Mike sonrió:

—Realmente estoy muy contento de que estés usando tu mente para ser cuidadoso y deliberado acerca de tu fe. Mucha gente se apega a lo que sus padres les enseñaron, o siguen la corriente, o lo que es peor, se amargan. Tú me das esperanza, Nabeel. Estoy feliz de conocerte.

Yo le devolví la sonrisa. Mike y Gary eran tipos majos. No trataban de empujarme a creer una cosa u otra, ni parecían pensar en mí como un extraño, como «ese chico musulmán». Yo era como ellos, alguien que buscaba a Dios y la verdad con toda la mente y el corazón.

Y ahora había encontrado el camino de mi búsqueda: evaluar el caso histórico de la muerte de Jesús, su deidad y su resurrección. Si estos tres argumentos quedaban fuertemente evidenciados, entonces sería una fuerte defensa del cristianismo. Si no, entonces su defensa sería pobre. Otros factores, como mi opinión de los cultos en la iglesia, eran irrelevantes.

Terminamos de comer, nos despedimos y nos dispersamos. No volvería a ver a Gary o a Mike hasta que viniese un gran debatiente musulmán más de un año después. Su objetivo era argumentar en contra de la resurrección de Jesús delante de cientos de personas.

¿Su oponente? Mi nuevo amigo Mike.

Capítulo veintisiete

DEBATIENDO LA RESURRECCIÓN

EL DEBATE HABÍA SIDO SOLICITADO por organizaciones musulmanas, así que fue ampliamente publicitado en la mezquita de Norfolk. Los carteles estuvieron puestos durante semanas, se distribuyeron folletos y un zumbido de excitación permeaba las conversaciones. Iba a ser una gran oportunidad para ver a un estudioso musulmán, un **jeque**, desafiando los argumentos cristianos. Que el mismo Mike fuera el oponente hacía la escena demasiado buena para ser verdad.

Jeque. Líder musulmán, normalmente con un nivel de graduado en teología islámica

¿Podría mantener los argumentos que compartió conmigo y con Abba acerca de la muerte de Jesús con un experto musulmán?

El debatiente musulmán era un conocido apologista procedente de Toronto llamado Shabir Ally. Tenía una simpática presencia en el escenario que me hacía apreciarlo especialmente. Su conducta amable ayudó a combatir el violento estereotipo musulmán posterior al 11-S, cosa que yo sentía que era el mejor enfoque. Al mismo tiempo, llevaba con atrevimiento el solideo musulmán, una espesa barba negra y el atuendo ligero típico de las culturas musulmanas. Aunque no era ahmadí, adoptaba ciertos argumentos ahmadíes, haciendo de él, a mi entender, el mejor debatiente.

David tuvo el privilegio de hacer de chófer de Shabir por la ciudad antes del debate. Shabir le preguntó a David si podían ir a ver la nueva película de Mel Gibson, *La pasión de Cristo,* así que los dos la fueron a ver antes de que David lo trajese al lugar del debate esa tarde en la Universidad de Regent.

Como Shabir tenía que refrescarse, David llegó muy temprano y reservó los mejores asientos. Gary había regresado a la ciudad para el debate, así que me topé con él en el vestíbulo antes de que empezara el evento. Poco después, con David a mi izquierda, Gary a mi derecha y setecientos espectadores rodeándonos, el debate se puso en marcha.

Mike era un orador cautivador, y empezó compartiendo que él pasó por un periodo donde puso a prueba sus creencias, sin aceptar simplemente lo que sus padres creían sino más bien buscando encontrar la verdad acerca de la vida y de Dios. La información que estaba a punto de presentar era la que le había persuadido de que el cristianismo era verdad. Ese avance me tenía en el borde del asiento porque yo estaba justo allí, en esa misma fase de mi vida.

Continuó su apertura enfatizando la importancia de la resurrección.

—La razón de que la resurrección de Jesús sea tan importante es porque la verdad del cristianismo depende de este suceso. La muerte expiatoria y la resurrección han sido las doctrinas fundamentales del cristianismo desde su misma concepción. Por lo tanto, si Jesús no se levantó de los muertos, los cimientos se derrumban y el cristianismo es falso. Por otro lado, si Jesús sí se levantó de los muertos, entonces hay una buena razón para creer que el cristianismo es verdad. Por eso el debate de esta tarde es mucho, mucho más que una discusión académica. El destino eterno de nuestras almas puede depender de lo que hacemos con Jesús y su resurrección.

Yo pensé para mí: «Tienes razón, Mike. El cristianismo depende de la resurrección, y hay almas en la balanza. ¡Espero que tu defensa sea convincente!».

Había dos cosas innegables en el argumento de Mike: tenía su base en la historia y era conciso. Expuso su argumento con claridad.

> «Si Jesús no se levantó de los muertos, los cimientos se derrumban y el cristianismo es falso».

—Esta noche quiero presentarles tres hechos ampliamente evidenciados y reconocidos por una gran mayoría de eruditos. Combinados, la mejor explicación para estos tres hechos es que Jesús se levantó de los muertos.

»Hecho número uno: la muerte de Jesús por crucifixión. Que Jesús fue crucificado y murió durante el proceso está garantizado por prácticamente el cien por cien de los expertos que han estudiado la materia.

Como hacía después de afirmar cada hecho, Mike proporcionaba pruebas. Para el hecho de que Jesús muriera por crucifixión, profundizó en el argumento que él y Gary compartieron conmigo hacía dieciocho meses, incluyendo el atroz proceso de flagelación y las múltiples atestaciones de la muerte por crucifixión de Jesús. Añadió que la opinión experta de médicos profesionales modernos era que Jesús tenía que haber muerto, dado el proceso histórico de la crucifixión.

Tras haber argumentando suficientemente el primer hecho, Mike pasó al siguiente.

—El hecho número dos: la tumba vacía. Un impactante setenta y cinco por ciento de los eruditos que han estudiado la materia reconocen la tumba vacía.

Mike explicó que había múltiples razones para creer que la tumba de Jesús estaba vacía poco días después de su crucifixión. Primero, el movimiento cristiano fue fundado sobre el principio de que Jesús había resucitado y ya no estaba muerto. El cristianismo comenzó en Jerusalén, y si el cuerpo de Jesús hubiera estado todavía en la tumba, las autoridades judías en Jerusalén podrían haber terminado fácilmente con el cristianismo paseando el cadáver de Jesús por la ciudad. Que no lo hicieran da peso a la posición de que la tumba estaba vacía.

Otra razón para concluir que la tumba estaba vacía era el concepto judío de la resurrección. Muchos judíos creían en una resurrección corporal, que el mismo cuerpo que había sido muerto y enterrado se levantaría el día de la resurrección y se transformaría en un cuerpo inmortal. Parecía que si los discípulos estaban proclamando la resurrección de Jesús, habían presenciado su mismo cuerpo siendo levantado, lo que implicaba una tumba vacía.

La razón final tenía que ver con la posición de los líderes judíos. Cuando les preguntaron acerca de Jesús, ellos dijeron que los discípulos habían robado su cuerpo, afirmando implícitamente que la tumba estaba vacía.

Para resumirlo, Mike citó a William Wand, un antiguo profesor de la Universidad de Oxford: «Toda la evidencia histórica que tenemos es a favor [de la tumba vacía], y aquellos eruditos que lo rechazan deberían reconocer que lo hacen por algún otro motivo diferente a la historia científica».[51]

Esto llevó a Mike a su evidencia final:

—Hecho número tres: el testimonio de la resurrección de Jesús. En gran número de ocasiones vemos que los discípulos de Jesús creen que él fue resucitado y se les apareció. No solo testificaron de ello los discípulos, sino también los enemigos.

Mike hizo referencia a múltiples fuentes tempranas para defender su posición. Argumentó que la iglesia primitiva fue construida sobre la enseñanza de que Jesús había resucitado y el hecho de que los discípulos estuvieran dispuestos a morir por su creencia de que Jesús se levantó de los muertos. De hecho, no solo los discípulos estaban dispuestos a morir por esta creencia, sino también un par de personas que se habían opuesto al mensaje de Jesús durante su vida, concretamente, Pablo y Santiago.

Este punto me resultaba problemático. ¿Y qué si la gente estaba dispuesta a morir por su creencia en que Jesús había aparecido? Eso no significaba que lo hubiera hecho. Pero Mike se anticipó a esto y clarificó que, cuanto menos, significaba que realmente creían que se les había aparecido, y que no estaban mintiendo en sus creencias. Este punto era conciso: «Los mentirosos son malos mártires».

Finalmente, después de presentar los tres hechos, Mike presentó su argumento:

—Sigamos adelante y construyamos una defensa basada en estos tres hechos. Hemos visto que tienen fuertes evidencias históricas y que están corroborados por una impresionante mayoría de eruditos, incluyendo a los escépticos. Podemos ver que la resurrección de Jesús puede explicar con facilidad estos tres hechos sin ninguna tensión. En ausencia de cualquier teoría alternativa plausible para relatar estos hechos, la resurrección de Jesús puede ser aceptada con seguridad como un suceso que ocurrió.

En otras palabras, Mike defendía que la resurrección de Jesús era la mejor explicación para los hechos conocidos, y otras teorías requerirían que los investigadores presionasen, retorciesen o ignorasen los hechos.

Me eché hacia atrás en mi asiento y consideré el argumento. Parecía que tenía que haber algo mal en ello. ¿Podía ser tan sencillo?

Buscando a Alá, encontrando a Jesús

Consideré las explicaciones alternativas. «¿Y si la gente que pensó que había visto al Jesús resucitado simplemente alucinó?». Bueno, la tumba no habría estado vacía, ¿no? Además, ¿qué probabilidad hay de que tanta gente hubiera alucinado exactamente lo mismo en varias ocasiones? Mike citó 1 Corintios 15 durante el debate, donde se dice que quinientas personas vieron a Jesús resucitado al mismo tiempo. ¿Existía tal cosa como las alucinaciones en masa? Además, eso sigue sin explicar por qué los enemigos de Jesús, como Pablo, pudieron ver al Jesús resucitado. No tenían una razón para alucinar el regreso de Jesús.

«¿Pero y si no fue a Jesús a quien vieron, sino a otro?». Lo pensé un momento, pero tampoco funcionaba. Como antes, la tumba no habría estado vacía. Además, ¿era realmente posible que los discípulos hubieran confundido a otra persona con Jesús? Habían pasado con él más de mil días. No era una buena explicación.

«¿Y si Jesús no murió en la cruz?». Esa era la posición ahmadí, y Mike y Gary habían refutado todos esos argumentos. Pero cuando Shabir hizo su declaración de apertura, estaba claro que iba a defender esa posición. Me sobrevino una oleada de excitación; ¿acaso este conocido campeón reivindicaría nuestra posición después de todo?

Shabir comenzó a hablar e inmediatamente quedó claro que estaba bastante cómodo en el escenario y bien al tanto de la información.

—El hecho de que yo sea musulmán quizá sea un prejuicio que me impida apreciar la evidencia de la resurrección de Jesús. Primero quiero reconocerlo, después lo dejaré a un lado y miraré los hechos con claridad. Yo no encuentro persuasivas las evidencias de la resurrección. Si alguien me dice que un hombre murió y después fue visto vivo tres días después, tendré que preguntarle: "¿Estás seguro de que realmente murió?".

»Los eruditos que han escudriñado los evangelios han preguntado: "¿Qué causó la muerte de Jesús?". Los doctores que han leído los relatos no pueden ponerse de acuerdo en lo que le causó la muerte. Si tomamos la narración tal cual está en el texto, uno no puede estar seguro de que Jesús muriera realmente en la cruz.

Shabir tenía mucho más que decir, pero esto era el centro de su defensa. Según fue avanzando el debate, sin embargo, quedó claro que Shabir tenía que negar o ignorar mucho más de lo que haría un investigador objetivo. Negó que se realizara a Jesús el proceso normal de crucifixión, aunque no dio una razón del porqué; negó la validez del relato de la crucifixión de Juan, aunque admitió que este relato era más verídico con respecto al proceso histórico de la crucifixión; aceptó que los eruditos no musulmanes concluyen universalmente que Jesús muriera en la crucifixión, pero paradójicamente negó que la crucifixión jugase un papel significativo en su afirmación; ignoró las claras afirmaciones de todos los evangelios de que Jesús murió; y de este modo negó e ignoró porciones muy importantes de información para defender su causa.

Por cautivados que nos sintiéramos por la capacidad de oratoria y retórica de Shabir, centrarse en sus argumentos llevaba a dos conclusiones: su escepticismo en los datos estaba injustificado y en ningún modo aplicaba el mismo nivel de escepticismo a sus propia posición. Esta incoherencia tenía que ser el resultado de su prejuicio, uno que podía ver incluso yo siendo un musulmán que quería estar de acuerdo con él.

Después del debate, Mike y Shabir fueron a diferentes salas para encontrarse con los miembros de la audiencia y contestar a sus preguntas. Yo poco a poco me levanté de mi asiento, desilusionado y procesando lo que significaba todo aquello. Caminé por el vestíbulo y contemplé el debate cerca de una hora, hasta que Mike, David, Gary y yo finalmente nos dirigimos juntos al aparcamiento. Estaba oscuro y hacía frío, y podíamos ver cristalizarse nuestro aliento sobre la pálida luz de las farolas mientras hablábamos.

Mike se volvió a mí y me dijo:

—Nabeel, estoy realmente interesado en escuchar lo que piensas. Si tuvieras que repartir cien puntos entre Shabir y yo, ¿cómo los repartirías?

—Eso depende de lo que estuviera evaluando —comencé—. Si habláramos de presencia en el escenario y persuasión oratoria, tendría que darle a Shabir ochenta puntos y a ti veinte.

Mike se encogió de hombros.

—Bueno, gracias por ser sincero. Trastabillé con algunas de mis palabras y mis diapositivas no funcionaron bien, así que lo entiendo. Pero supongo que estoy más interesado en la argumentación. ¿Qué piensas de la presentación en general?

Lo pensé un momento.

—Creo que tú ganaste en ese apartado, Mike. Te daría sesenta y cinco y a Shabir treinta y cinco.

Gary dio un grito de alegría.

—¡Eh, eso es genial, Mike! Eso es un dos contra uno a favor de la resurrección, desde la perspectiva de un musulmán considerado. Así que, Nabeel, crees que el argumento es bastante bueno, ¿no?

Ahora me encogí de hombros.

—Todavía hay lugar para la duda, pero hablando objetivamente, parece la mejor explicación.

David no pudo evitar tomar la oportunidad para pincharme.

—Así que, Nabeel, ¿ya eres cristiano?

—¡Ni en sueños! —reí, golpeando a David en el hombro—. Todavía no hemos mirado lo de si Jesús aseguró ser Dios, lo que es una cuestión mayor para mí. Además, cuando llegue el momento de investigar el islam, verás lo fuertes que pueden ser los argumentos. Es intocable. Hasta donde llegan los argumentos, lo único que tiene el cristianismo frente al islam es la resurrección.

Gary miró a Mike como si no pudiera creer lo que acababa de escuchar.

—¿Lo único que tenemos es la resurrección? Amigo, ¡eso es todo lo que necesitamos!

Los cuatro discutimos el debate en el aparcamiento unos minutos más hasta que el aire helado se sobrepuso a nuestro deseo de compañerismo. Abracé a Gary sin saber cuándo volvería a verle. Mike me invitó a los encuentros mensuales en su casa y le dije que trataría de ir. David volvió conmigo a mi coche, y terminamos sentados en él discutiendo el cristianismo y el islam durante otras dos horas.

Cuando finalmente dejé la Universidad de Regent para ir a casa, había clarificado algunas ideas en mi cabeza. Era obvio que me habían pillado en primer lugar con sus argumentos más fuertes, y eran realmente fuertes. La evidencia histórica señalaba categóricamente a la muerte de Jesús en la cruz, y la mejor explicación para los sucesos que rodearon su muerte era que Jesús resucitó de los muertos.

Pero ahora era mi turno. Iba a reunir los mejores argumentos para probar que Jesús nunca aseguró ser Dios. En mi corazón, sabía que esta nueva cuestión sería la batalla decisiva, y estaba listo para ir a la guerra.

Para leer la contribución de un experto acerca de los momentos decisivos por el doctor Michael Licona, profesor asociado de Teología en la Universidad Bautista de Houston y autor de The resurrection of Jesus [La resurrección de Jesús], visita contributions.NabeelQureshi.com.

Parte 5

JESÚS: ¿MESÍAS MORTAL O HIJO DIVINO DE DIOS?

¿Entraste en este mundo? ¿Te convertiste en hombre?
¿Y fue ese hombre Jesús?

Capítulo veintiocho

GENÉTICA Y JESÚS

MGB 101 ERA UN AUDITORIO AL ESTILO de un anfiteatro, la tercera clase más grande en un campus de veinte mil estudiantes. A pesar de la inmensidad, David y yo nos sentamos lo más lejos posible del profesor y del resto de los estudiantes por una muy buena razón: encontrábamos la manera de hablar del profesor divertidísima, y a menudo no podíamos evitar los estallidos de risa.

El doctor Osgood era un excelente profesor, tan experto en la transmisión del conocimiento que ni David ni yo necesitábamos estudiar fuera de clase para controlar el material. Pero usaba una terminología estrafalaria, y con el tiempo nos tuvimos que sensibilizar con su elección de palabras. Un elemento básico de su lenguaje era la palabra *dibujitos,* que utilizaba para referirse a cualquier cosa, desde un gráfico a un vídeo. Eso era carne de comedia en cada ocasión, pero siempre había carnaza de sobra.

Señaló a la imagen proyectada en el frente de la sala.

—Clase, el siguiente tema a estudiar es la replicación del ADN. En su camino a la muerte inevitable, las células se dividen cientos de miles de veces, experimentando un preciso proceso de copia de su información genética en cada generación de células hijas. Ese proceso es la "replicación del ADN". Si el proceso no estuviera prácticamente libre de fallos, la supervivencia de las especies sería imposible. Para entender los mecanismos de la replicación del ADN, debemos revisitar la molécula. Aquí tenemos un dibujito del ADN.

Jesús: ¿Mesías mortal o Hijo divino de Dios?

Ahogué una risita aclarándome la garganta.

—Ya he señalado que el ADN es una doble hélice compuesta de dos cadenas de fosfato de azúcar conectadas entre sí por bases de nucleótidos. Vean ahora que los lazos del carbono al fosfato en cada cadena de ADN pasan de 5' a 3'. Esta es la base de la direccionalidad de cada cadena.

Inclinándose sobre mí, David comentó entre susurros:

—¿Direccionalidad? ¿"Dirección" no es suficiente palabra que tiene que añadirle un sufijo?

Estallamos en risas.

Pero el doctor Osgood no había terminado aún.

—Debido a la conformación de las bases de nucleótidos, cada cadena se dispone en direcciones opuestas. Tomando dos cadenas juntas, el ADN tiene antidireccionalidad.

David y yo nos miramos, con los ojos abiertos de asombrada incredulidad. Era demasiado para nosotros. A nuestros cerebros les tomó un momento confirmar que sí, que él de verdad acababa de decir «antidireccionalidad». Como si el doctor Osgood nos hubiera lanzado una lata de gas de la risa, David y yo nos vimos sorprendidos por un ataque de risa silenciosa. Nos sacudimos durante minutos, incapaces de parar. Finalmente, cuando otros estudiantes comenzaron a lanzarnos miradas mortales, nos vimos forzados a encontrar el modo de parar de reír. Yo me mordí el carrillo todo lo fuerte que pude.

Retomando el control de mi cuerpo antes que mi juicio, escribí la palabra *antidireccionalidad* en una hoja suelta de papel y se la pasé a David. Después de otro acceso de risa, David garabateó algo en el papel y me lo devolvió. Ahora ponía *pseudoantidireccionalidad*. Los ataques se reanudaron. Cuando fui capaz, tomé mi turno y le devolví el papel. Después de unos minutos y un par de cientos de calorías, teníamos la palabra *cuasipseudoantidireccionalidadficacionismo* garabateada por toda la página. Nos habíamos reído tan fuerte en nuestros asientos que los tornillos comenzaban a soltarse.

La clase acababa de comenzar, pero decidimos que era mejor marcharnos. Ninguno de los dos podía prestar atención, y no estábamos ganando puntos de popularidad por quedarnos. Nos escapamos de la clase rápidamente, otro beneficio de sentarnos atrás.

Bromeamos y reímos de camino al aula de debate, llegando una hora entera antes de la práctica. Parando para coger aire, me quité la mochila del hombro y me senté en la parte delantera del aula. David tomó su asiento normal al fondo. Estábamos desenganchándonos del subidón, decidiendo cada uno cómo utilizar este tiempo recién recibido.

Yo pensaba estudiar la información de la clase de genética que acabábamos de dejar cuando un pensamiento me asaltó.

—¿Sabes, David?, la genética es un problema mayor para la fe cristiana.

David lucía divertido como acostumbraba.

—¿Ah, sí?

—Sí. Piénsalo. ¿Por qué tenemos hijos? De hecho, ¿por qué se reproduce cualquier especie?

David no dijo nada, sino que esperó. A estas alturas ya sabía que para interactuar de verdad con mis pensamientos lo mejor era dejarme hablar primero.

—La reproducción es para la supervivencia. Es justo como dice Osgood: las células van a morir, así que primero se replican tanto como pueden. El problema es obvio: ¿por qué Dios necesita un hijo si Él es inmortal?

Después de una pausa dramática, que pareció pasar desapercibida para David, continué:

—Los judíos lo entendían, así que nunca dijeron que Dios engendrase a un hijo. Y Jesús era judío. Debió ser después de Jesús que la cultura romana se mezcló con el cristianismo primitivo. Los romanos tienen multitud de historias de dioses preñando a mujeres, produciendo semidioses.

David hizo una pregunta para aclararse.

—¿Eso es lo que crees que enseñan los cristianos?

—¿No es verdad? Ustedes dicen que el Espíritu Santo visitó a María, embarazándola. Solo sería lógico que el Jesús cristiano fuera un semidiós, puesto que nació de un humano y de un dios. Pero seamos sinceros, la Biblia describe a un Jesús totalmente humano. Eso explica su hambre, su sed, que sangrase, que ignorase cosas y su muerte.

Aunque estaba montando mis argumentos sobre la marcha, estos pensamientos no eran nuevos, ni siquiera eran míos. Dos décadas de enseñanza islámica, reforzadas por la repetición diaria de las palabras del Corán: «No engendró, ni fue engendrado»,[52] se combinaban con un intelecto crítico y un deseo ardiente de promover la fe de mis padres. Mi batalla contra el señorío de Jesús era una consecuencia orgánica de todo lo que me definía. Ahí sería donde clavaría mi estaca, y no iba a retroceder sin luchar.

Pero ya fuera preocupación, un golpe de intuición, la dirección del Espíritu Santo o la falta de familiaridad con el tema, David no peleó.

—Nabeel, ¿has leído algún libro de cristianos sobre la deidad de Jesús?

—No, pero he hablado con un puñado de cristianos sobre ello.

—Bueno, hagamos esto. Te daré un libro mañana, para que lo leas cuando tengas oportunidad. Después hablaremos.

Yo estaba sorprendido. David rara vez rechazaba una pelea.

—¿Por qué no hablar ahora?

—Porque tengo que estudiar lo que nos hemos perdido en genética.

—¿Y de quién ha sido la culpa, David?

—Tan tuya como de cualquier otro, ¡amigo!

—¡Eh, fuiste tú quien empezó lo de los sufijos!

Y así pasamos aquella hora, ni estudiando genética ni discutiendo de teología. Sin embargo, fue lo mejor. Mi identidad islámica había sido forjada tan fuertemente en reacción contra la deidad de Jesús que una discusión en ese punto invariablemente habría sido contraproducente y divisoria.

Primero se necesitaba una pequeña incursión, una ruta más allá de la reacción instintiva contra la deidad de Jesús. El libro que David planeaba darme haría que me hiciese las preguntas correctas y me encaminaría en ese sendero. Demostró que ofrecería un progreso significativo, especialmente considerando lo pequeño que era.

Capítulo veintinueve

JESÚS CREA CARPINTEROS

BAJÉ LA MIRADA AL LIBRO que David deslizó por la mesa hacia mí. El alboroto de la hora de la comida en el edifico estudiantil me obligó a prestar atención especial, sorprendido como estaba por el título del libro y el tamaño compacto. Arrugando el ceño, hojeé las páginas antes de devolvérselo por la mesa.

—Yo ya sé que Jesús es más que un carpintero.

David estaba especialmente juguetón. Los viernes solía hacerlo.

—Sí, pero es mucho más que un carpintero. Él en realidad crea carpinteros.

Yo sonreí.

—Sé que eso es lo que tú dices, pero no es lo que la Biblia dice.

—Sí lo hace. La Biblia dice que todos los carpinteros fueron hechos por medio de Jesús.

—Venga, David, hablo en serio.

Fingí seriedad para enfatizarlo.

David sonrió todavía más.

—Y yo también. ¿Qué crees que significa cuando la Biblia dice: "Todas las cosas fueron creadas por medio de Jesús"?

—¿Dice eso? —ya no fingía la seriedad.

—Sí.

—No en los evangelios, claro. Tengo que verlo en los evangelios.

—Hasta donde yo sé... —insertó una tos ofensivamente falsa antes de gritar en voz alta— EL EVANGELIO DE JUAN —tosió de nuevo—, es un evangelio.

—¿Eso está en Juan?

—Sí —sonrió, fingiendo inocencia.

Esto iba en contra de lo que todo profesor musulmán enseñaba acerca de Jesús en la Biblia. ¿Era posible que un evangelio dijese realmente que Jesús era el Creador? ¿Por qué no lo había escuchado antes? Ninguno de los cristianos con los que había hablado lo mencionó, y había desafiado a unos cuantos. Ahora que lo pienso, si cualquier otro que no fuera David me lo hubiera dicho no le habría creído, asumiendo en su lugar que estaba inventando cosas. Pero conocía bien a David, y él no tomaría ese camino conmigo. ¿Quizá David estaba distorsionando algo? No lo sabía, pero estaba intrigado.

David vio cómo le daba vueltas y deslizó de nuevo el libro hacia mí, pero esta vez, de forma teatral, a cámara lenta. Cuando alargué la mano para agarrarlo, rápidamente lo retiró.

—Pero tú ya sabes que Jesús es más que un carpintero —dijo él, todavía sonriendo.

Me incliné hacia delante y le arrebaté el libro.

—Deja de recrearte.

Más tarde aquel fin de semana me dejé caer en el suelo del estudio de Abba para examinar el libro con más detenimiento. *Más que un carpintero* era muy compacto, del tamaño de mi mano y solo tenía unas cien páginas.[53] El nombre del autor era Josh McDowell, y había visto antes su nombre. Abba tenía un libro llamado *The Islam Debate* [El debate del islam], una transcripción de un diálogo de 1981 entre McDowell y el conocido apologista musulmán Ahmed Deedat. Todavía no lo había leído porque era una monografía en un solo tomo y parecía tratar de la defensa del islam. Yo estaba más preocupado por derrotar al cristianismo.

Pero aquí tenía un libro sobre el cristianismo de Josh McDowell, un folleto más bien, tan pequeño que me rogaba que lo leyese. Me sumergí en él, comprobando todas las referencias bíblicas de McDowell para mayor exactitud. Es difícil de creer, pero a pesar de saber de memoria docenas de versículos de la Biblia para poder refutar el cristianismo, esta fue la primera vez que abrí una Biblia.

Todos los versículos de la Biblia que había leído antes estaban en libros musulmanes.

Devoré el libro de McDowell en cuestión de horas. Gran parte de él animaba a la gente a tomarse a Jesús y a su fe con seriedad, pero yo ya lo hacía. El capítulo que más me afectó fue el segundo: «¿Qué hace a Jesús tan diferente?». Aquí, McDowell defendía que el Nuevo Testamento presenta a Jesús como Dios. Cuando terminé el libro decidí revisar ese capítulo con un ojo más crítico.

Encontré insuficientes muchos de los argumentos de McDowell. Había explicaciones alternativas que él no consideraba. Por ejemplo, citaba Mateo 16.16, donde Pedro exclama que Jesús es «el Hijo del Dios viviente», con la intención de demostrar que Jesús es divino. Pero a mí se me había enseñado un contraargumento en mi primera infancia: muchas personas son llamadas hijas de Dios en la Biblia, como Adán, Salomón e incluso extranjeros anónimos.[54] La Biblia realmente enseña que nosotros podemos convertirnos en hijos de Dios, incluso llega a decir que los humanos son dioses.[55]

En otro lugar McDowell citaba a Mateo y Lucas para argumentar que Jesús tenía características de Dios, como la omnipotencia, pero ninguna de estas referencias me convencía.[56] Todas mostraban a Jesús haciendo milagros, eso seguro, pero la explicación musulmana a los milagros de Jesús era simple: todos se habían hecho con permiso de Dios, no por ningún poder intrínseco de Jesús. Eso es lo que el Corán dice,[57] y hacía mucho que yo había memorizado versículos de la Biblia que mostraban que las obras de Jesús venían en realidad del Padre y que él no podía hacer nada sin Dios.[58] Como musulmán entrenado para enfrentar el cristianismo, no encontré nada nuevo en muchas de las declaraciones de McDowell, y yo siempre había sido un experto en volver esos argumentos contra los cristianos.

Pero McDowell tuvo éxito en convencerme de que aunque hubiera versículos en el evangelio de Juan que yo pudiera usar para refutar la deidad de Jesús, había otros que lo pintaban con una innegable luz divina. Por ejemplo, Jesús dijo: «Que todos honren al Hijo como lo honran a él».[59] Además, un discípulo se dirigió a Jesús como «Dios», solo para ser alabado por Jesús.[60] No había escuchado esas citas antes, y no encajaban en mi mentalidad. No podían. No había manera de que Jesús dijera o permitiera esas cosas, no al menos el Jesús que yo conocía.

Comencé a procesar estos nuevos versículos, luchando por armonizarlos con los versículos opuestos que había memorizado de niño. Caminé por el estudio, preguntándome: «¿Cómo encaja todo esto? Sé que hay versículos en el Corán que aparentemente se contradicen, pero Abba o un imán normalmente pueden resolverlos. ¿Hay alguien en la yamaat que conozca la Biblia como conocen el Corán?».

Me di cuenta de que no había contemplado el cuadro general. La Biblia y el Corán no tenían nada que ver.

Un pensamiento que había estado cociéndose en mi mente desde que empecé a leer el libro de McDowell de repente empezó a echar vapor. Como un hombre que da un paso atrás por primera vez después de haber estado examinando un mosaico pieza por pieza, me di cuenta de que no había contemplado el cuadro general:

La Biblia y el Corán no tenían nada que ver. Ni en lo más mínimo. ¿Por qué estaba intentando interpretarlos del mismo modo?

Mahoma dictó el contenido del Corán a sus escribas en un periodo de veintitrés años. Solo después de su muerte fue que el Corán se recopiló en un libro. Versículos que fueron dictados con años o décadas de diferencia frecuentemente se encuentran juntos en el Corán, a menudo sin una conexión obvia. El resultado es que los musulmanes otorgan relativamente poco peso a los pasajes colindantes cuando intentan interpretar secciones del Corán. Para el contexto recurren en su lugar a comentarios históricos, hadices llamados *asbab al-nuzul*.

> *Asbab al-nuzul.* Cuerpo de literatura islámica que pretende detallar las circunstancias de revelaciones coránicas específicas

Tan fracturadas están las narraciones en el Corán que solo una historia tiene una introducción, un nudo y un desenlace claros: la historia de José. Todas las demás empiezan por la mitad, o nunca llegan a sus conclusiones. No era de extrañar que tuviera que recurrir a mis profesores para comprender el Corán.

Pero mientras leía la Biblia conjuntamente con el libro de McDowell, me di cuenta de que los evangelios eran narraciones coherentes, cada una con su propio contexto. No había necesidad de ningún comentario para entender los evangelios. Cualquiera puede entender la Biblia.

A la inversa, no podía centrarme simplemente en versículos para asegurar algo de un evangelio, como a menudo hacemos con el Corán. Necesitaba leer el evangelio completo, comprender la intención del autor y los temas, y dejar que el libro hablara por sí mismo.

Armado con esta nueva perspectiva, decidí leer el evangelio de Juan desde el principio antes de intentar interpretarlo. Me volví a sentar en el suelo y abrí la Biblia de Abba por Juan 1.

Lo que encontré no me sentó muy bien.

«En el principio ya existía el Verbo, y el Verbo estaba con Dios, y el Verbo era Dios. Él estaba con Dios en el principio. Por medio de él todas las cosas fueron creadas; sin él, nada de lo creado llegó a existir».[61]

Ahí estaba. Punto. Estudié esos versículos, leyéndolos y releyéndolos. No había otra explicación. Estos versículos decían que Dios creó el mundo por medio del Verbo, y el Verbo era coeterno con Dios, y que era Dios mismo, y aun así en algún sentido separado de Él.

Era obvio que «el Verbo» era Jesús, no solo porque el evangelio de Juan trataba aparentemente de Jesús, sino también porque el Corán llama a Jesús «Palabra de Dios».[62] Además, el versículo 14 dejaba pocas dudas: «Y el Verbo se hizo hombre y habitó entre nosotros. Y hemos contemplado su gloria, la gloria que corresponde al Hijo unigénito del Padre, lleno de gracia y de verdad». Tenía que ser Jesús.

Si Jesús de verdad afirmó ser Dios, entonces el Corán se equivoca y el islam es una religión falsa.

Incrédulo, bajé la Biblia y comencé a caminar por la habitación una vez más, juntando las piezas en mi cabeza. Este era el primer capítulo de Juan, su prólogo. Como la introducción en los libros modernos, nos ofrecía la lente por la que leer el resto del libro. Era como si Juan estuviese diciendo: «Mientras lees este evangelio, ten en mente que Jesús es coeterno con el Padre, Su compañero en la creación del mundo».

Aquí estaba el contexto que necesitaba para resolver la tensión en otras partes del evangelio. Con cualquier dificultad que pudiera tener al reconciliar versículos, tenía que tener en mente el prólogo de Juan: Jesús es Dios.

Mientras la inevitabilidad crecía en mi mente, dejé de andar y miré la Biblia, todavía abierta por Juan 1. No podía creerlo. Simplemente, no podía ser verdad. Jesús no podía ser Dios. Debía haber otra explicación, o de otro modo yo estaba engañado. Debía haber otra explicación, o de otro modo mi familia y toda la gente a la que amaba estaba atrapada en una mentira.

Si Jesús de verdad afirmó ser Dios, entonces el Corán se equivoca y el islam es una religión falsa.

Debía haber otra explicación. Todavía no sabía cuál era, pero la tenía que haber. Tenía fe en que estaba ahí, y no dudaba de que Alá me la mostraría.

Inmediatamente fui a nuestra sala de estar, donde ofrecíamos nuestras oraciones congregacionales. Acerqué la alfombra de oración, me llevé las manos a las orejas, recité «Allahu akbar» y le ofrecí a Alá dos rakaats de una oración *nafl*.

Nafl. Oraciones opcionales diseñadas para invocar la ayuda de Alá o acercar al adorador

Estaba listo para comprometerme de nuevo en esta batalla, y estaba invocando la ayuda de Alá.

Capítulo treinta

EL DIVINO HIJO
DEL HOMBRE

—JUAN NO CUENTA.

—Ya me imaginé que dirías eso.

Estábamos de nuevo en el Webb Center, en la misma mesa donde David me había dado *Más que un carpintero*. Había pasado el fin de semana estudiando el evangelio de Juan en Internet y orando fervientemente.

No es que estuviese preocupado. Simplemente, tomar partido en este problema significaba reafirmar repetidamente mi compromiso con el islam, y me estaba volviendo más devoto a causa de ello. Además, estaba convencido de que Alá estaba recompensando mi fe con oraciones respondidas y armándome para luchar contra la posición de David. Descubrí montones de argumentos contra la exactitud del evangelio de Juan. Después de haber pasado los últimos días reagrupándome, estaba preparado para establecer de nuevo la línea de batalla. Ahora traía las armas pesadas.

—¿Y por qué no cuenta? —preguntó David.

—Fue el último evangelio, escrito setenta años después de Jesús. No se parece en nada a los otros evangelios, que aparecieron mucho antes.

—Pero ya lo hablamos, Nabeel. El evangelio de Juan fue escrito por un discípulo, o al menos mientras los discípulos estaban vivos. Lo que dice es de fiar.

—No estaría tan seguro, David. Setenta años después de Jesús es una cantidad de tiempo respetable. No podemos estar seguros de que los discípulos siguieran por allí tan tarde. Pero hay un problema mayor: ¿por qué se diferencia tanto de los otros evangelios? Jesús no usa una sola parábola en Juan, y habla de sí mismo con mucha más frecuencia que en los **sinópticos**. Además, en realidad solo hay un milagro en común en los cuatro evangelios.[63] Juan parece que nos está hablando de *su* Jesús. Un Jesús posterior. Un Jesús diferente.

> **Sinópticos.** Término colectivo para los evangelios de Mateo, Marcos y Lucas

—¿De dónde has sacado eso? —el tono de David delataba un atisbo de confusión. Eso era realmente raro, y saboreé la reivindicación. No solo estaba luchando por mi orgullo, después de todo. Luchaba por mi familia y mi fe.

—Una nueva herramienta de búsqueda que encontré: "Google".

—No, quiero decir, ¿a quién estás citando? —David presionó, una vez despertada su curiosidad—. No suena como un musulmán.

—Era de un erudito cristiano que Shabir citó en un debate. Bart Ehrman.[64]

Una mirada de comprensión cruzó el rostro de David.

—Bart Ehrman no es cristiano.

—¿Eh? Pensé que lo era —sonreí, saboreando el momento—. Fue al seminario.

—Sí, pero después dejó la fe.

—¡Ya veo por qué! —respondí yo, medio en broma. Pero solo a medias.

—Muy bien, volvamos a la deidad de Jesús. ¿No encontraste nada en el libro de McDowell que fuera convincente?

—Nada fuera del evangelio de Juan —no estaba dispuesto a dejar a Juan fuera de la discusión tan rápido.

—Muy bien, vamos a ver. Le echaré un vistazo a Juan y volveremos a ello. Mientras tanto, te daré otro libro, y tú me dirás qué piensas.

—Suena bien, pero tendrás que hacerlo mejor que con *Más que un carpintero*, David. ¿Quizá escoger algo más grande la próxima vez?

David rio.

—¡Tú lo has querido!

Un par de días después estaba de nuevo en el suelo del estudio de Abba, mirando fijamente un tomo dorado. Se llamaba *Nueva evidencia que demanda un veredicto*, y aunque también estaba escrito por McDowell, era totalmente diferente. Eran ochocientas páginas de notas de lectura que McDowell había recogido durante sus años buscando los orígenes cristianos.

Yo no me había desanimado. Mi victoria reciente sobre el argumento de David del evangelio de Juan me había dado una recién adquirida confianza. Estaba más seguro que nunca de que Alá estaba de mi parte, y que ningún argumento en su contra prevalecería, y que la deidad de Jesús era una innovación relegada al cristianismo tardío.

Si Jesús realmente afirmó ser Dios, podríamos esperar que su afirmación se encontrase en los evangelios más tempranos, no solo en el último. Necesitaba ver la afirmación de la deidad de Jesús en el evangelio de Marcos. Sin dudarlo, abrí directamente por el capítulo sobre la deidad de Jesús y empecé.

Como si McDowell hubiera leído mi mente clarividentemente, la primera porción de evidencia que ofrecía era «Testimonio legal de Jesús con respecto a sí mismo» en el evangelio de Marcos. Cuando el sumo sacerdote le preguntó si él era el Cristo, el Hijo de Dios, Jesús testificó al sanedrín: «Sí, yo soy. Y ustedes verán al Hijo del Hombre sentado a la derecha del Todopoderoso, y viniendo en las nubes del cielo».[65]

Aparte del «yo soy», no encontré esta declaración muy clara, y no pude ver inmediatamente por qué McDowell la había elegido como su argumento primordial. ¿Qué quería decir Jesús con eso?

Fuera lo que fuese lo que significase, una cosa estaba clara. Los sacerdotes del sanedrín pensaron que había hecho una declaración acerca de su identidad que consideraban blasfema, merecedora de ejecución. Solamente había una afirmación de identidad que merecía tal pena capital: afirmar ser Dios. Afirmar ser el Mesías no era suficiente.[66] ¿Pero qué dijo exactamente Jesús en su réplica al sanedrín que les hizo pensar que él estaba asegurando ser Dios?

> Si Jesús realmente afirmó ser Dios, podríamos esperar que su afirmación se encontrase en los evangelios más tempranos, no solo en el último.

McDowell cita a un erudito del Nuevo Testamento, Craig Blomberg, que explicaba: «Esta respuesta combina alusiones a Daniel 7.13 y al Salmo 110.1. En este contexto, "Hijo del Hombre" significa mucho más que un simple ser humano. Jesús se describe a sí mismo como "alguien como hijo de hombre [que] venía entre las nubes del cielo", que "se acercaba al Anciano de Días y era guiado a su presencia", y al que se le daba autoridad y poder sobre toda la humanidad, liderando la adoración universal y el dominio eterno. Esta afirmación de ser más que un simple mortal es probablemente lo que sonsacó el veredicto de blasfemia de la corte suprema judía».[67]

Estaba perplejo. ¿Estaba Blomberg diciendo que el título «Hijo del Hombre» era una afirmación de ser Dios? Eso era imposible.

Me acordé de una *jutba* que escuché en una mezquita de Washington D. C., donde el imán estaba de pie en el frente de la sala de oración, proclamando:

> *Jutba.* Sermón, normalmente los sermones sabáticos de los viernes

«Jesús negó una y otra vez ser Dios. ¡Él siempre se llamó a sí mismo Hijo del Hombre para dejarlo bien claro! Es un humano. Nunca se hizo llamar "Hijo de Dios". Por eso sabemos que las pocas veces que fue llamado "Hijo de Dios" por los demás, eso no significaba que fuera un hijo literal de Dios. Jesús es el Hijo del Hombre. Él es humano».

¿Pudiera ser que el término «Hijo del Hombre» en realidad significase algo más?

Tenía que leer Daniel 7 por mí mismo. Agarré la Biblia de Abba de la estantería, busqué «Daniel» en el contenido y pasé las páginas hasta Daniel 7. Y ahí estaba, tal y como había dicho Blomberg, una visión profética de uno como un Hijo de Hombre que era adorado por toda la eternidad por los hombres de todas las lenguas. A este Hijo del Hombre se le daba autoridad y poder soberano sobre un reino eterno.

Mi mente iba a gran velocidad. ¿Qué podía significar eso? Recordé que Blomberg había dicho que la respuesta de Jesús también se refería al Salmo 110. ¿Tal vez eso pudiera clarificarme las cosas? Busqué el Salmo 110 y leí el primer versículo: «Así dijo el SEÑOR a mi Señor: "Siéntate a mi derecha hasta que ponga a tus enemigos por estrado de tus pies"».

¿Pero qué significaba eso? Cómo podía el Señor decirle algo al Señor? ¿A quién está invitando Dios a sentarse a Su derecha?

Fui a Internet y comencé a buscar toda la información que pude acerca de Daniel 7 y el Salmo 110. Al cabo de unas cuantas horas, estaba claro. Daniel 7 hablaba de un Hijo del Hombre que compartía soberanía en el cielo con Dios, que era adorado por todos los hombres con una reverencia debida solo a Dios. El Salmo 110 hablaba de otro señor, alguien que se sentaría en el trono de Dios junto a él y que le serviría como Su heredero.

> En Marcos 14.62, Jesús afirmó ser el divino Hijo del Hombre y el heredero soberano del trono del Padre.

En Marcos 14.62, Jesús afirmó ser el divino Hijo del Hombre y el heredero soberano del trono del Padre. Estaba afirmando osadamente ser Dios.[68]

¿Pero cómo podía ser eso? ¿Tal vez esta porción de Marcos, como el evangelio de Juan, no reflejaba con exactitud lo que Jesús había afirmado? Busqué fervientemente en Internet una salida, pero no la había. Jesús se llamó Hijo del Hombre más de ochenta veces en los cuatro evangelios; que él realmente usó el término era innegable. Su posición como aquel «sentado a la diestra del poder» estaba profundamente introducida en la doctrina de la iglesia, incluso en el estrato más temprano.[69] Si eran afirmaciones divinas, la deidad de Jesús estaba enlazada en los evangelios y en la historia de la iglesia primitiva.

Al atardecer apagué a regañadientes el ordenador, aparté el libro de McDowell y simplemente dejé que esta nueva información reposase. Estaba en un punto muerto. No podía admitir que el evangelio más temprano, y de hecho todos los evangelios después de todo, se construyeran alrededor del marco de la deidad de Jesús, pero tampoco podía negarlo. Por un lado, el coste era demasiado alto, y por el otro lado, la evidencia era demasiado fuerte.

Afortunadamente, y a pesar del título del libro, la evidencia no demandaba un veredicto. Al menos no de inmediato. No necesitaba tratar deliberadamente la incongruencia entre la evidencia y mis creencias. Subconscientemente, sin embargo, la tensión y la presión encontraron una salida en mi vida por medio de un renovado fervor por el islam. Obtuve un nuevo celo por la salaat, pasé más tiempo estudiando el hadiz y empleé términos islámicos con más frecuencia en mi hablar diario.

Hice todo lo posible por evitar la evidencia, pero no podría escapar de ella para siempre. Y meses después, cuando la tensión finalmente reflotó, puse a prueba mi relación con David.

Capítulo treinta y uno

LA TEOLOGÍA PAULINA Y EL PRIMER JESÚS

LA LLUVIA TRONABA EN EL TECHO DE MI COCHE. Lo que había empezado siendo un apacible chaparrón matinal un momento antes ahora era un diluvio que oscurecía el sol vespertino.

Era un nuevo semestre, lo que significaba batallas renovadas con secretaría y el departamento de ayuda financiera. Las oficinas administrativas estaban en Rollins Hall, en uno de los extremos del campus, y David y yo tuvimos que ir de expedición. Le ofrecí llevarle en coche para evitar que se mojara, pero la lluvia se había puesto tan brava desde ese momento que incluso salir del coche causaría con seguridad la ruina de cualquier libro o dispositivo electrónico que llevara en la mochila. Así que nos sentamos en mi coche, esperando que escampara la tormenta.

Por qué escogimos aquel momento para hablar de la cuestión más tensa entre nosotros, nunca lo sabré. La tormenta de fuera del coche no era nada comparada con la que se avecinaba dentro.

—Miré lo del evangelio de Juan —empezó David.

—¿Ah sí? ¿Qué encontraste?

Cristología. Una interpretación de la naturaleza, identidad o papel de Jesús; por ejemplo, el Corán tiene una cristología más baja que Juan, puesto que solo es humano en el primero mientras que es divino en el segundo

Aunque mi problema con el evangelio de Juan se había vuelto discutible desde que encontré una **cristología** mayor en los sinópticos, nunca se lo había admitido a David.

—Primero, tienes razón en que Juan parece diferente del resto de los evangelios, pero eso es porque viene de un discípulo diferente que tenía su propia perspectiva. Igual que dos personas contando la misma historia, la contarán de manera diferente, pero eso no significa que una de ellas se equivoque.

Decidí seguirle en la conversación, aunque mi corazón no estaba allí.

—Pero Juan es más que solo un poco diferente a los sinópticos.

—Sí, pero no tan diferente como para ser incompatible —David esperó a que yo respondiese, pero no tenía nada que decir, así que continuó—. Segundo, no podemos estar tan seguros de que Juan fuera escrito sobre el año 90 o 100 A.D.

—¿Eso por qué?

—El modo en que los eruditos datan el evangelio de Juan es un poco arbitrario. Muchos de ellos lo datan así de tarde por lo que enseña acerca de Jesús. Dan por hecho que una cristología mayor significa una fecha más tardía.

—¿No es así? —presioné yo—. Los cristianos no habían desarrollado una cristología alta cuando se escribieron los sinópticos.

—Creo que la cristología de los sinópticos es bastante alta, pero por el bien de la discusión, digamos que no lo es. Todavía tienes un problema. Hay escritos de antes de los evangelios que prueban que los cristianos veían a Jesús como Dios.

> Hay escritos de antes de los evangelios que prueban que los cristianos veían a Jesús como Dios.

David estaba llevando la conversación en una dirección diferente, y picó mi curiosidad.

—¿Qué escritos?

—Las cartas de Pablo.

Al decir esto, David había encendido, sin saberlo, una corta mecha en un barril de pólvora oculto. A los musulmanes a menudo se les forma para despreciar a Pablo, para verle como el secuestrador del cristianismo primitivo. Desde el más alto imán de nuestra yamaat hasta mi padre y mi madre, se me enseñó repetidamente que Pablo había corrompido el mensaje de Jesús, engañando a miles de millones de personas para que adoraran al Mesías mortal.

Debido a lo que el Corán y el hadiz enseñan, los musulmanes deben venerar a Jesús y a los discípulos. Fueron personas escogidas por Alá para extender Su mensaje de verdad, incluyendo el hecho de que Jesús solo era un hombre. Pero en algún momento muy temprano en la historia cristiana, la gente comenzó a adorar a Jesús. Eso era anatema y blasfemia. A los musulmanes no les quedó más remedio que echar la culpa a un cristiano primitivo e influyente fuera del círculo de discípulos. Pablo es ese cristiano.

Sin saber esto, David continuó:

—Los escritos de Pablo dejan claro que Jesús era Dios para los primeros cristianos. Pablo empezó a escribir en los años cuarenta, más o menos una década antes de que fuera escrito Marcos. Por ejemplo, una de sus primeras cartas dice que Jesús "existía en forma de Dios" y que se "despojó a sí mismo" para convertirse en humano.[70] En otra de sus primeras cartas divide características de Yahveh entre Jesús y el Padre.[71]

—¿Y qué? —dije yo, un poco molesto.

—Bueno, obviamente, si la comunidad ya proclamaba que Jesús es Dios mismo encarnado, entonces podemos esperar que un evangelio escrito por esa comunidad contenga esa creencia. Deberíamos leer los evangelios a través de las lentes contextuales de las creencias de los cristianos primitivos, las cuales podemos ver por medio de las cartas de Pablo.

Llegados a este punto ya tenía suficiente. Imité sutilmente a David en respuesta.

—Bueno, obviamente no está en Marcos. Pablo debió ser quien inventó la deidad de Jesús. Fue él quien corrompió el mensaje cristiano.

David estaba perplejo.

—¿De qué demonios estás hablando?

Yo hice un refrito de los argumentos contra Pablo que había aprendido en jutbas y en libros religiosos.

—Jesús le dijo a la gente que él no había venido a abolir la ley, sino a cumplirla.[72] Después Pablo llegó y dijo que Jesús había abolido la ley. Jesús le dijo a la gente que adorase "a mi Dios, que es Dios de ustedes", y después Pablo llegó y dijo que Jesús era el mismo Dios.[73] Pablo tomó la religión enseñada por Jesús y la convirtió en una religión acerca de Jesús.

David empezó a corresponder mi agitación.

—¿Y por qué se inventaría la deidad de Jesús? Él era judío. De hecho, fue el mejor estudiante de Gamaliel, un judío entre judíos. ¿Qué ganaba él al inventarse la idea de que Jesús es Dios?

—¿No es obvio, David? Pablo vio un vacío de poder. Vio que Jesús se había marchado y que los discípulos estaban demasiado desorganizados para tomar las riendas. Quería poder y autoridad, así que se diseñó como "discípulo", aunque nunca llegó a tanto como a conocer a Jesús, y tomó el control de la iglesia floreciente, promoviendo su evangelio por encima del resto de los evangelios que estaban siendo enseñados. Por encima del evangelio de Jesús.[74]

David rio con incredulidad.

—¿Lo dices en serio? Muy bien, lo primero, eso sigue sin explicar por qué un judío devoto convertiría a Jesús en Dios. No necesitaba hacerlo, aunque fuera alguna clase de demonio hambriento de poder. Y segundo, sabemos que no era un demonio hambriento de poder porque estuvo dispuesto a arriesgar su vida una y otra vez en honor al evangelio.[75]

La voz de David aumentaba de presión, y su volumen subía.

De todos modos, le corté.

—A veces la gente no puede salir de sus mentiras, David. Quizás en ese momento ya estaba demasiado metido.

—¿Salir de sus mentiras? ¿Qué razones tienes para decir que Pablo es un mentiroso patológico?

—Te lo he dicho, quería poder.

David ya no respondía de sí mismo.

—¡¿Poder?! Si todo lo que quería era poder, se habría quedado donde estaba. Era el mejor estudiante del mejor rabino de su tiempo; el poder venía a él. Se fue en la dirección completamente opuesta, escogiendo una vida de mansedumbre y pobreza. ¡Los cristianos primitivos tienen que agradecer a Pablo y a sus sacrificios su supervivencia!

—Sí, ¡y todos los cristianos tendrán que darle las gracias a Pablo cuando estén delante de Dios siendo juzgados por haber adorado a un hombre en vez de a Él!

Supe que había ido demasiado lejos en el momento en que las palabras dejaron mis labios. Pero era demasiado tarde, y yo era demasiado orgulloso para disculparme. Simplemente miré a David, esperando su respuesta.

David se quedó en silencio. Durante unos momentos no habló. Cuando finalmente lo hizo, sus palabras eran calmadas, calculadas y medidas, como si cada pensamiento hubiera pasado por capas de filtros.

—Nabeel, después de Jesús, veo a Pablo como el hombre más santo de todos los tiempos. No voy a sentarme aquí a escuchar como le insultas para hacer que tus teorías funcionen. Nuestra amistad es importante para mí, así que creo que debemos evitar hablar de este tema de nuevo —paró—. ¿Estás de acuerdo?

—Estoy de acuerdo.

—Muy bien, te veré después.

Con esto, David abrió la puerta y se introdujo en la tormenta.

Para leer una contribución experta acerca de la deidad de Jesús hecha por J. Ed Komoszewski, profesor de Estudios bíblicos y teológicos en Northwestern College y coautor de Reinventing Jesus y Putting Jesus in His Place, visita contributions.NabeelQureshi.com.

Parte 6

LA DEFENSA
DEL EVANGELIO

---∴---

¿Pero y si Su majestad no es tan importante para Él como Sus hijos?

Capítulo treinta y dos

LA TENSIÓN Y
LA TRINIDAD

NUESTRA DISCUSIÓN SOBRE PABLO no fue la única ocasión en la que David y yo chocamos. Nuestras emociones a veces se caldeaban mientras hablábamos de nuestras creencias centrales. Cuanto más importante era una cuestión en la que disentíamos, más probable era que uno de los dos dijera algo imprudente. Los desacuerdos intensos están destinados a provocar emociones intensas.

Pero no importaba lo accidentaba que se volviese nuestra relación, porque vivíamos la vida juntos. Aunque llegáramos a estar en un punto muerto, perjurando en momentos de ira que nunca jamás volveríamos a tratar al otro, nos veíamos forzados a suavizar las cosas cuando nos encontrábamos en las prácticas del grupo de debate aquella semana. O en clase al día siguiente. O, en el caso de nuestra discusión sobre Pablo, solo veinte minutos después, porque David necesitaba que le llevase.

Esta es solo una de las razones por las que es importantísima una fuerte amistad. Una relación superficial puede hundirse bajo la tensión del desacuerdo, pero al vivir nuestras vidas juntos estábamos obligados a reconciliarnos.

Por supuesto, además de la mera proximidad, realmente nos amábamos y cuidábamos el uno del otro. Como auténticos hermanos, incluso después de nuestros mayores encontronazos, todavía éramos hermanos. El amor cubre multitud de pecados.

Había un beneficio en nuestras discusiones, sorprendentemente. Mostraban dónde se escondían los puntos de tensión que necesitaban tratarse. Uno de esos problemas que salía a flote constantemente era el de la trinidad. Al igual que con la doctrina de la deidad de Jesús, en mi identidad musulmana se fraguaba una fuerte aversión a la trinidad y daba lugar a un campo de minas latente.

La doctrina central del islam es el *tawhid*. Todo un campo de la teología islámica está dedicado a este tema, así que es difícil de encapsular, pero en esencia el tawhid es la doctrina de la unicidad de Dios. Esto no solo es la afirmación del monoteísmo, sino el minucioso cultivo del concepto de la absoluta unidad de Dios. La esencia de Dios, o todo lo que le hace Dios, es que Él es uno: independiente, único, soberano, distinto y completamente unificado. No puede haber división dentro de Él de ningún modo.

> *Tawhid.* La doctrina islámica de la unidad y autosuficiencia absoluta de Alá

Destilar esta teología en el contexto de un diálogo entre musulmanes y cristianos se reduce a esto: el tawhid, el principio más fundamental del islam, es antitético a la trinidad.

Al haber crecido en una nación en apariencia cristiana, mis mayores musulmanes me galvanizaron contra la trinidad. No puedo enumerar cuántas jutbas de la yumu'ah, clases en campamentos para jóvenes, libros de educación religiosa y sesiones de estudio del Corán fueron dedicadas a rebatir la trinidad. Todos enseñaban lo mismo: la trinidad es politeísmo apenas disimulado.

> El tawhid, el principio más fundamental del islam, es antitético a la trinidad.

A grandes rasgos, me enseñaron a ver la trinidad de este modo: los cristianos quieren adorar a Jesús además de a Dios, pero saben que solo hay un Dios. Así que dicen que Dios es al mismo tiempo tres y uno, llamándolo una trinidad. Aunque eso no tiene sentido, los cristianos insisten en que es así. Cuando se les pide que expliquen la trinidad, dicen que es un misterio y que tiene que ser aceptado por fe.

Como joven musulmán en Occidente, me dispuse a probarlo. Siempre que tenía una discusión acerca de la trinidad con un cristiano, la primera pregunta que le hacía era: «¿La trinidad es importante para ti?». Cuando contestaban afirmativamente, preguntaba: «¿Cómo de importante?», esperando la respuesta de que negar la trinidad sería herético. La tercera pregunta completaba la trampa. Preguntaba: «Entonces, ¿qué es la trinidad?», y recibía la respuesta aprendida de que Dios es tres en uno. Después venía el golpe de gracia: «¿Y qué significa?». Normalmente obtenía miradas en blanco. Algunas veces la gente comenzaba a hablar de huevos, o agua, pero nadie era capaz de explicar lo que significaba en realidad la doctrina de la trinidad. ¿Tres qué en un qué? ¿Y cómo no podía ser eso contradictorio?

Mis preguntas no eran cuestiones recónditas sobre un tema periférico. Eran preguntas simples para clarificar una doctrina cristiana esencial, aunque ningún cristiano con el que me había encontrado era capaz de contestarlas. Eso significaba que todos los cristianos que conocía reforzaban lo que el Corán me había enseñado sobre la trinidad: que era una doctrina ridícula y merecía retribución divina.[76]

> La repulsión a la trinidad era parte integrante de mi identidad islámica.

Los ancianos que me enseñaron a ver la trinidad bajo esta luz se extendían desde imanes venerados y líderes eruditos hasta mis propios padres y abuelos. Todas las personas a las que amaba y respetaba me enseñaron a rechazar la trinidad, y eso, combinado con la incapacidad de los cristianos para explicarla, facilitaba ver por qué la repulsión a la trinidad era parte integrante de mi identidad islámica. Lo mismo es cierto para casi todos los musulmanes practicantes.

David y yo habíamos tenido unas cuantas conversaciones acerca de la trinidad, y aunque él respondía con más profundidad y claridad que muchos otros cristianos, mi mente había sido bien preparada antes de conocerle para pensar que la trinidad era inviable. Así que nos dábamos de topetazos, y como con el problema de Pablo, decidimos posponer la discusión indefinidamente.

Fue casualidad que la solución me llegase mientras estaba sentado junto a él en el más improbable de los sitios.

Capítulo treinta y tres

RESONANDO CON LA TRINIDAD

ERA JULIO DE 2003, el verano posterior a mi segundo año, y tenía delante de mí grandes cambios vitales. Había tomado la decisión de graduarme de la universidad un año antes, lo que significaba que tenía que empezar a pensar en la siguiente fase. Mi decisión también significaba que tenía que hacer el examen de agosto para la admisión en el Colegio de Médicos, un examen que requería química orgánica, así que sacrifiqué el verano en dosis agotadoras de química orgánica cinco días a la semana. Como era de esperar, David dio esas clases conmigo, lo que significaba que también tenía dosis agotadoras de David cinco días a la semana.

Pero yo no era el único con grandes cambios en la vida. Hacía poco, antes de subir a un avión en dirección a un torneo de debate, David y yo habíamos estado discutiendo la resurrección. Yo esgrimí una razón para apoyar la teoría del desmayo, a lo que David respondió:

—Eso tan debilucho no te va a funcionar conmigo, chaval. Vengo del parque de caravanas. ¡Tengo sentido común!

Sin saberlo nosotros, una chica nueva en el equipo de debate nos había escuchado hablar. Ella echó su capote al ruedo, interrumpiéndonos:

—¿Ah, sí? Pues yo vengo de organismos unicelulares.

David y yo nos giramos hacia ella incrédulos. Apenas la conocíamos, ¿y aun así se metía con nosotros? Una cosa en la que David y yo

195

estábamos de acuerdo era que la evolución ciega era estadísticamente imposible. Abordamos sus argumentos juntos, pero ella peleó. A lo largo del fin de semana, discutimos con ella acerca de la verdad, la relatividad, Dios, la evolución y la ciencia. Tenía chispa, y no se venía abajo sin pelear.

Tres días después, Marie era teísta, y David estaba enamorado. Dos meses después de eso, los dos se comprometieron. En el verano de 2003, David y Marie llevaban casados un año, y todos esperábamos con impaciencia la llegada de su primer hijo. David y yo estábamos a la que saltábamos en química orgánica, preparados para agarrar el teléfono y correr al hospital. Fue una época muy emocionante.

A pesar de la necesidad de salir en cualquier momento, y a pesar de que no dejábamos de pasarnos notas y de reír, nos sentábamos al frente en la sala de conferencias de la señora Adamski, a no más de un metro de ella mientras enseñaba. Recuerdo con claridad la localización exacta de mi asiento porque fue allí donde por primera vez me abrí a la trinidad, un momento todavía grabado a fuego en mi mente.

Al frente de la clase se presentaban tres grandes representaciones del nitrato en un llamativo blanco y negro. Estudiábamos la resonancia, la configuración de los electrones en ciertas moléculas. El concepto básico de la resonancia es bastante fácil de entender, incluso sin conocimientos de química. En esencia, la pieza fundamental de todos los objetos físicos es el átomo, un núcleo cargado positivamente sobre el que orbitan unos diminutos electrones cargados negativamente. Los átomos se enlazan unos a otros compartiendo sus electrones, formando moléculas. Las diferentes disposiciones de electrones en ciertas moléculas se llaman «estructuras resonantes». Algunas moléculas, como el agua, no tienen resonancia, mientras que otras tienen tres estructuras resonantes o más, como el nitrato de la pizarra.

Aunque el concepto era suficientemente fácil de entender, la realidad resultaba ser incomprensible. La señora Adamski concluyó su lección comentando:

—Estos dibujos solo son el mejor modo de representar las estructuras resonantes sobre el papel, pero en realidad es mucho más complicado. Técnicamente, una molécula con resonancia es cada una de sus estructuras en cada punto en el tiempo, aunque no una sola de sus estructuras en ningún punto en el tiempo.

El resto de la clase debía tener la misma expresión en sus caras que yo, porque la señora Adamski repitió:

—Es todas las estructuras todo el tiempo, nunca una sola de ellas.

Después de otra breve pausa, nos proporcionó algo de consuelo.

—Pero no se preocupen por esto. Ustedes solo van a ser examinados de las estructuras que podemos dibujar.

A lo que la clase respondió con un suspiro de alivio colectivo.

Pero no yo. Me giré hacia David, incapaz de dejar pasar lo que la señora Adamski acababa de decir. David se encogió de hombros sutilmente y volvió a prestar atención a la profesora mientras ella pasaba al siguiente tema. Parecía que yo era el único que pensaba en la bomba que acababa de lanzar.

¿Cómo podía algo ser muchas cosas a la vez? ¿Muchas cosas diferentes? No estábamos hablando de atributos de algo como un bistec, que puede estar caliente, jugoso, ser grueso y tierno al mismo tiempo. Estábamos hablando de disposiciones separadas espacial y eléctricamente. Lo que la profesora decía era como decir que Nabeel está comiendo dicho filete en Texas mientras simultáneamente está echándose una siesta en una hamaca en el Caribe. Por maravilloso que cada uno resulte individualmente, no tenía sentido decir que yo estaba haciendo ambas cosas a la vez.

Estaba perplejo, y lo empeoraba aun más que nadie a mi alrededor pareciera preocupado en lo más mínimo. Miré a la clase, boquiabierto ante su aceptación ciega.

¿Pero era realmente ciega? La profesora estaba enseñado ciencia enrarecida, describiendo el mundo subatómico. A ese nivel ocurren cosas que no tienen sentido para aquellos de nosotros que conceptualizamos el mundo solo a nivel humano. Incluso la simple idea de los átomos aparentemente es desconcertante cuando pensamos en ellos. Eso significa que la silla sobre la que me siento no es en realidad un objeto sólido soportando inocentemente mi peso. Es espacio vacío casi por completo, ocupado solo en una pequeña parte por partículas que se mueven a velocidades incomprensibles. Cuando pensamos en ello, parece erróneo, pero así son las cosas en nuestro universo. No tiene sentido discutirlo.

Volví a mirar a los otros estudiantes, llegando a la conclusión de que no habían aceptado ciegamente un concepto absurdo. Simplemente se habían dado cuenta antes que yo de que hay verdades acerca de nuestro universo que no encajan fácilmente con nuestras mentes.

Mis ojos descansaron en las tres estructuras de nitrato separadas sobre la pared mientras mi mente juntaba las piezas. Una molécula de nitrato es todas esas estructuras resonantes todo el tiempo y nunca una sola de ellas. Las tres están separadas pero, al mismo tiempo, son una. Son tres en una.

Ahí fue cuando hice clic: si hay cosas en este mundo que pueden ser tres en una, incluso incomprensiblemente, ¿entonces por qué no puede Dios?

Y de ese modo, la trinidad se convirtió en algo potencialmente cierto en mi cabeza. Miré a David y decidí no decir nada.

Más tarde revisé la **doctrina de la trinidad** con una nueva perspectiva. ¿Qué quieren decir los cristianos cuando dicen que Dios es tres en uno? ¿Tres qué en un qué? Lo busqué en un libro llamado *The Forgotten Trinity* [La trinidad olvidada] de James White, y todo tuvo más sentido después de darme cuenta de que una entidad trina era posible.

La doctrina de la trinidad enseña que Dios es tres personas en un ser. «**Ser**» y «**persona**» no son lo mismo, lo que significa que la trinidad no es una contradicción. Para ilustrarlo, piénsalo así: yo soy un ser, un ser humano. También soy una persona, Nabeel Qureshi. Así que soy un ser con una persona, un ser humano que es Nabeel Qureshi. La doctrina de la trinidad enseña que Dios es un ser con tres personas: Padre, Hijo y Espíritu.

A su debido tiempo, y sin ninguna discusión productiva con David, comprendí la trinidad en mis propios términos y me di cuenta de que era un modelo posible de la naturaleza de Dios. No estaba convencido de que fuera el verdadero modelo, puesto que contradecía el tawhid, pero le tenía que conceder que fuera viable. Y cuando eso ocurrió, mis pensamientos acerca de Dios se enriquecieron.

Pero había una doctrina cristiana mayor que todavía me impedía comprender el evangelio. ¿Cómo pagó la muerte de Jesús por mis pecados? Para cuando David y yo abordamos la pregunta, nuestro dúo se había convertido en trío.

Doctrina de la trinidad. La creencia de que Dios es uno en ser y tres en personas

Ser. La cualidad o esencia que hace algo lo que es

Persona. La cualidad o la esencia que hace a alguien lo que es

Capítulo treinta y cuatro

LA SALVACIÓN EN LA BALANZA

MI ÚLTIMO AÑO EN LA ODU FUE ATÍPICO. Aparte del hecho de que era en realidad mi tercer año, también era el primero en que vivía en el campus. Hasta ese momento, y a pesar de mis protestas, Ammi y Abba insistieron en que vivir en el campus me condenaría a la depravación. No fue hasta mi último año que fui capaz de convencerles de que simplemente tenía demasiadas responsabilidades en la escuela para continuar viajando diariamente.

Una de aquellas responsabilidades era servir como presidente de la escuela honorífica, y aproveché ese papel para elegir mi dormitorio cuando finalmente obtuve el permiso de mis padres para mudarme fuera de casa. Mi habitación, situada en el último piso del ala suroeste del Whitehurst Hall, proporcionaba una gran vista del río Elizabeth, la segunda mejor vista del campus. La habitación de al lado tenía la mejor, pero la rechacé porque tenía problemas con la calefacción.

Aquella habitación estaba ocupada en última instancia por alguien que rápidamente se convirtió en mi amigo, un budista llamado Zach. Zach era estudiante de filosofía, suave a la hora de hablar y metodológico a la hora de pensar, lo que hacía de él un combatiente intelectual excelente. A las pocas semanas de empezar el semestre ya éramos buenos amigos, y me había embarcado con él en la *dawah* más de una vez.

> **Dawah.** La práctica de invitar a la gente al islam

199

El destino quiso que Zach asistiera a algunos encuentros del Club de Filosofía, donde David era el presidente, y los dos congeniaron. Así que David y yo nos hicimos buenos amigos de Zach independientemente. Después de descubrir nuestra mutua amistad, los tres empezamos a pasar tiempo juntos. Éramos un trio variopinto, y servíamos de base a unos cuantos chistes.

Un día en particular, cuando un musulmán, un cristiano y un budista estaban sentados en una cafetería, saqué a relucir la doctrina cristiana final que continuaba ofendiendo mi sensibilidad: **la expiación sustitutoria**. Era parte de mis continuos esfuerzos de dawah por Zach, que condujo a una escena cómica. Allí estaba yo con la esperanza de llevar a Zach al islam criticando indirectamente a David, que nos estaba evangelizando a ambos. En medio de eso estaba Zach atrapado, que no quería nada. Literalmente. Su objetivo como budista era lograr la nada.

> **Expiación sustitutoria.** La doctrina de que Jesús es capaz de tomar y pagar por los pecados del hombre

—Ya ves, Zach —pontificaba yo bulliciosamente, señalándole con mi zumo—, el islam es una religión justa. No tiene nada de esa tontería de que una persona al azar tiene que sufrir por tus pecados.

—¡Espera un momento! —David escupió su zumo, intentando interponerse. Yo pasé por encima de él.

—Espera un momento tú, ¡todavía no he terminado! Como estaba diciendo, según el islam, todos compareceremos delante de Dios, cada uno responsable de sus pecados. Nadie podrá interceder por nosotros. Nuestras vidas espirituales son responsabilidad nuestra, y si nuestras buenas obras sobrepasan nuestros pecados, iremos al cielo. Si nuestros pecados sobrepasan nuestras buenas obras, iremos al infierno. Eso es justo y equitativo. ¿Ves lo que estoy diciendo?

Zach estaba impasible, como era normal en él.

—Lo veo.

—Por supuesto, si Dios desea ofrecernos su gracia, Él puede. Él es Dios, después de todo. Pero lo que no puede ser de ningún modo es que Dios tome tus pecados y los ponga en un hombre inocente, como si ese hombre pudiera ser castigado por tus crímenes mientras tú te vas de rositas. ¿Qué clase de justicia es esa?

David estaba sonriendo, pero parecía listo para saltar encima de la mesa.

—No lo estás explicando de forma justa.

—Joroba cuando la gente no es justa, ¿verdad? Baja esos humos. Sigue bebiendo tu zumo. Tengo una cosa más que decir.

Todos estábamos riendo. Aquello era divertido, aunque el tema era muy serio. Yo quería presentar mi ilustración más conmovedora antes de devolverle la conversación a David, quien tenía mucho que decir, obviamente.

—La deuda nacional ahora mismo es, ¿cuánto, siete billones de dólares? Supón que voy al presidente Bush y le digo: "Oiga, George, ya sé que nuestra deuda es de siete billones, pero puedo pagarlo. Aquí tiene un dólar, eso debería cubrirlo". ¿Qué crees que diría Bush?

Zach no movía ni un pelo.

—Diría que eres idiota.

—¡E-xac-to! —dijo yo acentuando cada sílaba mientras pinchaba con mi vaso a David.

Zach quería que se lo explicase.

—¿Qué intentas decir?

—Digo que no encajan los cálculos. Igual que un dólar no puede pagar billones de dólares de deuda, la muerte de

> **Soteriología.** La doctrina o el estudio de la salvación

Jesús en la cruz no puede pagar por los pecados de todo el mundo. Incluso aunque un hombre pudiera pagar por los pecados de otro, eso no quiere decir que solo un hombre pague por miles de millones de pecadores. Así que no solo la **soteriología** cristiana es injusta, sino que está mal calculada. ¿Y el islam, por otro lado? Simple, fácil de entender, totalmente justo.

Con esto, regresé a mi zumo con un aire triunfante de finalidad.

La mirada de Zach se perdió en la distancia, pensativo.

—Bueno, eso tiene sentido, supongo.

David no estaba de acuerdo con nada.

—¿Ya has terminado? —preguntó él directamente, con una media sonrisa y claramente molesto.

—Qué va, acabo de empezar a beber.

—Me refiero a tu diatriba.

—Tu turno.

Buscando a Alá, encontrando a Jesús

Una vez más había presentado argumentos que conocía desde la infancia para defender mi causa contra el cristianismo, y me sentía seguro en su firmeza. Engreído, incluso.

—Estás aislando inapropiadamente doctrinas cristianas para defender tu causa, Nabeel.

No tenía ni idea de lo que estaba diciendo, así que me quedé tan ancho.

—Procede.

—Tú sabes bien que la doctrina cristiana enseña que Jesús es Dios, aunque tú sacas eso de la ecuación cuando criticas la teología. Dios no está forzando "a una persona al azar" a sufrir por nuestros pecados. Él mismo está pagando por ellos.

»Una analogía mejor sería la de un hijo que ha robado en el negocio de su padre. Si después de gastar los bienes el hijo regresa al padre y busca con sinceridad su perdón, está dentro del derecho del padre perdonarlo. Pero no quedaría todo resuelto; las cuentas no están equilibradas. Alguien tiene que pagar las consecuencias de los bienes robados. Si el padre quiere, él tiene todo el derecho a pagar por la deuda de su hijo con su propio dinero. Eso es justo.

Yo estaba confundido.

—¿Quién es el hijo?

—Nosotros somos el hijo y Dios es el padre. Nosotros hemos contraído una deuda contra Dios, y no podemos devolvérsela. Así que en Su misericordia, Él paga nuestros pecados por nosotros. La paga de nuestro pecado es la muerte, y Él murió en nuestro beneficio, equilibrando las cuentas.

Yo estaba sentado en silencio, sorbiendo mi zumo. Zach metió baza.

—De acuerdo, David, creo que entiendo lo que dices. Como nuestros pecados son contra Dios, Dios tiene el derecho de perdonarnos. Y si Jesús es Dios, entonces Jesús puede pagar por nuestros pecados.

David lo pensó.

—Sí, supongo que se puede explicar de ese modo.

Yo no estaba convencido.

—Pero eso todavía no explica cómo una persona puede pagar por todos los pecados de la humanidad.

—Nabeel, sigues olvidando que esta no es cualquier persona. ¡Es Dios! No es como pagar billones de dólares de deuda con un dólar.

¡Es pagar billones de dólares de deuda con una cuenta corriente infinita! La vida de Dios vale más que todo el resto de las vidas del universo juntas. Su muerte suple de sobra todas las muertes que el resto de nosotros nos merecemos.

Miré a Zach para ver lo que pensaba, esperando apoyo. Él me devolvió la mirada impasible, como diciendo: «Es tu turno». Yo rehíce mis ideas.

—Muy bien, David, hay otro problema. Has estado dando por hecho todo el tiempo que si alguien peca, eso significa que tiene que morir. Eso no me lo creo.

—Es lo que dice la Biblia. Romanos 6.23.

Siempre me impresionaba cuando David citaba referencias bíblicas, pero también me fastidiaba. Yo rara vez conocía las referencias de la doctrina islámica, porque la mayoría de lo que sabía venía de mis profesores, quienes tampoco conocían las referencias. En esta ocasión, esta referencia a la Biblia agudizó nuestro desacuerdo.

—Sinceramente, no me importa si la Biblia lo dice; no tiene sentido. ¿Qué clase de juez es aquel que castiga el crimen más pequeño con el mismo juicio que el más atroz? Piénsalo. Imagina que te mandan a juicio por cruzar mal una calle. El chico que va antes que tú es condenado por violación y asesinato y sentenciado a muerte. Entonces a ti te encuentran culpable de haber cruzado indebidamente una calle, y también te sentencian a muerte. Olvida la injusticia. Ese juez sería cruel, ¡probablemente un sádico!

Este argumento tenía implicaciones reales para mi corazón. Yo sabía que era un pecador y que a veces me había rebelado contra los mandamientos de Dios y había elegido mi propio camino por encima de Sus dictados. Pero puesto que los musulmanes creen que la salvación es una cuestión de hacer más buenas obras que malas, nunca sentí verdadera angustia por mis pecados, porque creía que yo estaba en el lado positivo de la balanza. Para mí, el pecado era malo, pero no tanto.

Pero si era verdad que todos los pecados eran tan devastadores que conducían al infierno, ¿qué oportunidad tenía? Por supuesto, Alá podía mostrar misericordia, pero el Corán dice que Alá no ama a los pecadores. ¿Qué razón tendría para perdonarme a mí?

David debía tener alguna idea porque habló hacia la cuestión central del problema. Sacudió la cabeza y dijo solemnemente:

—Nabeel, sigues viendo las doctrinas cristianas desde una perspectiva islámica. El cristianismo enseña que el pecado es tan destructivo que destroza el alma y destruye mundos. Es como un cáncer que lentamente lo consume todo. Por esta razón este mundo pasó de la perfección en el jardín del Edén a ser el sitio enfermo y depresivo que es hoy. ¿Crees que Dios permitiría algo de esto en el cielo? Por supuesto que no. Si el cielo va a ser un lugar perfecto, por definición no puede haber pecadores en él. Ninguno.

Sus últimas palabras se quedaron en el aire, y su gravedad poco a poco fue calando. Después de unos cuantos minutos intensos, yo hablé.

—¿Entonces qué esperanza nos queda, David?

David sonrió tranquilizadoramente.

—Solo la gracia de Dios.

—¿Pero por qué me daría Él Su gracia?

—Porque te ama.

—¿Por qué me amaría a mí, un pecador?

—Porque es tu Padre.

> ¿Era así como me amaba realmente Dios? ¿Podría Dios ser así de amoroso? ¿Podría ser así de maravilloso?

Las palabras de David me golpearon con fuerza. Había escuchado a los cristianos llamar a Dios «Padre», pero nunca lo había entendido. Solo cuando intenté imaginarme por qué Dios me daría gracia y misericordia cuando no las merecía empecé a atar cabos.

No podía hablar. Todo estaba conectado. ¿Alguna vez había preguntado por qué me amaba Abba? Me había amado desde que nací, desde el día que pronunció por primera vez el adhan en mi oído, no por nada que yo hubiese hecho sino porque era mi padre. Nunca dudé de su amor y generosidad hacia mí, no porque yo me hubiera ganado su favor, sino porque era su hijo.

¿Era así como me amaba realmente Dios? ¿Podría Dios ser así de amoroso? ¿Podría ser así de maravilloso?

Era como si hubiera conocido a mi Padre Celestial por primera vez. Después de haber enfrentado la depravación de mis pecados, Su amor y perdón eran más que dulces. Este Dios, el Dios del evangelio, era hermoso. Estaba embelesado por su mensaje. Mi corazón y mi mente estaban atrapados en los comienzos de una revolución.

Capítulo treinta y cinco

EVALUANDO EL EVANGELIO

LOS TRES DEJAMOS el Tropical Smoothie Café, nos subimos en mi coche y nos dirigimos de regreso al campus. Mientras conducía, continué procesando lo que acababa de entender. Era como si la última estría de una llave hubiera caído en su lugar y mi mente comenzase a volverse al mensaje.

David podía sentir que todavía estaba procesándolo, y decidió interactuar con Zach, dándome espacio, mientras me permitía la oportunidad de interactuar si así lo decidía.

—Entonces, Zach, ¿cómo crees que se compara la causa del cristianismo con la del budismo?

Zach ya había estado con David en una de las reuniones del Dream Team de Mike, así que estaba acostumbrado a esa clase de preguntas. Respondió desde el asiento trasero:

—No hay una causa a favor del budismo. Es un camino que puedes elegir seguir. Yo lo seguí por la meditación, pero no le diría a otro que lo siguiera o que es verdad en algún sentido. El cristianismo en realmente único en eso. Con el cristianismo, o Jesús murió y se levantó de la tumba o no lo hizo. Eso es algo con lo que puedes montar una causa.

Esto captó mi atención, y no pude evitar responder.

—Creo que tienes razón en una cosa, Zach. Puedes defender la causa del cristianismo, pero también creo que puedes hacer lo mismo con el islam.

Esta era la puerta abierta que David quería.

—De acuerdo, Nabeel, ya es hora de ser hombres de verdad. Tú dijiste que la causa a favor del cristianismo descansaba en tres cosas: que Jesús aseguró ser Dios, que murió en la cruz y que resucitó de los muertos. Hemos estudiado todas esas cuestiones. En una escala de cero a cien, con cero significando sin fundamento y cien siendo la mejor explicación, ¿cómo de probables históricamente crees que son estas afirmaciones?

Aquel era el momento de la verdad. Nuestra conversación en el café había ablandado mis barreras, y no estaba en posición defensiva. Consideré su pregunta cuidadosamente antes de responder.

—Entre ochenta y ochenta y cinco. Es bastante fuerte.

No tuve que mirar al asiento del pasajero para saber que David estaba impresionando.

—¿Dónde pones el islam?

De repente entré en posición defensiva, y la defensa automática de mi fe saltó.

—David, es el cien por cien. No hay agujeros en la causa del islam. Cualquiera que estudie la vida de Mahoma sinceramente terminará concluyendo que era el profeta de Alá, y cualquiera que se acerque al Corán objetivamente quedará asombrado por sus verdades científicas y sus hermosas enseñanzas.

Ahora bien, yo sabía, igual que David y Zach, que no había estudiado el islam con el mismo escrutinio cuidadoso que el cristianismo. Pero para mí, como para muchos musulmanes, la valoración acrítica y reverencial del islam era un hecho. Es tan parte de la cultura y la herencia islámicas como las mismas lenguas que hablan los musulmanes, y es absorbida de modo muy similar: todo el mundo a nuestro alrededor funciona en ese paradigma. Así que mi atrevida respuesta a David no era obstinación, era el filtro por medio del cual veía el mundo.

> Para mí, como para muchos musulmanes, la valoración acrítica y reverencial del islam era un hecho.

David no insistió en mi respuesta presuntuosa.

—¿Esos son tus dos criterios? ¿Mahoma y el Corán?

—Sí, eso creo. Si puedo demostrar con un alto grado de probabilidad que Mahoma es un profeta de Dios, entonces puedo concluir que el mensaje que portó es verdad. O si puedo mostrar que el Corán es un libro inspirado divinamente, entonces podré concluir que el mensaje que enseña es cierto.

Aunque David me dio algo de crédito, Zach no lo hizo. Soltó una risa incrédula y me puso en mi lugar.

—¿De verdad crees que la causa del islam es del cien por cien? Venga ya. ¡Nada es tan fuerte!

—Creo que el islam lo es, Zach. Es difícil de creer, lo sé. Pero si lo analizaras, verías lo que quiero decir.

Zach no me daba ni un poco de aire.

—Si realmente piensas así, ¿entonces por qué no vienes a la próxima reunión del Dream Team en casa de Mike y haces un alegato?

—¿Un alegato a favor del islam?

—Bueno, puedes empezar o con Mahoma o con el Corán, y seguiremos desde ahí. Estoy seguro de que Mike no tendrá ningún problema. Acabamos de terminar de hablar del budismo, así que de todos modos estamos buscando un nuevo tema.

Cuanto más pensaba en la idea, más me gustaba. Lo veía como una oportunidad para la dawah, y como no estábamos planeando hablar del cristianismo, sentía como si estuviera más al control de la conversación que Abba y yo habíamos tenido cuando discutimos la muerte de Jesús.

—Claro. Empecemos con Mahoma la próxima vez, y discutiremos el Corán después.

David comprobó el calendario y determinó que la siguiente reunión del Dream Team se celebraría en dos semanas. Habíamos establecido nuestros planes, y todos lo esperábamos por nuestras propias razones.

A pesar de todo, no tenia ni idea de que estaba llegando al final de una era. Había aceptado inocentemente el mundo que había sido construido para mí por mi familia y mi cultura, un mundo en el que el islam era inatacable. Lo que tenía delante de mí era el dramático desmantelamiento de mi propio fundamento.

Para leer la contribución experta sobre la trinidad y el evangelio por Robert M. Bowman Jr., director de investigación del Institute for Religious Research en Grand Rapids, Michigan, y autor de numerosos artículos y libros, visita contributions.NabeelQureshi.com.

Parte 7

LA VERDAD
ACERCA DE
MAHOMA

———— ··· ————

¿Cómo puedo dar testimonio de que Mahoma ﷺ es Tu mensajero?

Capítulo treinta y seis

MAHOMA REVISADO

EL MENSAJE DEL ISLAM está entrelazado con su mensajero. La lealtad a uno implica lealtad al otro; a menudo se define así. Lo que es sorprendente es que no ocurre lo mismo con Alá. Los musulmanes que cuestionan a Alá suelen ser tolerados por otros musulmanes, pero cuestionar a Mahoma es causa de excomunión, o peor.

Aunque todo musulmán admitiría raudo que Mahoma es humano, en teoría falible como cualquier otro hombre, a menudo lo veneran como intachable. Para ello, la teología islámica le concedió el título de *al Insan al Kamil,* «el hombre que ha logrado la perfección».

Pero mucho más cerca del corazón del musulmán, Mahoma es el hombre que encarna el islam, un símbolo para toda la civilización islámica. Debido al hadiz y a la tradición, la religión, la cultura, la herencia y la identidad musulmanas encuentran su epicentro en la persona de Mahoma. Es por eso que los musulmanes ven un ataque a su personaje equivalente a un ataque personal hacia ellos y hacia todo lo que representan.

Por eso, también, en general, los musulmanes no pueden discutir desapasionadamente de Mahoma. Llevan consigo su inmenso bagaje, y sin duda la discusión acabará teñida de cosas sin relación aparente, como la lealtad al clan o incluso asuntos actuales entre Israel y Palestina.

Así que nadie entendía realmente la profundidad de mis motivos cuando regresé a la salita de Mike para debatir sobre Mahoma. Estaba nervioso, esperando hacer una buena defensa de Mahoma y glorificar el islam representándolo con vigor. Los otros asistentes estaban allí para aprender y estaban preparados para examinar críticamente lo que tenía que decir.

Si hubieran sabido los efectos que tendrían sus preguntas, probablemente habrían sido más amables. Echando la vista atrás, me alegra que no lo supieran.

La concurrencia era más variada de lo que esperaba. Por supuesto, Mike, David y otros cuantos cristianos estaban allí, y Zach estaba representando el budismo, pero también había ateos y agnósticos de vidas dispares: un detective de policía, un astrofísico y un par de profesores de escuela.

Después de las presentaciones vino mi turno. Usé un caballete y un rotafolio para montar mi causa por Mahoma, compartiendo la información que me había moldeado desde la infancia. El resultado fue una descripción del islam y la historia islámica que los musulmanes a menudo comparten con los no musulmanes en Occidente como un intento de construir puentes y quizá ganar algunos convertidos.

> Si hubieran sabido los efectos que tendrían sus preguntas, probablemente habrían sido más amables. Me alegra que no lo supieran.

La gran preocupación en el Occidente posterior al 11-S entre los musulmanes era distanciarse de la imagen violenta del islam, y eso era particularmente cierto para mí como musulmán ahmadí. Empecé enfatizando que el islam es una religión de paz y que Mahoma fue el hombre más misericordioso y pacificador de la historia. Les aseguré a todos que los ataques del World Trade Center y el Pentágono no representaban el islam, transmitiendo un aforismo que había escuchado recientemente de un imán: «Los terroristas que secuestraron los aviones el 11 de septiembre también secuestraron el islam».

Les expliqué que la palabra *islam* en realidad viene de la misma raíz árabe que significa «paz», y la vida de Mahoma lo refleja. Conté la historia de la misericordia de Mahoma el día que conquistó La Meca, cuando perdonó a los mequíes a pesar de lo horriblemente mal que habían tratado a los musulmanes. También debatí las otras batallas donde Mahoma luchó, enfatizando que fueron todas en defensa propia y que Alá había intervenido milagrosamente para darle a Mahoma Su sello divino de aprobación.

Después proporcioné argumentos de otra clase diferente, como las visiones milagrosas de Mahoma sobre ciencia. Este es un paso común en los apologistas musulmanes. Defendí que Mahoma tenía conocimientos en materias como embriología, astronomía y geología, conocimientos que solo podía haber adquirido si Alá se los hubiese revelado. De nuevo, esto mostraba que Mahoma tenía la bendición de Alá y que era un verdadero profeta.

Otra técnica común en la dawah entre los apologetas musulmanes es construir puentes refiriéndose a la Biblia mientras anticipan el argumento de que el islam es la culminación de los mensajes del Antiguo y el Nuevo Testamento. Para conseguir esto, señalé dos pasajes de la Biblia, uno del Antiguo Testamento y uno del Nuevo, como profecías acerca de Mahoma. El primero era Deuteronomio 18.18, que habla de un profeta como Moisés que vendría. Defendí que ese tenía que ser Mahoma, puesto que Jesús no se parecía en nada a Moisés. Después me referí a Juan 16.12-13, y defendí que Jesús señaló hacia un consolador o consejero prometido que vendría después de su tiempo y lideraría a la gente a la verdad. Ese hombre tenía que ser Mahoma, puesto que después de Jesús no emergió ninguna otra figura religiosa grande excepto él.

Continué defendiendo que el islam era el mensaje final y que Mahoma no había venido como alguien que abole el judaísmo y el cristianismo, sino como quien los refuerza y redirige hacia el único y verdadero Dios. El mensaje de Mahoma —la justicia del «ojo por ojo» de Moisés combinado con la misericordia de «poner la otra mejilla» de Jesús— era el corazón del islam, el mensaje final para toda la humanidad. En el transcurso de ese último punto dejé claro que los musulmanes adoran al mismo Dios que judíos y cristianos.

Hablé cerca de cuarenta y cinco minutos y sentía que había representado bien al islam y que había defendido el profetismo de Mahoma con celo.

Pero entonces llegaron las preguntas.

Eran preguntas simples e inocuas de clarificación, igual que las que yo les hacía a los cristianos acerca de la trinidad. Pero por primera vez, yo era el que las recibía.

Mike empezó.

—Nabeel, tengo una pregunta para ti. He escuchado decir que el islam se extendió por la espada, pero tú dices que Mahoma solo se implicó en batallas defensivas. ¿Puedes decirme por qué tu posición es más acertada?

Esta pregunta era bastante común, así que respondí rápido:

—El Corán enseña *la iqraha fi ad-dini*[77] —los imanes a menudo recitan el árabe para añadirle un aire extra de autoridad, así que yo hice lo mismo—. Este versículo se traduce como "no hay coacción en la religión", y Mahoma siguió el Corán con tanta exactitud que prácticamente fue una versión viviente de él. No tendría sentido que Mahoma expandiera el islam por la espada mientras predicaba que no hay coacción en la religión.

Siempre que había discutido sobre el islam en el pasado, la gente había considerado esta respuesta adecuada, pero resultaba que Mike había leído un poco acerca del islam mientras se preparaba para su debate con Shabir, y estaba preparado para seguir ahondando.

—Pero Nabeel, hay otros versículos en el Corán, como el de "matad a los infieles dondequiera que los encontréis".[78] ¿Cómo sabemos que el versículo que tú citas tiene prioridad?

Por fortuna, había escuchado explicar esta cuestión en una jutba recientemente, así que tenía una respuesta preparada.

—Ese versículo se refiere a una circunstancia muy específica, cuando los politeístas de La Meca habían violado un contrato con los musulmanes. No es un principio general. El principio general es la paz.

Entonces Mike hizo la pregunta más simple, aunque también la más devastadora.

—¿Cómo sabes eso?

—¿Perdona?

—¿Cómo conoces el contexto histórico del Corán?

—Del hadiz, los libros que registran las tradiciones acerca de Mahoma.

—¿Pero cómo sabes que esos son de confianza? Recuerda, Nabeel, que yo soy historiador. Son preguntas que hago sobre documentos históricos, incluso cuando se investiga críticamente el cristianismo. Puedo confiar en los evangelios porque los cuatro fueron escritos poco después de la vida de Jesús, en la comunidad de los testigos. ¿Cómo sabemos que los libros de hadices son de confianza? ¿Fueron escritos tempranamente? ¿Fueron escritos por testigos presenciales?

El cambio de roles me resultaba difícil. Nunca había visto a nadie cuestionando la tradición islámica del modo en que siempre cuestionábamos la Biblia. Era inaudito. En la habitación el resto de los asistentes se inclinaban hacia delante en sus asientos, intrigados por ver cómo progresaba esa línea de preguntas. Yo rehíce la información que había aprendido en el curso de mi vida.

> Nunca había visto a nadie cuestionando la tradición islámica del modo en que siempre cuestionábamos la Biblia. Era inaudito.

—Mike, los testigos presenciales del tiempo de Mahoma pasaron las historias oralmente hasta que fueron escritas. Aquellos que las escribieron eran hombres respetables que pensaban críticamente, asegurándose de que la cadena de transmisión de cada historia fuera fuerte. Por eso podemos confiar en el hadiz.

Era lo mejor que tenía, pero Mike no estaba satisfecho.

—Veo lo que dices, ¿pero cómo podemos saberlo, Nabeel? ¿Cuándo fueron recogidos finalmente?

Preparándome para el diluvio de críticas que vendría, respondí:

—Unos doscientos o doscientos cincuenta años después de Mahoma.

Todos al mismo, los que estaban en la sala se echaron hacia atrás en sus asientos, como si ya se hubiera sentenciado la cuestión. Tal vez solo fueron unos cuantos, pero en definitiva yo percibí que la sala entera había comenzado a volverse en contra de mi posición.

Mike retomó su argumento y habló en un tono suave, intentando no sonar despectivo.

—Nabeel, doscientos cincuenta años realmente es mucho tiempo para poner por escrito las historias. Las leyendas florecen con libertad en ese periodo de tiempo. Los villanos se vuelven mucho más villanos, los héroes se hacen mucho más heroicos, las verdades feas se olvidan y se crean muchas historias enteramente de la nada.

Entendía lo que Mike estaba diciendo, pero él infravaloraba la autoridad en nuestra cultura, casi de una forma ofensiva. ¿Qué

La verdad acerca de Mahoma

derecho tenía Mike a cuestionar a los grandes imanes de la antigüe-
dad, como el imán al-Bujari y el imán Muslim? ¿O simplemente
estaba queriendo decir que aquellos que traspasaron las tradiciones,
las grandes personalidades como Hazrat Aisha o Hazrat Ali, no eran
de confianza?

Mike estaba poniendo la fiabilidad de los primeros musulmanes
en duda, y ese es un concepto tan absurdo para los musulmanes que
nunca se había siquiera discutido. Sus preguntas me sacudieron a
muchos niveles.

—Mike, tú no conoces a la gente a la que estás cuestionando. Ellos
eran grandes hombres y mujeres con agudos intelectos y corazones
honestos. Es por la virtud de sus caracteres que el hadiz es de fiar.

—Tienes razón, Nabeel —intercedió David—. Mike no conoce a
esta gente. Pero lo que él está diciendo es que tú tampoco. Las fuentes
son demasiado tardías, no tenemos un modo fiable de comprobar el
carácter de las personas que transmitieron las historias.

Mike agitó la cabeza.

—No, no quiero decir eso, aunque es un argumento válido. Lo
que digo es que incluso las personas más honorables y bienintencio-
nadas que escribieron esas tradiciones siguen siendo personas. Las
historias crecen con el tiempo, especialmente si se han apartado de la
fuente durante generaciones. Esto es especialmente cierto en las historias que se refieren a una figura que es importante para la identidad
de una cultura, como Mahoma lo era para los primeros musulmanes.
Simplemente no podemos estar seguros de lo exactas que son esas
historias.

David y Mike continuaron interactuando el uno con el otro, y
pronto más y más voces contribuyeron a la conversación, a menudo
explorando varios puntos que yo había presentado. Los cristianos de
la sala parecían más implicados en la discusión, especialmente cuando
desafiaron las profecías sobre Mahoma en la Biblia. Defendían que
yo había dejado de lado aspectos importantes de los versículos que
había citado, como el hecho de que en Deuteronomio el que iba a
venir sería israelita, y que el Consolador de Juan estaba identificado
como el Espíritu Santo.

Por otro lado, los agnósticos y Zach observaban más que parti-
cipaban, pero hicieron unas cuantas preguntas acerca de Mahoma y

la ciencia, desafiando la idea de que la embriología y la astronomía fueran desconocidas en la época de Mahoma. Pero yo no era capaz de procesar realmente sus argumentos. Había quedado tan desconcertado mentalmente por la primera línea de preguntas que ahora estaba a la defensiva y era incapaz de asimilar nada más de nuestras conversaciones.

De hecho, yo no cambié de opinión acerca de nada aquella noche. Solo me importaba una cosa, y me importaba muchísimo: había fallado a la hora de mover la mente o el corazón de una sola persona hacia el islam. Todo mi entusiasmo, preparación y oraciones no habían sido eficaces. Lejos de conseguir mi objetivo, en realidad iba a marcharme con la sensación de derrota. ¿Por qué era incapaz de defender a Mahoma, un hombre que no necesitaba defensa? ¿Por qué no había podido conseguir ningún progreso en las conversaciones?

Al final de la tarde mis amigos me convencieron de que tenía que estudiar con más detalle para descubrir la verdad acerca de Mahoma. Lo sorprendente es que lo hicieron sin decir nada específico acerca de las acciones o el carácter de Mahoma, así como tampoco nada negativo que me forzara a una postura defensiva.

Decidí estudiar a Mahoma desde el principio, con ojo crítico en dirección a la pregunta: «¿Cómo lo sabemos?». Decidimos que regresaría a otra reunión del Dream Team para un segundo debate acerca de Mahoma antes de abordar el Corán.

Pero aquellas charlas nunca sucedieron. Lo que descubrí acerca de Mahoma arrojó a la cuneta algo más que unos cuantos planes.

Capítulo treinta y siete

EL PROFETA IDEAL

CASI TODO LO QUE LOS MUSULMANES saben acerca de Mahoma llega a ellos de forma oral, rara vez de las fuentes primarias. A diferencia de los cristianos, que aprenden de Jesús en la Biblia, el Corán tiene poco que decir acerca de Mahoma. Ya sea en Oriente o en Occidente, los musulmanes normalmente solo escuchan historias acerca de él. No tienen un concepto de los detalles que pudieron haber sido distorsionados por accidente o intencionadamente alterados. Se vuelve una sorpresa para muchos de ellos, como lo fue para mí, que incluso en los primeros registros de la vida de Mahoma se admita expresamente que hubo alteraciones intencionales.

La primera biografía de Mahoma, *Sirat Rasul Allah*, de Ibn Ishaq, llegó a nuestros días solo mediante la transmisión de un biógrafo posterior, Ibn Hisham. En su introducción, Ibn Hisham explica que él alteró la historia de la vida de Mahoma. «Cosas que es vergonzoso discutir, cuestiones que afligirían a ciertas personas y reportes tales que como [mi maestro] dijo no podían ser aceptados como de confianza… todas estas cosas las he omitido».[79]

Esto muestra que incluso los primeros registros de la vida de Mahoma son versiones alteradas de historias previas que también fueron alteradas.

> Incluso los primeros registros de la vida de Mahoma son versiones alteradas de historias previas que también fueron alteradas.

Yo no dudo de que Ibn Hisham tuviera nobles intenciones, pero eso no cambia el hecho de que alteró la historia de Mahoma para hacerla más apetitosa y sacar aquellos detalles que consideraba increíbles. La misma filtración ocurre con nuestros padres y profesores cuando ellos traspasan las tradiciones acerca de la vida de Mahoma.

Lo que aprenden los jóvenes musulmanes acerca de Mahoma es un retrato retocado —esta mancha quitada y esta característica enfatizada— que le hace encajar en una imagen deseada. A través de la citación selectiva, Mahoma se convierte en el profeta ideal.

El amplio cuerpo de la literatura del hadiz y la sirah facilita especialmente este fenómeno. Si un musulmán occidental quiere fabricar un retrato pacífico de Mahoma, todo lo que tiene que hacer es citar hadices y versículos pacíficos del Corán, excluyendo los violentos. Si un extremista islámico quiere movilizar a sus seguidores hacia actos de terrorismo, citará las referencias violentas, excluyendo las pacíficas.[80]

Este método de citación selectiva está generalizado, y a veces es atroz. Por ejemplo, el versículo coránico que he visto citado más que ningún otro para defender la visión pacífica del islam es el 5:32. Lo he visto citado en la CNN, la MSNBC, la ABC, y en innumerables materiales de dawah para demostrar que el Corán se opone al asesinato. Lo que omite cada una de esas referencias es la primera línea del versículo, que deja explícito que la prohibición de asesinato estaba dirigida específicamente a los judíos; no era una enseñanza enviada a los musulmanes. Es el siguiente versículo el que se refiere directamente al islam y a los musulmanes: «Retribución de quienes hacen la guerra a Alá y a Su Enviado y se dan a corromper en la tierra: serán muertos sin piedad, o crucificados, o amputados de manos y pies opuestos, o desterrados del país». Por desgracia, este versículo también es ignorado en el proceso de citación selectiva.

Yo no supe nada de esto hasta que busqué la verdad por mí mismo. Decidí empezar a estudiar la vida de Mahoma asiéndome mejor a la información disponible. Una vez hubiera entendido el material, sería capaz de determinar cómo enfocar mejor su historicidad.

Le pedí ayuda a David, y él estuvo encantado. Había dado una conferencia a principios de su carrera universitaria que ensalzaba a Mahoma como un líder grande e influyente, y tenía ganas de revisar lo que había aprendido con un ojo más crítico. Prometió que volveríamos a ello en un futuro cercano.

Mientras tanto, decidí empezar a leer todo el hadiz que pudiera caer en mis manos. La biblioteca de Abba tenía una copia completa del Sahih al-Bujari, los nueve volúmenes, así que me eché sobre la panza en el suelo y empecé por ahí. Esta era la colección que casi todos los musulmanes consideran más auténtica históricamente, así que esperaba que perfilase la misma impresión de Mahoma que siempre había conocido.

Por primera vez en mi vida, en vez de ser dirigido a un hadiz, los estaba leyendo con mis propios ojos, directamente de la fuente. No me llevó mucho darme cuenta de que el Mahoma que había llegado a conocer era una versión filtrada. Sinceramente, me llevó unos treinta segundos.

En el primer volumen, el tercer hadiz contaba la historia familiar de la primera revelación de Mahoma en la cueva de Hira. Incluía los detalles que había aprendido de niño, pero había más pormenores aquí de los que había escuchado antes. En vez de relatar que el ángel simplemente le pidió a Mahoma que recitase, Mahoma informa de que «el ángel me agarró con tanta fuerza y me presionó con tanta vehemencia que no podía soportarlo más». Cada vez que el ángel le pedía a Mahoma que recitase, el ángel «presionaba» tanto a Mahoma que él no podía soportar la presión. Después de sus encuentros con el ángel, Mahoma regresó a su esposa aterrorizado, «con su corazón latiendo gravemente». Después de esto, el ángel no regresó por un tiempo y «la divina inspiración cesó».

Esta no era la imagen de Mahoma que yo había conocido. Era cruda, mucho menos halagadora. Aquí había una versión de Mahoma sin filtros, o como mínimo menos filtrada. Y más aun, había una referencia cruzada a otro hadiz en Sahih al-Bujari que lo elaboraba más: 9.111. Saqué el volumen nueve de la estantería de Abba, encontré el hadiz 111 y leí.

En un instante el hadiz hizo pedazos mi ilusión de familiaridad con Mahoma. Decía que cuando vio a Gabriel, «los músculos de su cuello se contrajeron de terror», y cuando Gabriel se fue por un tiempo, el profeta se deprimió tanto «que intentó varias veces lanzarse desde las cimas de las altas montañas, y cada vez que subía a lo alto de una montaña para lanzarse, Gabriel aparecía delante de él y decía: "¡Oh, Mahoma! Tú eres en verdad el apóstol de Alá", con lo cual su corazón se tranquilizaba y él se calmaba».

Yo estaba impresionado, sin palabras. ¿Acaso estaba realmente diciendo este Sahih al-Bujari que Mahoma contempló el suicidio?

Como para enfatizarlo, el hadiz siguió diciendo que siempre que la pausa en la inspiración se hacía larga, «él hacía como antes, pero cuando solía alcanzar lo alto de una montaña, Gabriel aparecía delante de él».

Yo estaba impresionado. ¿Acaso estaba realmente diciendo este Sahih al-Bujari que Mahoma contempló el suicidio?

Miré fijamente el libro incapaz de creerlo. Lejos de una noble llamada al profetismo, Mahoma fue acosado violentamente por una fuerza espiritual que lo aterrorizó, conduciéndolo a contemplar el suicidio en múltiples ocasiones. Y esto no estaba en cualquier libro, estaba en el Sahih al-Bujari, el libro de hadiz más fiable.

Fue entonces cuando comencé a darme cuenta de que había heredado una imagen retocada de Mahoma.

Por supuesto, el Mahoma real no era una imagen. Él era un hombre histórico con un pasado real. Ese era el Mahoma que yo me decidí a conocer, y si estaba, se encontraría en las páginas de la historia. Pero era como si cada esfuerzo por reagrupar y aprender más resultase en otra bomba lanzada.

Capítulo treinta y ocho

DISIMULANDO LA VIOLENCIA

A MIENTRAS CONTINUABA LEYENDO el volumen 1, el hadiz 3, encontré muchos hadices con enseñanzas que había escuchado a menudo, incluyendo que los musulmanes debían evitar herir a los demás (1.10), alimentar a los pobres y recibir a los extraños con amabilidad (1.11), e incluso seguir la regla de oro (1.12). Sin duda, este era el islam pacífico y amable que siempre había conocido.

Pero cuando llegué al hadiz 1.24 abrí la boca de la impresión.

En él, Mahoma dice: «He sido ordenado por Alá a luchar contra la gente hasta que testifiquen que nadie tiene el derecho a ser alabado salvo Alá y que Mahoma es el mensajero de Alá, y ofrezcan las oraciones perfectamente y den la caridad obligatoria… entonces salvarán sus vidas y propiedades de mí».

¿Me estaban jugando una mala pasada mis ojos? Mahoma estaba diciendo que pelearía contra la gente hasta que se volviesen musulmanes o hasta que los matase y tomase sus propiedades. ¡Eso era imposible! Iba en contra de todo lo que sabía de Mahoma, y contradecía la clara afirmación del Corán de que «no hay coacción en la religión».

Simplemente, no podía creerlo, así que rápidamente pasé al siguiente hadiz. Pero 1.25 decía que lo más grande que puede hacer un musulmán después de tener fe es enrolarse en la yihad. Como para aclarar qué clase de yihad, el Sahih al-Bujari dice: «lucha religiosa».

La disonancia mental era demasiado para soportarla. No podía procesarlo, no podía pensar, no podía ni siquiera moverme, de hecho. Desde el mismo lugar donde estaba, tumbado sobre mi tripa en la biblioteca de Abba, llamé a mi padre pidiéndole ayuda.

—¡Abba, te necesito!

Los hijos normalmente no invocan a sus padres en nuestra cultura, pero Abba escuchó mi grito y vino enseguida. Era mi padre después de todo.

—¿*Kya baat hai, beyta?* —me preguntó él mientras se acercaba con paso brioso a mí, con una nota de preocupación en la voz.

—No sé lo que hacer con esto. Mira.

Le pasé a Abba los dos libros abiertos, señalándole los hadices con los pensamientos de suicidio de Mahoma y su voto de matar o convertir a los no musulmanes. Abba lo pensó en silencio un breve espacio de tiempo. Trató de disfrazar su sorpresa, pero podía verla en él demasiado bien. Que tuviera que comprobar la cubierta de los libros para asegurarse de que realmente se trataba del Sahih al-Bujari también era un claro indicativo.

De todos modos, no delató ninguna preocupación cuando finalmente habló.

—Nabeel, hay cosas que nosotros no entendemos porque no somos expertos. Lee los libros de los expertos, y todo tendrá sentido.

—Pero Abba —protesté yo mientras Abba comenzaba a buscar por las estanterías—, si el hadiz es la más fiable de las fuentes, eso es lo que prefiero leer.

Abba encontró lo que buscaba y sacó un libro de la estantería.

—Beyta, lleva años y años aprender suficientemente bien toda esta información para sacar conclusiones apropiadas. Es bueno que hayas empezado, pero estos expertos van muy por delante de ti. Ellos hicieron las preguntas que tú te estás haciendo y encontraron las respuestas. Es sabio aprender de sus esfuerzos en vez de reinventar la rueda.

Con suavidad y firmeza colocó el libro delante de mí.

Estudié su cubierta verde y dorada. Estaba escrito por un hombre con nombre occidental, Martin Lings, y su título rezaba audazmente *Muhammad: Su vida, basada en las fuentes más antiguas.* Parecía como si Abba tuviera razón; esta era la clase de cosa que estaba buscando, una historia de la vida de Mahoma basada en las fuentes más antiguas.

Le di las gracia a Abba y decidí investigar al autor en Internet antes de leer el libro. Pronto descubrí que Martin Lings era un inglés que había estudiado en Oxford, un estudiante y amigo íntimo de C. S. Lewis. Pero a pesar de estar impregnado de la tradición protestante inglesa, se convirtió al islam sufí.

La conversión de Lings y su consiguiente libro mandaron ondas de júbilo a lo largo del mundo islámico, y se convirtió en un nombre familiar entre los musulmanes eruditos. Su sirah es reconocida por su erudición y se muestra como un ejemplo del carácter irresistible y la verdad de Mahoma. Para mí, era una señal alentadora de que los occidentales críticos que estudiaban el islam con sinceridad podían abrazar su verdad.

Con una oleada de emoción recién descubierta, regresé al libro de Lings y pasé directo a la sección acerca de la primera revelación de Mahoma. Mi entusiasmo duró poco. Aquí también encontré un retrato incompleto. Lings hacía referencia al terror de Mahoma, pero no mencionaba los pensamientos suicidas. No había absolutamente ninguna referencia a ello, ni siquiera una explicación por su omisión. Era como si Martin Lings no supiera, o no quisiera que nosotros supiéramos, que eso existió. Busqué rápidamente la orden de Alá a Mahoma de convertir o matar a los no musulmanes, y tampoco pude encontrarla.

Realmente Lings estaba usando las primeras fuentes para escribir su biografía, pero a fin de cuentas seguía siendo una biografía filtrada. Ignoraba las tradiciones problemáticas en vez de explicarlas. En ese sentido, este relato escolástico de la vida de Mahoma ampliamente aclamado no era diferente de las historias que mis padres me contaron. ¿Dónde estaba la verdad? ¿Por qué nadie se enfrentaba a las dificultades del pasado de Mahoma?

¿Dónde estaba la verdad? ¿Por qué nadie se enfrentaba a las dificultades del pasado de Mahoma?

Mientras leía el libro de Lings, topé con otra sección que desafiaba lo que sabía acerca del islam. Se titulaba «El umbral de la guerra», y el capítulo parecía decir que fueron los musulmanes los primeros agresores de La Meca después de que Mahoma migrase a Medina. Mahoma envió a ocho musulmanes a esperar el paso de una caravana comercial de La Meca durante el mes santo. Aunque era un tiempo de tregua sagrada para los árabes, los musulmanes mataron a un hombre, capturaron a otros dos y saquearon sus bienes.

Lings hizo todos los esfuerzos por exculpar a los musulmanes, pero eso no aquietó en nada mi creciente preocupación. Mis profesores me habían afirmado implacablemente que los musulmanes siempre habían sido los inocentes, las víctimas receptoras de la humillación y la persecución de los mequíes. Por eso se fueron a Medina. ¿Podría ser que Mahoma y los musulmanes fueron los primeros en derramar sangre finalmente después de ser capaces de vivir con libertad y paz?

Si había aprendido algo por medio de mis nuevas perspectivas era que no conocía la historia entera, y las biografías modernas no estaban dispuestas a contarme los hechos si no se adaptaban a sus retratos. ¿Omitía algo Lings?

Durante las siguientes semanas comencé a estudiar estos temas en Internet, y mi investigación en línea fue poco a poco consumiéndome. Descubrí montones de informaciones acerca de Mahoma que nunca había conocido. Parecía que cada punto había sido observado bajo el microscopio de investigadores en línea anónimos que o criticaban o defendían a Mahoma. Los debates tenían la misma retórica en ambos lados.

Por un lado, los no musulmanes criticaban las historias violentas acerca de Mahoma, a veces siendo gentiles en sus conclusiones, pero normalmente difamando a nuestro amado profeta. En respuesta, los musulmanes defendían a Mahoma o desestimando directamente las historias o proporcionando una explicación.

Los ejemplos de desestimación eran multitud. Uno de esos relatos es cuando Mahoma ordenó a un guerrero que asesinara a una madre de cinco hijos, Asma bint Marwan. Ella estaba dándole el pecho a un niño cuando fue asesinada, y su sangre salpicó al hijo. Cuando el asesino le dijo a Mahoma que tenía problemas con lo que había hecho, Mahoma no mostró ningún remordimiento.[81]

Aunque este relato está en las primeras biografías de Mahoma, los musulmanes de Internet señalaban que eso no estaba en el Sahih al-Bujari ni otros hadices de confianza. Por lo tanto, simplemente lo desestimaban. Como musulmán que confiaba en la compasión sin límites de Mahoma, de verdad que quería creer que tenían razón.

Pero a veces los musulmanes de Internet intentaban proporcionar una explicación para un suceso terrorífico, y yo no podía aceptarlo. Por ejemplo, en la posguerra de la batalla de las Trincheras, Mahoma capturó y degolló a unos quinientos hombres y adolescentes de la tribu judía de Qurayza. Después de matar a los hombres, los musulmanes vendieron a las mujeres y los niños como esclavos y se repartieron sus bienes.[82]

Puesto que este relato se encontraba tanto en el hadiz como en la sirah, los musulmanes de Internet no podían defender que había sido manipulado. En vez de eso, trataban de justificar las acciones de Mahoma, normalmente argumentando que los judíos habían sido traicioneros y se merecían lo que tuvieron.

Pero yo no podía aceptar estas explicaciones. El Mahoma misericordioso y amable que yo conocía como mi profeta nunca habría ordenado degollar a hombres y chicos. Era un profeta de misericordia y paz. Tampoco habría vendido como esclavos a mujeres y niños. Él era un defensor de los derechos de mujeres y niños.

Encontré una historia de violencia detrás de otra acerca de Mahoma. Traté de desestimar conscientemente cada una de ellas, igual que hacían los musulmanes de Internet, pero subconscientemente la presión crecía. ¿Cuántas podría desestimar? ¿Cómo iba a seguir así?

Capítulo treinta y nueve

¿MUHAMMAD RASUL ALLAH?

EN UNAS POCAS SEMANAS, DAVID volvió a mí con sus estudios sobre Mahoma. Decir que había sido meticuloso sería subestimarlo.

Habíamos establecido estudiar la pregunta: «¿Es Mahoma un profeta de Dios?». Estudiando la *Sirat Rasul Allah*, el Sahih al-Bujari y el Sahih Muslim, encontró docenas de tradiciones que él argumentaba que iban en contra del profetismo de Mahoma. Las compiló en una carpeta y me la entregó. Estaba haciendo la siguiente pregunta: «¿Concluiría un investigador objetivo, basándose en la vida y el carácter de Mahoma, que es un profeta de Dios?».

En su carpeta había una multitud de cuestiones en las que yo no había caído. Algunas le molestaban a él más de lo que me molestaban a mí. Por ejemplo, el islam ordena que los musulmanes no tengan más de cuatro esposas a la vez, aunque Mahoma llegó a tener al menos siete en cierto momento. Le dije que Alá le había dado a Mahoma un permiso especial en el Corán para tener esposas ilimitadas, así que no era realmente un problema.[83] Él respondió:

—¿No crees que es sospechoso? ¿Al menos un poco?

Mi reacción automática fue decir que no.

David también se tomó en serio la cuestión del matrimonio de Mahoma con Aisha. Según un puñado de hadices, tenía seis años cuando Mahoma se casó con ella, y él consumó el matrimonio tres años después, cuando él tenía cincuenta y dos.[84] David defendía que a causa de su ejemplo niñas pequeñas a lo largo de todo el mundo musulmán son forzadas a casarse a una edad demasiado temprana para su bienestar.[85] Pero mi yamaat enseñaba que esos hadices eran imprecisos, también, así que no me sentía molesto por ellos.

Una a una, David presentó tradiciones adicionales que desafiaban la idea del profetismo de Mahoma, cada una más ofensiva que la anterior. Mahoma fue envenenado;[86] en su lecho de muerte, sintió como si el veneno lo estuviera matando;[87] se le realizó magia negra;[88] reveló versículos que más tarde admitió que venían de Satanás;[89] torturó a personas por dinero;[90] lideró un ataque sobre judíos desarmados;[91] hizo que su hijo adoptivo se divorciase para que él pudiera casarse con su nuera Zainab;[92] le dijo a la gente que bebieran orina de camello.[93] La lista seguía y seguía.

Al principio traté de responder a las particularidades de cada tradición, pero con cada historia adicional quedaba claro que no estaba siendo objetivo. En mi frustración, comencé a estudiar libros sobre metodología del hadiz escritos por aclamados eruditos, escuché conferencias escolásticas y leí un comentario tras otro, intentando determinar cómo desacreditar las tradiciones que difamaban el carácter de Mahoma y defender el hadiz que retrataba al profeta que yo amaba. Pero no había cuchilla que pudiera usar para diseccionar ambas. Ninguna excepto la idea de que: «Mahoma debe ser profeta, y por lo tanto esas historias deben ser falsas».

Pero había demasiadas historias, incluso de fuentes respetables del hadiz.

Con el tiempo, llegaron a ser una masa crítica, después de lo cual simplemente negué la autenticidad de cada tradición. Era todo lo que podía hacer; de otro modo, estaría sobrepasado. Comencé a entender por qué los biógrafos y mis profesores habían hecho lo mismo.

Estas historias venían de fuentes que habían construido los fundamentos históricos del islam. ¿Cuánto puedes desechar sin hacer que los fundamentos se derrumben?

Cuando me di cuenta de que estaba intentando rechazar cerca de un centenar de aquellas historias, no pude evitar más una dura verdad: estas historias venían de fuentes que habían construido los fundamentos históricos del islam. ¿Cuánto puedes desechar sin hacer que los fundamentos se derrumben?

Dicho de otro modo, me di cuenta de que si seguía negando la fiabilidad de las tradiciones, no tendría base para llamarle profeta en primer lugar. No podría ya proclamar la shahada, no a menos que hubiera algo más, otra cosa más allá de la historia, que pudiera reivindicar a Mahoma.

Solo había un modo de salir del dilema: el Corán.

Para leer la contribución experta sobre el Mahoma histórico por el Dr. David Wood (doctor en Filosofía por la Universidad de Fordham), director de Acts 17 Apologetics y anfitrión de Jesus or Muhammad [Jesús o Mahoma], visita contributions.NabeelQureshi.com.

Parte 8

LA SANTIDAD
DEL CORÁN

—— ⋮ ——

*Demasiado de lo que pensé que sabía sobre el Corán resultó no ser verdad,
simplemente. ¿Realmente es Tu libro?*

Capítulo cuarenta

LA DEFENSA
DEL CORÁN

SI PUEDES IMAGINAR el misterio y la sabiduría de Dios, Su poder, profundidad y perfección, Sus divinos mandatos y profecías, todo ello habitando sinérgicamente en las páginas de un libro, vivificándolo con la misma esencia de Dios, podrás empezar a comprender cómo y por qué los musulmanes veneran el Corán.

No se debería suponer que el Corán es el análogo islámico a la Biblia. No lo es. Para los musulmanes el Corán es lo más cercano a una encarnación de Alá, y es la prueba misma que proporcionan para demostrar la verdad del islam. El mejor paralelo en el cristianismo es el mismo Jesús, la Palabra hecha carne, y su resurrección. Así de central es el Corán a la teología islámica.[94]

Ahora era el fundamento de mi fe. El Mahoma histórico, que una vez se alzó como el segundo pilar de mi cosmovisión, ahora contaba también con el Corán para su autentificación. En la época en la que comencé a escudriñar la escritura, era intensamente sensible a su peso.

> Mi vida como la conocía dependía de la inspiración divina del Corán.

La verdad del islam, todo lo que Mahoma representaba y mi vida como la conocía dependían de la inspiración divina del Corán.

Al igual que cuando comencé a investigar la vida de Mahoma, estaba convencido de que el Corán resistiría el escrutinio. Nadie en la ummah dudaba de su inspiración divina. Al contrario, sabíamos que el Corán era tan perfecto y milagroso que nadie podría cuestionarlo, ni siquiera los occidentales seculares. Considerábamos nuestros argumentos incontrovertibles.

El argumento más atrevido a favor de la inspiración divina del Corán residía en lo inimitable que era, principalmente su excelencia literaria. «Nadie puede emular su elocuencia», dirían otros musulmanes conmigo. Nuestro argumento deriva del mismo Corán. Cuando la gente de la época de Mahoma le acusó de falsificar el Corán, el Corán respondió en múltiples ocasiones que los dudosos debían intentar escribir algo así.[95] Cuando lo intentaron, incluso con la ayuda de hombres y yinn, se quedaron cortos.

> Que sea inimitable es la única defensa que el Corán ofrece para sí mismo, aunque aquí había un libro que, efectivamente, respondía al desafío.

Este es el desafío del Corán: nadie puede producir nada que rivalice con él.

Al haber leído estos desafíos en el Corán desde la infancia, y dado que mi visión del mundo había sido forjada por maestros que continuamente proclamaban que el Corán era preeminente en su belleza, yo y muchos musulmanes como yo estábamos más que seguros de que el Corán era verdaderamente incomparable.

Imagina mi incredulidad cuando descubrí una respuesta al desafío del Corán, *Al-Furqan al-Haqq*. Traducido como «la verdadera medida del conocimiento», este es un libro que responde al desafío del Corán al escribir enseñanzas cristianas en estilo coránico.[96] Este libro aparentemente reproduce el estilo coránico con tanta eficacia que algunos que lo recitaron en voz alta en sitios públicos fueron felicitados por musulmanes árabes por haber recitado el propio Corán.

Que sea inimitable es la única defensa que el Corán ofrece para sí mismo, aunque aquí había un libro que, efectivamente, respondía al desafío. Esta noticia era explosiva.

Yo no fui el único que consideró peligroso *Al-Furqan al-Haqq*. Al menos en una nación, «para mantener la seguridad…, por la presente queda absolutamente prohibida la importación del libro… incluyendo cualquier extracto de él, cualquier reimpresión o traducción así como cualquier documento que reproduzca cualquier material que contenga».[97]

Mi fe en el Corán era tal que, desde mi punto de vista, era imposible que su desafío hubiera sido respondido. Llegué a la conclusión de que el desafío debía significar en realidad algo más. Hice lo mejor que pude para ignorar la dificultad, ordenando los argumentos adicionales.

Los apologistas musulmanes no se limitan a la propia defensa de la inspiración del Corán. Los otros cuatro argumentos a los que más suelen apelar son estos: profecías cumplidas, patrones matemáticos, verdades científicas y preservación textual. Yo me propuse examinar cada uno de ellos, no para ver si eran fiables, sino para construir mi defensa del islam, para hacer la verdad del islam tan obvia al investigador objetivo como lo es para la ummah. Como lo era para mí.

Los dos primeros argumentos cayeron muy rápido. No hay profecías convincentes en el Corán. Hay muchos versículos que pueden interpretarse como profecías, pero el Corán no asevera que sean en modo alguno predicciones del futuro. Sin entrar en detalles, ciertamente no me resultaban suficientemente claros para hacer una defensa fuerte y objetiva.

Del mismo modo, no pude aceptar el argumento de que los patrones matemáticos del Corán eran una indicación de la inspiración divina. Muchos de los que pretendían ser patrones no eran más que datos amañados, y el resto eran de la clase que puede encontrarse en la Biblia, en las obras de Edgar Allan Poe e incluso en tablones de anuncios de Internet.

Afortunadamente, estos dos argumentos no habían sido parte fundamental de mi visión del mundo mientras crecía. Sin embargo, los dos argumentos finales tenían una fuerte influencia sobre mi respeto por el Corán. Creía desde pequeño que el Corán contenía verdades científicas avanzadas que Mahoma no podía haber sabido sin revelación divina. Estas verdades científicas eran suficientes para probar que Dios escribió el Corán.

Superando incluso el argumento científico, muchos musulmanes tienen fe en la preservación perfecta del Corán. Los musulmanes creen que nada ha sido cambiado, ni siquiera un punto. Alá promete guardar el Corán en 15:9, y los musulmanes creen que su preservación es un testimonio de la protección de Alá de Su mensaje.

El argumento científico, y especialmente la preservación perfecta del Corán, formaban la piedra angular de mi fe. Me propuse escudriñar esa piedra angular, confiando en que soportaría el peso de la defensa del Corán, al mismo tiempo que proporcionaría una base completa para mi fe.

Mientras tanto, intenté lo mejor que pude no preocuparme por la persistente pregunta: «¿Qué pasará si la piedra angular falla?». Dejé que en vez de eso la pregunta me pusiera de rodillas, en oración, pidiéndole a Alá que me hiciera una vanguardia para el islam. Abracé más aun la cultura islámica, encarné la imagen pública musulmana liderando los sermones de los viernes cuando era posible, y di clases de aqidah. Al hacer esto, intenté todo lo posible resolver la disonancia aspirando a los mayores estándares musulmanes.

Las dos fuerzas opuestas significaban que, si el fundamento fallaba, el derrumbamiento sería colosal.

Capítulo cuarenta y uno

EL CORÁN, LA CIENCIA Y EL BUCAILLISMO

LA DAWAH HABÍA SIDO UNA FUERZA MOTRIZ para los musulmanes desde los tiempos de Mahoma, pero el siglo veinte vio el espíritu de proselitismo islámico potenciado por un combustible inesperado: la ciencia moderna. Y lo más sorprendente es que esta moda llegó de manos de un francés secular.

Maurice Bucaille, un gastroenterólogo y médico personal de un rey de Arabia Saudí, fertilizó el incipiente campo de la apologética islámica cuando escribió en 1976 su obra *The Bible, The Qur'an, and Science* [La Biblia, el Corán y la ciencia]. Este trabajo seminal defiende que la Biblia está plagada de errores científicos, mientras que el Corán se encuentra en contraposición siendo milagrosamente precoz e inmaculado. Llegó a la conclusión de que el Corán está tan avanzado científicamente que debe ser la obra de Dios.

Decir que fue «histórico» solo se aproxima al impacto del libro en el proselitismo musulmán. Al igual que el fenómeno de Martin Lings, un intelectual occidental poniéndose de lado del islam después de haber escudriñado críticamente las pruebas servía como grito de guerra para los musulmanes orientados a la dawah. Este escenario fue de lo más gratificante porque Bucaille denunció duramente a la Biblia en el proceso.

La técnica de referirse al Corán por sus verdades científicas milagrosamente avanzadas pronto se convirtió en algo tan común que se acuñó un término para el método: **bucaillismo**.

Un ejemplo de dichos argumentos tiene que ver con el tema de la reproducción humana. Bucaille declara: «La descripción coránica de ciertos estados del desarrollo del embrión se corresponde exactamente a lo que hoy sabemos de ellos, y el Corán no contiene

> **Bucaillismo.** La técnica de referirse al Corán por las verdades científicas milagrosamente avanzadas para defender su origen divino

una simple declaración que esté abierta a la crítica desde la ciencia moderna».[98] La implicación es obvia: solo Dios lo sabía todo sobre la embriología cuando el Corán fue revelado. Por lo tanto, Dios debe ser el autor del Corán.

A los pocos años de la publicación, los argumentos de Bucaille permearon el mundo musulmán de mentalidad más apologética, que fue el mundo en el que yo nací. Sus argumentos eran un clásico en nuestras discusiones religiosas, ya fuera comiendo alrededor de una mesa, de visita con huéspedes o leyendo un libro escrito por los líderes de la yamaat. Fuimos arrasados por la elegancia y la erudición de sus argumentos, e igual que la mayoría de las cosas que sabía como musulmán, la recepción exagerada y unánime del bucaillismo era parte de nuestra cultura.

Se nos convenció de que la ciencia confirmaba el origen divino del Corán. Esto era un punto de orgullo tan ampliamente extendido entre los musulmanes que ninguno lo comprobó.

> Se nos convenció de que la ciencia confirmaba el origen divino del Corán. Esto era un punto de orgullo ampliamente extendido entre los musulmanes.

Cuando yo finalmente lo hice, otro pilar fundamental de mi cosmovisión se derrumbó. Investigué los argumentos de Bucaille tanto como estudiante de medicina como de religión. Vi muchos problemas con su exégesis, su razonamiento y su erudición.

Regresando a sus afirmaciones sobre la reproducción humana, muchos académicos considerarían las alabanzas radicales de Bucaille demasiado empalagosas para ser eruditas, al menos según estándares occidentales. Pero aparte de su lisonjera adulación, hay problemas científicos con los mismos versos coránicos que Bucaille cita como milagrosos, algunos siendo bastante obvios para los médicos y otros obvios para cualquiera.

Por ejemplo, 23:13-14 dice: «Luego lo colocamos como gota en un receptáculo firme. Luego, creamos de la gota un coágulo de sangre, del coágulo un embrión y del embrión huesos, que revestimos de carne. Luego, hicimos de él otra criatura. ¡Bendito sea Dios, el Mejor de los creadores!».

Para un estudiante de biología del desarrollo, este versículo es singularmente mediocre. Incluso Bucaille comienza su valoración remarcando que, en sentido literal, las afirmaciones científicas son «totalmente inaceptables para científicos especializados en su campo».[99] Sin embargo, él explica que el problema era el vocabulario del siglo séptimo que el Corán se ve obligado a utilizar. Una vez lo sustituimos por vocabulario científico moderno (como «útero» por «receptáculo») los problemas se resuelven más que bien.[100]

Como musulmán que creció con interpretaciones un tanto fluidas del Corán, se lo acepté a Bucaille. Pero como estudiante de medicina, me di cuenta de que no importaba cuántas palabras sustituyéramos, un aspecto de este versículo era simplemente inexacto. El versículo explica el desarrollo secuencial de un embrión, pero la secuencia es incorrecta. Un embrión no se vuelve primero huesos para después ser revestido de carne. Una capa de un embrión, el mesodermo, se separa en hueso y carne al mismo tiempo.

Investigué las respuestas a esta crítica. Muchos defendían que era una objeción pedante, pero incluso como musulmán, no estaba de acuerdo. Precisamente lo que dice Bucaille con respecto a este versículo es que la secuencia del desarrollo embrionario es milagrosamente exacta; pero la secuencia es incorrecta. Esto era serio, y aunque Bucaille trató este versículo con cierta profundidad, encubrió la dificultad.

Que esta inexactitud se encontrase en la sección más clara del versículo, la más fácil de entender, solo agravaba el problema. La primera parte del versículo requiere que sustituyamos conceptos científicos apropiados por términos incorrectos registrados por el árabe. Así que si tenemos que arreglar la primera mitad de la afirmación e ignorar la segunda mitad, ¿qué queda para que sea científicamente milagroso?

Entonces me di cuenta de que este versículo no podía defender la inspiración del Corán. Lejos de ello, teníamos que asumir que la inspiración del Corán defendía este versículo.

Aparecieron más problemas obvios en el Corán según seguí investigando, incluso en el subcampo de la reproducción humana. Los versículos 86:6-7 declaran que el esperma efluye «de entre los riñones y las costillas».

Creyendo que era imposible que el Corán dijera algo tan obviamente incorrecto, comencé a buscar en Internet las respuestas. De nuevo, encontré un procedimiento similar para defender este versículo: redefinir las palabras y obviar las dificultades.

Y ese fue el patrón que surgió. Ya fuera proclamando milagros científicos o defendiendo inexactitudes científicas, el protocolo siempre pasaba por redefinir las afirmaciones claras del Corán para decir algo que no decían y después pasar por alto cualquier tensión.

Después de reconocer el patrón, choqué con que el bucaillismo era muy parecido al estudio de la vida de Mahoma. Podía defender mis creencias islámicas si abordaba la cuestión como un musulmán guerrillero, dispuesto a redefinir ciertos términos y a enfatizar ciertos puntos a favor de mi posición. Pero si intentaba hacer una defensa como un investigador objetivo leyendo el texto en su valor nominal, simplemente no había conocimiento científico milagroso en el Corán.

En ese punto no rechacé la posibilidad de un conocimiento científico en el Corán, pero llegué a la conclusión de tenía que haber algo mucho más fuerte que afianzase una defensa de su inspiración divina. Con implacable confianza, ahora me volví a la más profunda de todas mis raíces: mi fe en la preservación perfecta del texto coránico.

Capítulo cuarenta y dos

EL HADIZ Y LA HISTORIA DEL CORÁN

AL MENOS DOS FUERZAS PODEROSAS se combinan para hacer de la perfecta preservación textual del Corán el bastión de la confianza musulmana.

Por un lado, como muchas de las otras proclamaciones del orgullo islámico, es un axioma ubicuo que está incrustado en la psique musulmana. «En ningún momento ha habido nada del Corán que haya sido cambiado. Ha llegado a nosotros exactamente como Mahoma lo recibió de Gabriel». En esto, se nos dice, se cumple una profecía del Corán: «Nosotros Somos Quienes hemos revelado la Amonestación [Corán] y somos Nosotros sus custodios» (15:9).

Por otro lado, esta creencia en la preservación textual perfecta también forma la misma base para la condena del judaísmo y el cristianismo modernos. Una de las iniciativas mejor conocidas de la dawah en Estados Unidos, llamada «¿Por qué el islam?», resume bien el sentimiento: «Los Salmos, la Torá y el evangelio, según el islam, ya no están en su estado original. Han tenido añadidos, no puede trazarse su línea directamente hasta los profetas o simplemente fueron alterados. Solo el Corán ha sido preservado en su estado original, exactamente como fue revelado al profeta Mahoma».[101]

Sirviendo como base para el rechazo de las otras fes y la aceptación del islam, la preservación del Corán es importantísima para la apologética islámica. Pero es todavía más importante para la teología islámica. El Corán es el pilar de la cosmovisión islámica, sustenta toda la sharia, sirve de fulcro a las devociones diarias y proporciona la fuente de la identidad islámica. En la mente de gran parte de los musulmanes, si el Corán no estuviera preservado perfectamente, su mundo se vendría abajo. Como ese no es el caso, mantienen suma confianza en su fe.

Por lo tanto, la preservación del Corán afianza la seguridad sin par del moderno *zeitgeist* musulmán. En la mente de la mayoría de los musulmanes no existe siquiera una remota posibilidad de que el Corán de hoy en día pudiera ser diferente al Corán de los días de Mahoma.

Pero muchos musulmanes no han leído el hadiz por sí mismos. De nuevo, eran las tradiciones islámicas más dignas de confianza las que subvertían mi fe.

El volumen 6 del Sahih al–Bujari, un volumen dedicado al Corán, detalla el proceso de recopilación del Corán en el libro 61.[102] Encontramos que Mahoma solía dictar el Corán a los musulmanes oralmente, sin haberlo escrito primero. Llegaban a los musulmanes pocos versículos cada vez, y a veces Mahoma transmitía el mismo versículo de forma diferente a diferentes musulmanes.

Debido a esto, la gente recitaba el Corán de forma bastante dispar incluso en la época de Mahoma, y había acaloradas discusiones entre musulmanes piadosos acerca de qué constituía el verdadero Corán. Como Mahoma todavía estaba por allí, él disipaba las discusiones abordando a las partes directamente, diciendo: «Ambos están recitando de un modo correcto, así que sigan recitando». Les amonestó para que no siguieran peleándose por las diferencias, puesto que «las naciones que estuvieron antes que ustedes fueron destruidas porque discreparon».

> De nuevo, eran las tradiciones islámicas más dignas de confianza las que subvertían mi fe. Esta vez, fue mi fe en el Corán.

Cuando Mahoma murió, mucha gente no sintió la necesidad de seguir siendo musulmanes. Abu Bakr mandó a los musulmanes a luchar contra los apóstatas, ordenándoles que cumpliesen sus obligaciones islámicas.[103] Los musulmanes lucharon contra los antiguos musulmanes hasta que muchos de los que habían conocido el Corán perdieron sus vidas en la batalla. A Abu Bakr le preocupaba que grandes partes del Corán se perdieran si las batallas continuaban, así que ordenó oficialmente que el Corán fuera recopilado bajo los auspicios del único Zaid ibn Thabit.

El Sahih al-Bujari enfatiza que los musulmanes pronto olvidaron los versículos coránicos, y Zaid encontró la tarea de recopilar el Corán extremadamente molesta. Recopiló los versículos de los recuerdos de personas y de fragmentos escritos. En más de una ocasión solo había una persona capaz de testificar de algunos de los versículos del Corán. Cuando Zaid terminó, el Corán fue finalmente entregado a una de las viudas de Mahoma para su salvaguarda.

Aunque el propósito primordial de su recopilación era que los versículos no se perdieran, se descubrió que Zaid accidentalmente dejó fuera una pequeña porción del Corán. Además, hubo regiones del mundo musulmán donde recitaban el Corán de forma tan extraña que se hizo una apelación a los líderes musulmanes para que «salvasen la nación antes de que discrepara acerca del Corán».

Apartándose de la preferencia de Mahoma, que simplemente le dijo a su gente que no se centrase en las diferencias, el califa Uthman ordenó que el Corán fuera estandarizado. Retiró la copia previa de la viuda de Mahoma, la editó, la copió y distribuyó las copias por cada provincia musulmana.

Después, para zanjar las disputas sobre el Corán de una vez por todas, Uthman «ordenó que todos los demás materiales coránicos, ya estuvieran escritos en manuscritos fragmentarios o en copias completas, fueran destruidos por fuego».

Esta era la historia de la recopilación del Corán que se encontraba en el Sahih al-Bujari. Como con la vida de Mahoma, el Sahih al-Bujari describía una historia mucho más cruda y realista que la que generalmente se enseñan los musulmanes unos a otros. Lo que a mí se me había enseñado era que Mahoma dictó el Corán a los escribas mientras los musulmanes memorizaban las revelaciones, y después de morir Mahoma, había muchos musulmanes que tenían el Corán escrito y memorizado. Zaid ibn Thabit fue el primero en escribir oficialmente el Corán, aunque no fue una tarea difícil porque lo había memorizado. Su Corán fue confirmado por otros líderes musulmanes, que también habían memorizado el Corán.

Eso era. Según los conocimientos ampliamente aceptados, no había discusión sobre su contenido, ni recuerdos débiles, ni miedo a perder pasajes, ni testigos solitarios, ni versículos olvidados, y desde luego no había la destrucción orquestada de variantes. El proceso de recolección del Corán registrado en el Sahih al-Bujari fue tan agitado que dejaba la puerta abierta a que hubiera secciones perdidas. De hecho, el Sahih al-Bujari da fe de ello.

> El proceso de recolección del Corán registrado en el hadiz fue tan agitado que dejaba la puerta abierta a que hubiera secciones perdidas.

Cuando el Corán estandarizado de Zaid fue distribuido, dejó fuera algunas secciones que un hombre llamado Ubay ibn Ka'b solía recitar. Ubay insistió en que, a pesar del Corán de Zaid, él no iba a dejar de recitar esos versículos porque los había escuchado del mismo Mahoma.

Me quedé impactado por el testimonio del Sahih al-Bujari. ¿Por qué mis maestros no me habían enseñado la historia entera? ¿Qué más no sabía?

Fui a los otros libros de hadiz para ver su historia. El Sahih Muslim, la siguiente fuente más fiable, registraba más problemas. Documenta que hay una sura entera que ya no se encuentra en el Corán, y al menos un versículo se perdió en la época de la muerte de Mahoma.[104] El Sunan ibn Majah, uno de los siguientes libros más auténticos, explica que el versículo se perdió porque el papel en el que estaba escrito se lo comió una cabra.[105]

Según continué investigando, se seguían presentando tradiciones una detrás de otra que desafiaban la preservación del Corán. Igual que cuando estudié el Mahoma histórico, simplemente no podía asimilar esos hadices, y los mantenía a raya aceptando las explicaciones inverosímiles de los apologistas musulmanes o inventándome las mías propias. Lo que finalmente me puso contra las cuerdas, sin embargo, fue cuando revisité un hadiz del Sahih al-Bujari.

Según el hadiz, Mahoma nombró a cuatro hombres como los mejores maestros del Corán. El primero era Abdullah ibn Mas'ud, a quien Mahoma distinguió como el experto más destacado. El último era Ubay ibn Ka'b, a quien el Sahih al-Bujari identifica como el mejor recitador del Corán.

Estos eran los hombres que Mahoma había seleccionado personalmente como los mejores profesores del Corán, pero al estudiar las fuentes primitivas descubrí que ellos no estaban de acuerdo con el Corán final, el que ha sido transmitido como la versión actual. Ni siquiera se ponían de acuerdo entre sí.

Múltiples recitaciones del mismo versículo, versículos perdidos, suras perdidas, disputas sobre el canon, destrucción controlada de variantes… ¿Cómo podíamos defender el Corán como perfectamente preservado?

Además del hadiz anteriormente citado en el que él se negó a parar de recitar ciertos versículos, Ubay es conocido por haber tenido 116 capítulos en su Corán, dos más que la edición de Zaid. Ibn Mas'ud solo tenía 111 capítulos en su Corán, e insistía en que los capítulos adicionales de los Coranes de Zaid y Ubay solo eran oraciones, no recitaciones coránicas.[106]

Muchos de los primeros musulmanes documentaron las diferencias entre los abundantes Coranes del mundo musulmán primitivo. Aunque se pensaba que todos aquellos documentos fueron destruidos, uno resurgió a principios del siglo XX.[107] Este mostraba que, en muchos lugares, Abdullah ibn Mas'ud y Ubay ibn Ka'b estaban de acuerdo donde el Corán de Zaid ibn Thabit difería.

Yo junté todas las piezas: múltiples recitaciones del mismo versículo, versículos perdidos, suras perdidas, disputas sobre el canon, destrucción controlada de variantes. ¿Cómo podíamos defender el Corán como perfectamente preservado?

La doctrina de la preservación perfecta del Corán, lejos de defender la fe, necesitaba ser defendida mediante la fe.

Investigué defensas en Internet y leí los libros islámicos más eruditos que encontré. Como siempre, se hacían intentos de desestimar tantas fuentes como fuera posible. Incluso así, una vez hechos todos los intentos de explicación lógica, los eruditos musulmanes defendían una posición impactante: que Alá hizo que las partes perdidas se perdiesen, que las variantes fueran destruidas y que la edición de Zaid fuera el Corán final.

Así que, en verdad, los eruditos no estaban defendiendo que el Corán hubiera permanecido inalterable. Defendían que todos los cambios que tuvo fueron intención de Alá. Esa era una posición defensiva como mucho, no una que pudiera soportar el peso de la defensa entera del islam.

Me vi forzado a concluir que, de nuevo, las fuentes primitivas islámicas desafiaban lo que el islam moderno me enseñaba. La doctrina de la preservación perfecta del Corán, lejos de defender la fe, necesitaba ser defendida mediante la fe.

Con esta investigación final, la piedra angular de mi fe se derrumbó. La estructura entera no tenía fundamento, lista para venirse abajo al menor sobrepeso.

Lo que vino después podría haber sido dinamita.

Capítulo cuarenta y tres

AQUELLAS QUE POSEEN SUS MANOS DERECHAS

HABÍA LEÍDO ESTAS PALABRAS multitud de ocasiones desde la infancia, sin nunca pararme realmente a considerar lo que significaban. Pero David las había añadido a su carpeta y ahora estaba obligado a investigarlo.

«Aquellas que poseen sus manos derechas» era una frase que se encontraba en muchos versículos del Corán. Las tres referencias que David incluía eran 4:24, 23:6 y 70:30, ninguna de las cuales tenía mucho sentido a primera vista.

> 4:24: «Prohibidas quedan para ti las mujeres ya casadas, excepto aquellas que posee tu mano derecha. Alá te ha exigido esto».
>
> 23:6: «(Bienaventurados los creyentes que guardan sus partes privadas) excepto de sus esposas o de aquellas que poseen sus manos derechas».
>
> 70:30: «(Que los adoradores guarden sus partes privadas) excepto de sus esposas y de aquellas que poseen sus manos derechas; en cuyo caso no incurren en reproche».

Le llevé los versículos a Ammi y le pregunté qué significaba la frase. Ella dijo que se refería a las sirvientas femeninas con las que se habían casado los hombres musulmanes, pero eso no encajaba. En los versículos las esposas estaban claramente separadas de aquellas que poseían sus manos derechas. Cuando puse en duda su interpretación, ella se sometió a los eruditos de la yamaat. Dejé a Ammi, accediendo a preguntarles cuando se presentase la oportunidad.

Mientras tanto, sabía que tenía que investigar por mi cuenta. Los eruditos no habían sido exhaustivos antes, y no tenía razón para pensar que lo serían ahora.

Por supuesto, David me había dado su interpretación, pero yo sabía que estaba mal. Tenía que estar mal. Él defendía que «aquellas que posee la mano derecha» eran mujeres esclavas, capturadas por los conquistadores musulmanes. Según él, 23:6 y 70:30 significaba que los musulmanes varones podían tener relaciones sexuales con mujeres esclavas que habían sido capturadas como botín de guerra. Sin detenerse ahí, defendía que 4:24 anulaba los matrimonios de las mujeres cautivas para que los musulmanes pudieran tener relaciones con ellas aunque sus maridos siguieran vivos.

La mera sugerencia era monstruosa. Eso quería decir que el Corán perdonaba la violación. ¿Qué otra cosa podía ser? Si una mujer era capturada en una batalla, probablemente su padre, su marido, su hermano o su hijo habían muerto intentando protegerla. ¿Acaso esa mujer aceptaría por voluntad propia tener relaciones con un guerrero que acababa de matar brutalmente a los hombres que amaba?

Ese no era el islam que yo conocía, ¡astaghfirullah! Mi Mahoma era un libertador de esclavos y un comandante de santos, no un secuestrador conquistador llevando un ejército de violadores. El islam no permitiría tal atrocidad.

No podía. Aunque había descubierto en los meses previos cosas que desafiaban todo lo que sabía, esto se trataba de otra cosa completamente diferente. David estaba acusando a Mahoma de ser un monstruo moral, insinuando que el islam era desmesuradamente cruel.

> La mera sugerencia era monstruosa. Eso quería decir que el Corán perdonaba la violación, pero el islam que conocía no permitiría tal atrocidad.

Durante el curso de nuestras conversaciones, arremetí contra David, acusándole de intentar dejar por los suelos a mi profeta. Eso era demasiado bajo. Al principio él se defendió, señalando a las tradiciones islámicas, pero cuando vio que cada defensa que proporcionaba me fastidiaba más, dio marcha atrás. Me dejó solo con la cuestión, pidiéndome solo que considerara por qué me sentía tan ofendido y qué era lo que el Corán enseñaba realmente.

Fue cuando me quedé solo, cuando no tuve que defender mi fe o mi profeta, que fui capaz de ser sincero conmigo mismo y miré otra vez las evidencias.

El Sahih Muslim ofrece un contexto histórico para la revelación de 4:24. El hadiz dice: «En la batalla de Hunain, el mensajero de Alá mandó un ejército a Autas y luchó contra el enemigo. Después de vencerlos y tomarlos cautivos, los Compañeros del Mensajero de Alá parecían abstenerse de tener relaciones con las mujeres cautivas a causa de sus maridos politeístas. Entonces Alá Altísimo envió el versículo: "(quedan prohibidas para ustedes) las mujeres ya casadas, excepto aquellas que poseen sus manos derechas (Corán 4:24)"».[108]

Leí y releí el hadiz. No había duda de que este hadiz corroboraba el argumento de David. De hecho, parecía que David había sido amable. El hadiz decía que este versículo no solo permitía a los guerreros tener relaciones con las mujeres recién capturadas, también animaba a los hombres a hacerlo cuando estaban dudosos.

No podía creer lo que estaba leyendo. Parecía que el mundo se precipitase bajo mis pies. Inmediatamente hice lo que había visto hacer a los jeques y los imanes: concluí que el hadiz debía ser débil. Un simple hadiz, incluso en el Sahih Muslim, es fácil de desechar.

Pero estaba también en el Sunan Abu Dawud, que en realidad proporcionaba más detalles. Los guerreros musulmanes dudaban de tener relaciones sexuales con las mujeres porque sus maridos aún estaban vivos y en su presencia.[109] Un comentario clásico explica que cuando el 4:24 fue revelado, los hombres procedieron a mantener relaciones sexuales con las mujeres a pesar de la presencia de sus maridos.[110]

El Sahih al-Bujari contiene un hadiz similar. También describe la renuencia de los guerreros musulmanes a mantener relaciones sexuales con sus mujeres cautivas, pero por una razón diferente: los guerreros estaban preocupados por dejar a las mujeres embarazadas. Mahoma despejó su preocupación diciéndoles que era elección de Alá si las mujeres se quedaban embarazadas o no.[111] El Sahih Muslim añade algo a este hadiz, diciendo que los guerreros musulmanes no querían dejar a las mujeres embarazadas porque planeaban venderlas.[112]

Ya era suficiente. No solo David tenía razón acerca del significado de «aquellas que poseen sus manos derechas», sino que la verdad era ineludible. Estaba en el Corán, en el Sahih al-Bujari, en el Sahih Muslim, en el Sunan Abu Dawud, en comentarios; estaba en todas partes.

¿Cómo podía ser posible? ¿El Corán permitía que los hombres tuvieran relaciones con mujeres cuyas vidas acababan de ser destruidas, a veces en la presencia de sus maridos cautivos? ¿Alá y Mahoma no mostraban preocupación por dejar a las mujeres embarazadas o venderlas más tarde como esclavas? ¿Cómo podía ser posible?

¿Y si hubiera sido mi gente la que hubiera sido conquistada por los musulmanes? ¿Y si yo hubiera luchado para proteger a mi familia, solo para ver cómo asesinaban a Abba? Para ver a Baji y a Ammi…

Era más que suficiente. Estaba acabado. No podía pensar más en eso. Era repugnante, y pensar en ello haría que despreciase a mi profeta y a mi fe.

No podía permitirme despreciarlos, pero tampoco podía encontrar un modo de excusarlos. Así que estaba acabado. Estaba cansado de luchar.

Finalmente, estaba roto.

Para leer una contribución experta sobre el Nuevo Testamento y el Corán por el doctor Keith Small, consultor de manuscritos coránicos para la Biblioteca Bodleian en la Universidad de Oxford y autor de Textual Criticism and Qur'an Manuscripts, visita contributions.NabeelQureshi.com.

Parte 9

LA FE
EN DUDA

⋅⋅⋅

Yo ya no sé quién eres, pero sé que Tú eres todo lo que importa.

Capítulo cuarenta y cuatro

RACIONALIDAD Y REVELACIÓN

DURANTE TRES AÑOS habíamos luchado el uno contra el otro intelectualmente, y lo que empezó el primer mes de mi primer año de universidad finalmente llegó a su punto crítico el día antes de la graduación. Había abandonado.

Pero no el islam. No aún. Había abandonado la razón.

Nos sentábamos en los asientos delanteros de mi coche, recién volvíamos de una ceremonia de premios. De miles de graduados, seis estudiantes fueron seleccionados para recibir el mayor reconocimiento de la ODU, la medalla Kaufman, basándose en los grados, el liderazgo y el servicio a la comunidad. David y yo fuimos dos de los seis. Este premio significaba la culminación de mi carrera universitaria.

> Había abandonado. Pero no el islam. No aún. Había abandonado la razón.

Sin embargo, descansaba descuidadamente en el asiento trasero. No me importaba. No podía importarme prácticamente nada. Había vivido toda mi vida con una seguridad vibrante. El islam, mis creencias, mi familia, mis palabras y mis acciones, todo convergía en un punto: yo. Había sido auténtico y transparente, capaz de compartir y vivir mis creencias completamente y en libertad.

¿Pero ahora? Ahora era una fachada, resuelto por fuera en el islam mientras era un torrente de confusión por dentro. El paradigma del honor y la vergüenza me impedía compartir mi tormenta interna, dejándome incapaz de hablar con mis amigos o mi familia acerca de mi lucha sin desestabilizar más allá mi vida.

No sabía quién era Dios, no sabía qué era el mundo, no sabía quién era yo, y no tenía ni idea de lo que hacer. Estaba en un torbellino, agitándome y buscando algo a lo que agarrarme. Hice un esfuerzo final y desesperado por asirme a la vida que siempre había vivido.

> Ese fue mi último esfuerzo desesperado por mantener mi fe islámica: negar mi capacidad de llegar a la verdad objetiva.

—De ninguna manera voy a aceptar el mensaje cristiano, David.

Mantuve los ojos pegados al volante mientras David miraba a través de la ventana del copiloto sin ver nada. Me dejó espacio para hablar.

—El Dios de los cristianos me pide que proclame un hecho —continué—. Pide que crea en Jesús como Señor. Pero yo no estuve allí, así que no puedo saber si él afirmó ser Dios. Soy musulmán; siempre he visto el mundo como musulmán. Mi percepción está teñida de tal modo que aunque incluso Jesús fuera Dios, yo probablemente no sería capaz de saberlo. ¿Cómo puede Dios hacerme eternamente responsable por no aceptar un hecho finito, uno al que no tuve acceso en primer lugar?

Ese fue mi último esfuerzo desesperado por mantener mi fe islámica: negar mi capacidad de llegar a la verdad objetiva.

David continuó mirando fijamente a la distancia, pensando cuidadosamente mis palabras. Cuando finalmente habló, sus palabras me hirieron en lo más profundo.

> Si realmente quería conocer a Dios, tenía que dejarme caer en Su misericordia y amor, descansando completamente en Él y Su voluntad de revelarse a sí mismo.

—Nabeel, tú sabes que eso no es verdad. Tus padres ven sueños y Dios te ha dirigido con señales sobrenaturales del cielo. Sabes muy bien que si le pides que te revele la verdad, lo hará.

Tan pronto terminó de hablar, supe que David tenía razón. Era como si sus palabras resonaran en la llaga, una que acababa de quedar expuesta. Si realmente creía que Dios existía, ¿por qué no preguntarle simplemente quién es Él? ¿Acaso no me revelaría la verdad?

Fue entonces cuando me di cuenta del valor de la apologética y de lo que los argumentos habían hecho por mí. Toda mi vida había tenido barreras levantadas que me alejaban de acercarme humildemente a Dios y pedirle que se me revelara. Los argumentos y la apologética derribaron esas barreras, posicionándome para tomar la decisión de seguir a Dios o no.

El trabajo de mi intelecto había acabado. Había abierto el camino hacia Su altar, pero yo tenía que decidir si me acercaba. Si lo hacía, y si realmente quería conocer a Dios, tenía que dejarme caer en Su misericordia y amor, descansando completamente en Él y Su voluntad de revelarse a sí mismo.

¿Pero a qué precio?

Capítulo cuarenta y cinco

EL COSTO DE ABRAZAR LA CRUZ

EL COSTO DE ACEPTAR EL EVANGELIO para un musulmán puede ser enorme.

Por supuesto, seguir a Jesús significaba que sería condenado al ostracismo inmediatamente por mi comunidad. Para todos los musulmanes devotos significa sacrificar las amistades y las conexiones sociales que han construido desde la infancia. Significaría ser rechazado por los propios padres, hermanos, cónyuge e hijos.

Esto se vuelve exponencialmente más difícil si el musulmán no tiene a nadie a quien acudir después de seguir a Jesús, ningún cristiano que se haya acercado. Conozco a muchas mujeres musulmanas que reconocen su necesidad de Jesús, pero no tienen adónde ir si sus maridos las abandonan, o algo peor. A menudo no tienen medios económicos para sobrevivir al día siguiente, además de la lucha en los juzgados por los niños. Tendrían que pasar por todo esto mientras se tambaleaban por la violenta expulsión emocional de sus familias extendidas.

De lo que muchos no se dan cuenta —de lo que yo no me di cuenta cuando tomaba esta decisión— es que estos costos no se consideran conscientemente. Forman parte de una reacción automática contra el evangelio. Yo nunca dije: «Elijo seguir siendo musulmán porque me costaría mi familia si siguiera a Jesús». Lejos de ello, yo subconscientemente encontré modos y medios de seguir rechazando el evangelio para no enfrentarme a lo que tendría que pagar.

Pero yo no era el único que tendría que pagar por mi decisión. Si había rasgos por los que era conocida mi familia en la comunidad musulmana, estos eran la alegría de mis padres, nuestra unidad familiar y el honor que habíamos atesorado por seguir fielmente el islam. Mi elección de seguir a Jesús significaba arrasar con estas tres cosas.

Mi decisión avergonzaría a mi familia con una increíble deshonra. Incluso aunque tuviera razón acerca de Jesús, ¿podría hacerle una cosa tan horrible a mi familia? ¿Después de todo lo que habían hecho por mí?

Es esta clase de deshonra familiar la que conduce a muchos en Oriente Medio a cometer crímenes de honor. Aunque no hay mandato en el Corán o en el hadiz de llevar a cabo «crímenes de honor», hay mandatos en el Corán de matar a los hacedores de diabluras,[113] así como multitud de mandamientos en el hadiz de matar a los apóstatas.[114]

Esta clase de asesinatos no están limitados a Oriente Medio. Pocos meses después de la graduación recibí una llamada de teléfono de Mike contándome acerca de una familia entera de cristianos de Oriente Medio que habían sido asesinados en Nueva Jersey por traer deshonra al islam. Me preguntó si yo pensaba que estaría seguro si aceptaba a Jesús. Aprecié su preocupación, pero le dije que esa era la menor de mis preocupaciones. Mi familia nunca haría una cosa así, y en realidad, los asesinatos no son tan comunes como algunos temen. Además, desde mi punto de vista, el martirio sería un honor.

La gran preocupación para mí, si aceptaba a Jesús como Señor, era que estuviera equivocado. ¿Y si Jesús no es Dios? Estaría adorando a un humano. Eso provocaría la ira de Alá, y más que cualquier otra cosa, aseguraría mi morada en el infierno.

Por supuesto, eso es exactamente lo que el Corán enseña. En el islam, solo hay un pecado imperdonable, el *shirk*, la creencia de que otro aparte de Alá es

> **Mi decisión avergonzaría a mi familia con una increíble deshonra. ¿Podría hacerle una cosa tan horrible a mi familia? ¿Después de todo lo que habían hecho por mí?**

Shirk. Pecado imperdonable en el islam; aproximadamente equivalente a la idolatría, colocar algo o a alguien en la posición debida a Alá

Dios. El shirk se discute específicamente en el contexto de Jesús en 5:72. Aquel que cree que Jesús es Dios, «Alá ha prohibido el Cielo para él, y su morada será el Fuego».

Estos son los costos que los musulmanes deben calcular cuando consideran el evangelio: perder las relaciones que han construido en esta vida, la posible pérdida de su propia vida y, si se han equivocado, perder el más allá en el paraíso. No es quedarse corto decir que los musulmanes a menudo lo arriesgan todo para abrazar la cruz.

Pero, de nuevo, está la cruz. Hay una razón por la que Jesús dijo: «Si alguien quiere ser mi discípulo [...] que se niegue a sí mismo, lleve su cruz y me siga. Porque el que quiera salvar su vida, la perderá; pero el que pierda su vida por mi causa y por el evangelio, la salvará» (Marcos 8.34-35).

¿Merecería la pena tomar mi cruz y ser crucificado junto a Jesús? Si Él no es Dios, entonces no. ¿Perder todo lo que amo para adorar a un falso Dios? ¡Un millón de veces no!

Pero si Él es Dios, entonces sí. ¿Estar unido para siempre a mi Señor al haber sufrido a Su lado? ¡Un millón de veces sí!

Ahora más que nunca las cartas estaban sobre la mesa y necesitaba saber quién era Él. Todo dependía de Su identidad. Comencé a rogarle que se revelase. De pie, caminando, orando, tumbado en la cama, le imploraba que me mostrase Su verdad. Puesto que me había guiado de forma sobrenatural antes, tenía plena confianza en que me guiaría una ves más.

Pero la espera era agonizante. Viajé de mezquita en mezquita pidiéndoles a imanes y eruditos que me ayudaran con mis luchas. Ninguno estuvo cerca de reivindicar a Mahoma o el Corán, todos negaron selectivamente tradiciones que eran problemáticas o seleccionaron tradiciones que se ajustaban a sus puntos de vista. No ayudaron.

Los musulmanes a menudo lo arriesgan todo para abrazar la cruz.

Mientras esperaba para hablar con ellos, leía un libro tras otro de expertos musulmanes en metodología del hadiz, sirah e historia coránica hasta que se me chamuscaron los ojos. Entonces mis ojos derramaban lágrimas durante la salaat, mientras rogaba a Dios Su misericordia.

Capítulo cuarenta y seis

YO ESTOY CERCA, BUSCA Y ENCONTRARÁS

YACÍA POSTRADO en una enorme sala de oración musulmana, roto delante de Dios. El edificio de mi cosmovisión, todo lo que alguna vez llegué a saber, había sido desmantelado lentamente en los últimos años. Yacía en ruinas, pidiéndole a Alá. Las lágrimas me emborronaban la visión. Las oraciones rituales habían terminado, y ahora era el momento de la oración del corazón.

«Por favor, Dios Todopoderoso, ¡dime quién eres! Te suplico a Ti y solo a Ti. Solo Tú puedes rescatarme. A Tus pies rindo todo lo que he aprendido y te doy mi vida entera. Quítame lo que quieras, ya sea mi gozo, mis amigos, mi familia o incluso mi vida. Pero permíteme tenerte a Ti, oh Dios.

»Ilumina el sendero que debo caminar. No me importa cuántos obstáculos haya, cuántas trampas deba superar o escalar, o en cuántos espinos me adentre. Guíame por el camino correcto. Si es el islam, muéstrame cómo es verdad. Si es el cristianismo, dame ojos para ver. Solo muéstrame cuál es Tu camino, amado Dios, para que pueda seguirlo.

»Querido Dios, ¡sé que puedes oírme! Sé que estás ahí y que mis palabras no caen en saco roto. No te ocultes de mí. Me has guiado antes con visiones. Tú le has revelado el futuro a mi padre en sueños. Por favor, muéstrame Tu verdad. Dame de nuevo una visión; dame sueños para que pueda saber quién eres».

Yo sabía con total seguridad que Dios escuchaba mis súplicas y que tenía la clave para salvarme. Él abriría la puerta a Su verdad en cualquier momento. Sabía que la defensa del cristianismo era firme: se me había demostrado que el Jesús histórico afirmó ser Dios y después lo probó muriendo en la cruz y resucitando de los muertos. Si Alá me confirmaba personalmente que Él era en realidad el Dios de la Biblia, yo lo aceptaría a Él, a Jesús, como mi Señor.

> Si Alá me confirmaba personalmente que Él era en realidad el Dios de la Biblia, yo lo aceptaría a Él, a Jesús, como mi Señor.

Con angustia, sin embargo, esperaba más allá de la esperanza que Alá se me revelase como el Dios del islam. De otro modo, el costo sería demasiado para soportarlo.

Todos los días, en cada oración, me apoyaba en dos versículos:

- Sura 2:186: «Cuando mis siervos te pregunten por mí, estoy cerca y respondo a la oración de quien invoca cuando me invoca. ¡Que me escuchen y crean en mí! Quizás, así, sean bien dirigidos».
- Mateo 7.7-8: «Pidan, y se les dará; busquen, y encontrarán; llamen, y se les abrirá. Porque todo el que pide, recibe; el que busca, encuentra; y al que llama, se le abre».

Debido a estos versículos, tenía plena confianza en que Dios —ya fuera Alá o Jesús, el Dios del Corán o el Dios de la Biblia— contestaría a las oraciones de mi corazón. La pregunta era cuándo y si yo soportaría la tormenta hasta entonces.

Cinco meses más tarde, Él me dio mi respuesta.

Capítulo cuarenta y siete

UN CAMPO DE CRUCES

EL 19 DE DICIEMBRE DE 2004, Abba y yo estábamos en Orlando, Florida. Yo acababa de terminar mi primer semestre en la facultad de medicina, después de haber elegido de nuevo la escuela más cercana a casa para poder estar con mi familia. Ammi y Abba me vieron estudiar diligentemente todo el semestre y quisieron recompensarme, así que cuando Abba tuvo la necesidad de ir a Florida para una conferencia durante mis vacaciones invernales, me invitó a ir con él. Yo acepté encantado, no solo porque era mi primera oportunidad de ir a Florida, sino también porque sería la primera vez que Abba y yo viajaríamos solos.

Nos lo pasamos genial viajando a Orlando, haciendo bromas y compartiendo historias. Le conté nuestras travesuras en el laboratorio de anatomía y él me compartió relatos divertidos de sus primeros años en la marina cuando trabajó de médico. Excepto por el control de seguridad del aeropuerto, cuando después del 11-S nos miraban con lupa, bromeamos todo el camino hasta Florida. Estábamos forjando un nuevo aspecto de nuestra relación: una amistad padre-hijo.

Aquella noche, en la habitación del hotel, después de que Abba y yo rezásemos la salaat isha juntos, hablamos de nuestros planes para la mañana siguiente mientras nos metíamos en nuestras camas.

—Billoo, tú puedes dormir hasta tarde mañana y después relajarte en el hotel. Yo lo primero que tengo que hacer por la mañana es ir a una reunión. Cuando termine por la tarde, iremos a Epcot juntos.

—Tengo una idea, Abba. ¿Por qué no te llevo yo para que pueda quedarme con el coche de alquiler? De ese modo puedo ir a Epcot cuando abra, y después tú puedes reunirte allí conmigo.

—De acuerdo, pero tendrás que levantarte a primera hora conmigo para llevarme.

—No hay problema, Abba.

—Challo, beyta. Recita: *Allahuma bismika amutu wa ahya*.[115]

Esa era la oración nocturna que Abba me hacía recitar siempre que él me llevaba a la cama desde que tenía tres años. Los niños siempre serán niños para sus padres.

La recité y le besé en la mejilla.

—Te quiero, Abba.

—Por supuesto que lo haces; eres mi hijo.

Esa era la forma de Abba de decir: «Yo también te quiero». Con eso, apagó las luces.

Estaba oscuro en el cuarto, pero se colaba suficiente luz por las cortinas para poder distinguir los objetos de la habitación. El día había estado lleno de risas y alegría, pero mi mente y mi corazón estaban en un constante estado subyacente de perturbación. Cuando las luces se apagaron en Florida, igual que cada noche en Virginia, mi mente se vio inmediatamente inundada de un deseo por la verdad acerca de Dios.

Tan pronto me aseguré de que Abba estaba dormido, salí de debajo del edredón y me deslicé al borde de la cama. La precariedad de mi destino se manifestaba en mi mente. Con lágrimas me enfrenté a Dios, rogándole una vez más que se revelara a Sí mismo. Admití que, a pesar de todo lo que creía saber, en realidad no sabía nada. Necesitaba que Dios me mostrase la verdad. No podía hacerlo sin Su ayuda, y no podría llevar esa incertidumbre mucho más allá. Posiblemente fuera el momento más humilde de toda mi vida, y le supliqué desesperadamente un sueño o una visión.

En ese instante la habitación se quedó extremadamente oscura. Alcé la mirada a la negrura que había delante de mí. Donde había habido una pared a pocos centímetros de mi cama, ya no había nada. Lo que vi en su lugar fue un campo con cientos de cruces. Brillaban, en un claro contraste con la oscuridad que las rodeaba.

Las lágrimas cesaron. Mi cuerpo estaba paralizado, y el tiempo se detuvo. Oteé las cruces, pero eran innumerables. E igual de rápido que vino, la visión se fue. Estaba de regreso en la habitación del hotel, al borde de la cama.

En un silencio sobrecogedor, consideré lo que acababa de ver. Después de unos momentos, alcé la mirada al cielo y dije:

—Dios, ¡eso no cuenta!

Una parte de mi mente preguntaba: «¿Se me acaba de revelar Dios? ¿Finalmente contestó a mis oraciones? Vi un campo de cruces. Eso debe significar que Él quiere que acepte el evangelio».

Pero la otra parte hacía de abogado del diablo, argumentando: «Nabeel, si te equivocas con esto, Alá te enviará al infierno para siempre. Pudiera ser que Satanás esté intentando confundirte porque has estado flirteando con el shirk, el politeísmo del cristianismo».

Y en algún lugar de mi mente el lado más racionalista de mí pensaba: «Quizá solo tienes *jet lag* y ves cosas. ¿Realmente quieres tomar la mayor decisión de tu vida basándote en un momento somnoliento y emocional? ¿Estás preparado para dejarlo todo por esto?».

Me giré hacia Abba, que roncaba suavemente en su lado de la habitación. Finalmente me dije: «No, no puedo abandonarle solo basándome en esto. Dios lo entenderá. Necesito más».

Regresé a Dios, avergonzado pero envalentonado. Oré:

—Dios, ¡eso no cuenta! No sé si eso era lo que pienso que era. Subconscientemente podría querer convertirme en cristiano, y mi mente podría estar engañándome. Así que lo siento por pedirte una visión. Por favor, dame un sueño, y si el sueño confirma la visión, me convertiré en cristiano.

Tal vez subconscientemente estaba intentando evitar lo inevitable, pero Dios no lo permitiría. Me dio un sueño esa misma noche.

Para leer una contribución experta sobre la creencia y la duda por el doctor Gary Habermas, distinguido profesor de investigación y presidente del Departamento de Filosofía y Teología de la Universidad de Liberty, visita contributions.NabeelQureshi.com.

Parte 10

GUIADO POR LA MANO DE DIOS

*Dame ojos para ver. Solo muéstrame cuál es Tu camino,
amado Dios, para que pueda seguirlo.*

Capítulo cuarenta y ocho

DESCIFRANDO SUEÑOS

TODAVÍA ESTABA OSCURO cuando llevé a Abba a su reunión. Faltaba tiempo para que Epcot abriese, así que decidí regresar al hotel y dormir. Pocas horas después abrí los ojos de golpe, con el corazón acelerado.

Dios me había dado un sueño. Y no tenía ni idea de lo que significaba.

La calidad de este sueño no se parecía en nada a cualquiera que hubiera experimentado antes. Incluso mientras estaba en el sueño, tenía la conciencia de que este era un mensaje de Dios. No sé cómo; simplemente lo sabía. Pero el sueño era críptico, estaba lleno de símbolos que no entendía.

> Incluso mientras estaba en el sueño, tenía la conciencia de que este era un mensaje de Dios.

Después de despertarme, recordaba el sueño con una claridad cristalina y nada de la vaguedad borrosa que acompañaba a mis otros sueños. Aunque estaba grabado en mi mente, no sabía cuánto tiempo podría recordarlo, así que lo escribí todo, con la cabeza todavía dando vueltas por la aparente revelación. Esto es lo que escribí aquel día:

> Al comienzo del sueño había una serpiente venenosa con rayas rojas y negras que la rodeaban, separadas por unas delgadas líneas blancas. Todo lo que hacía era sisear a la gente cuando entraban en el jardín. La gente del jardín no podía verla: estaba muy lejos y

miraba desde una percha en un pilar de piedras. Este pilar estaba al otro lado de una sima. La percha entonces se convertía en mi punto de observación durante la primera mitad del sueño.

En un área con aspecto de jardín, con colinas, un exuberante césped verde y árboles, había una gran iguana, como un dragón. Estaba inmóvil y se escondía volviéndose como una colina: nadie que subía por ella sabía que era una iguana. Si lo hubieran sabido, se habrían asustado, pero a la iguana le gustaba el hecho de que nadie lo supiera. Después un chico gigante vino, y este chico gigante sabía que la iguana era una iguana, y subió sobre ella, acusándola de ser una iguana. La iguana se enfadó, así que se incorporó para morder al chico gigante, que le había pisado la cola.

Cuando la iguana estaba a punto de morder al chico, él agarró a una enorme cigarra que retó a pelear a la iguana. Mi punto de observación cambia ahora, y estoy directamente debajo de la iguana, mirando hacia su cabeza. La iguana asiente y acepta el desafío, y mientras la cigarra sale volando para ir a un lugar para luchar, la iguana se vuelve hacia mí e intenta embestirme y matarme. La cigarra ve que la iguana está intentando embestirme, así que regresa y le muerde la cabeza, decapitándola.

Durante toda la mañana mis pensamientos se vieron consumidos por este sueño. ¿Qué significaba? ¿Qué eran los símbolos, y cómo encajaban?

Inmediatamente traté de juntar las piezas:

La serpiente sobre el pilar de piedras tenía que simbolizar el mal. ¿Qué otra cosa puede ser? El jardín era el mundo. Que yo empezara viendo el mundo desde la perspectiva de la serpiente significa que debo tener algún mal escondido dentro de mí desde el comienzo de mi mundo. Esto me suena a un concepto cristiano: el pecado original. ¿O quizá signifique que el islam, que estaba en mí desde el mismo principio, es malvado? No estoy seguro, pero ambos parecen señalar al cristianismo.

Mientras miraba el mundo, lo que parecía ser una parte natural del paisaje resultó ser en realidad otro reptil, que recordaba a la serpiente pero era tan enorme que la gente caminaba sobre él pensando que era una colina. Entonces un chico llegó y lo desafió, llamándolo por su nombre real. Conjuntamente, estos símbolos solo se ajustan a una explicación: el chico era David, llamando a la iguana, el islam, una falsedad. La iguana, el islam, es engañosa por naturaleza y miente a la gente para que piense que es una parte natural del mundo.

La cigarra del chico tiene que ser el cristianismo, que desafía a la iguana. Que la cigarra pudiera hablar y la iguana no significa que el cristianismo es capaz de hablar por sí mismo, en otras palabras, que es defendible. Que la iguana no pudiera hablar significa que es incapaz de proporcionar pruebas para sí. Esto es confirmado cuando la cigarra desafía a la iguana pero la iguana intenta matarme en vez de atender el desafío.

Cuando la iguana intenta matarme, la cigarra me salva. Esto se me parece a la salvación, que no viene por ningún mérito mío: otro concepto cristiano.

Le di vueltas al sueño en mi cabeza una y otra vez, intentando encontrar significados que encajaran mejor, pero esto fue lo mejor que pude sacar. Pero era a favor del cristianismo, así que no tenía mucha confianza en mi interpretación. Comencé a pensar en modos de interpretar el sueño sin revelar mi lucha interior.

Decidí pedir consejo a otra gente. Llamé a David mientras entraba en Epcot y veía su icónica esfera, Spaceship Earth.

—¡Nabeel, dichosos los oídos! ¿Qué tal? ¿Cómo va por Florida!

No era momento para hablar de tonterías.

—No va mal. Me estoy divirtiendo. Tengo una pregunta para ti. ¿Los cristianos reciben sueños de Dios?

David no perdía una oportunidad.

—¿Por qué, qué has visto?

—No he dicho que haya visto nada. Responde a la pregunta.

David pensó un momento antes de contestar.

—La Biblia está llena de historias en las que la gente tiene sueños de parte de Dios. José, por ejemplo.

—¿José el profeta o José el padre de Jesús?

Él chasqueó la lengua.

—Ambos, en realidad. En el Nuevo Testamento José el padre de Jesús tiene como cinco sueños que son claras instrucciones de Dios. Pero yo me refería al José del Antiguo Testamento, que fue capaz de interpretar sueños realmente simbólicos. Así fue como Dios lo rescató de la cárcel.

¿La Biblia hablaba de interpretar sueños simbólicos? Eso era precisamente lo que estaba buscando.

—¿Y cómo interpretó José sus sueños? ¿Cómo interpretan los sueños los cristianos hoy?

—A él Dios le dio el don de la interpretación. No conozco a ningún cristiano que interprete sueños hoy, pero no tengo duda de que si Dios le da a alguien un sueño que necesita ser interpretado, entonces Él también proveerá el medio para interpretarlo.

Sus palabras despertaron un recuerdo en un hueco de mi mente. Ammi a veces se refería a un libro de interpretación de sueños, escrito por un antiguo interpretador, Ibn Sirin. ¿Quizá Dios me conducía hacia él?

Ansioso por llamar a Ammi, corrí a terminar la conversación con David.

—Muy bien, gracias, chaval. Te llamo luego.

—Eh, ¿vas a contarme qué sueño has tenido, o qué?

—Yo no he dicho que haya tenido un sueño.

—Yo no he dicho que tú hayas dicho nada. ¿Pero me lo vas a contar?

—Sí, te lo contaré. Pero déjame que me lo guarde por ahora.

Corté la conversación con David e inmediatamente llamé a Ammi. Iba a ser complicado. Quería compartir los símbolos de mi sueño sin contárselo al completo.

—¿Hola?

—As salamu 'alaikum, Ammi.

—Wa alaikum salaam. ¿Estás con Abba?

—Estoy en Epcot. Abba se reunirá conmigo después del trabajo. No puedo hablar mucho ahora mismo, quiero aprovechar bien el rato en el parque. Pero tuve un sueño anoche. ¿Tienes el libro de Ibn Sirin cerca?

—Está arriba. ¿Qué soñaste? —el tono de Ammi tenía una nota de preocupación, cosa que encontré exasperante. ¿Cómo era que todo el mundo podía ver a través de mí?

—Ammi, es largo y complicado, nada de lo que preocuparse. Compartiré los detalles contigo cuando llegue a casa. Solo quiero conocer qué significan algunos símbolos para poder pensar en ello ahora mismo.

—No funciona de ese modo, Billoo. Tienes que compartirlo todo para que yo lo interprete.

—Pero Ammi, ¿no puedes leerme simplemente lo que dice el libro? Quiero interpretarlo por mí mismo.

—Beyta, el libro dice muchas cosas. Los símbolos dependen del contexto. Challo, dime el primer símbolo.

—Una serpiente.

—¡Astaghfirullah! —exclamó ella—. ¿¡Qué clase de sueño es ese!?

—¡Ammi!

—Bien, de acuerdo. ¿La serpiente estaba en el agua? ¿Dormía? ¿Estaba comiendo? ¿Qué hacía?

—¿Por qué importa eso?

—El libro dice cosas diferentes. Solo una serpiente significa un enemigo engañoso o declarado, pero si la serpiente se come a alguien o si alguien se convierte en la serpiente, entonces puede significar algo más.

Sus últimas palabras captaron mi atención. Poco después de aparecer la serpiente en mi sueño yo empecé a ver desde su punto de vista. ¿Eso era que me convertía en la serpiente? Tanteé el asunto con toda la discreción que pude.

—Bueno, eso puede ser totalmente diferente a "enemigo", ¿verdad? Como, ¿qué significa si alguien se convierte en una serpiente?

Ammi respondió:

—Significa que esa persona está cuestionando su religión.

Se me paró el corazón. ¿Acababa de decir lo que yo creía?

Probé algo más.

—Bueno, la serpiente estaba en un pilar. ¿Qué significa eso?

Después de buscarlo, leyó:

—Un pilar es el símbolo de la religión de alguien —esto estaba empezando a ser demasiado. ¿Me estaba leyendo la mente? Continuó—: ¿Recuerdas de qué estaba hecho el pilar?

—De piedra.

Hizo una pausa.

—Esto es extraño… no lo que esperaba. El libro dice que un pilar de piedra significa que la religión de alguien o el modo en que ve el mundo están cambiando muy rápido.

No podría creer lo que estaba escuchando. Era como si cada símbolo hablase exactamente de mi situación. Rápidamente me quedó claro que Dios quería que interpretase los símbolos basándome en este libro.

—De acuerdo, Ammi. Eso está muy bien. ¿Qué dice de una iguana?

—¿Qué es eso?

—Un lagarto grande.

Después de pasar algunas páginas y aclarar el símbolo, Ammi lo encontró bajo *lagarto monitor*:

—Significa un enemigo cruel y oculto que parece muy grande y temible, pero que si se le desafía fracasará debido a su incapacidad para proporcionar pruebas.

Estaba impactado. ¿Realmente podía decir todo eso? Esas eran exactamente mis preocupaciones acerca del islam, que era como yo entendía el símbolo. Además, en el sueño la iguana comenzó a esconderse detrás del engaño, incapaz al final de hablar por sí misma.

—¿Qué hay acerca de un chico?

—¿Qué clase de chico? ¿Recién nacido, pequeño, adolescente?

—Un niño pequeño —dije por encima. Estaba ansioso por juntar las piezas de lo que Dios me estaba diciendo—. Pequeño de edad, no de tamaño.

—Un niño joven en un sueño es un amigo que te ayudará a vencer a tus enemigos. Es el portador de buenas nuevas.

¿Buenas nuevas? ¡Eso es exactamente lo que significa la palabra *evangelio*! David era el amigo mío que me trajo el evangelio. ¿Y vencer a mis enemigos? En el sueño el niño me ayudaba a vencer al lagarto. La cabeza comenzó a darme vueltas.

—Espera —dijo Ammi—. ¿El niño era guapo?

—La verdad es que sí. Era bastante guapo.

—Entonces este amigo no solo te ayudará a vencer a tus enemigos, te proporcionará algo que estás buscando, algo que te dará una vida abundante.

Llegados a este punto apenas podía hablar.

—La última, Ammi. Cigarra.

—¿Un cigarrillo o un cigarro puro?

—No, el de fumar no. Una cigarra, como un grillo.

Como la iguana, el símbolo no estaba en el libro, pero encontró algo relacionado en *langosta*.

—Una langosta es un guerrero —de nuevo, la interpretación encajaba perfectamente en el sueño—. ¿Te hizo daño?

—No, le causó daño a mi enemigo.

—Si no te causó daño, entonces significa que te traerá gozo y alegría. Oh, y aquí de nuevo dice que te ayudará a vencer a tus enemigos. Beyta, no sé qué sueño has tenido, pero los símbolos están relacionados. Creo que este sueño es de Alá.

—Acha, Ammi. Lo he escrito. Ya me dirás tu interpretación cuando vuelva a casa. ¡Tengo que irme, Ammi, antes de que el parque se llene!

—De acuerdo, diviértete, beyta. Llámame cuando llegue Abba.

—Acha.

—O llámame si tarda demasiado.

—Acha.

—¿Sabes qué? Simplemente llámame.

—Acha, Ammi, ¡lo haré! Te quiero, khuda hafiz.

Cuando colgué el teléfono, a duras penas podía creer lo que había pasado. Cada uno de los símbolos encajaba perfectamente, todos señalando a la interpretación a la que llegué poco después de haber tenido el sueño. Y lejos de encajar por encima, encajaban casi demasiado bien.

Pero el abogado del diablo comenzó a susurrar. Comencé a centrarme en los dos símbolos que no encajaban a la perfección: no era un lagarto monitor, era una iguana; no era una langosta, era una cigarra. ¿Por qué los otros símbolos encajaban a la perfección mientras que estos solo se acercaban?

Comencé a darles vueltas a las palabras en la cabeza. Cigarra. Iguana. Cigarra. Iguana. C… I… C… I… Cristianismo. Islam.

No, eso era demasiado. Era muy demasiado. Necesitaba algo de tiempo para procesarlo.

Capítulo cuarenta y nueve

LA PUERTA ESTRECHA

DEJÉ REPOSAR EL SUEÑO otros dos meses, cada día con el abogado del diablo en mi mente gritando cada vez más. ¿Podía hacer depender mi vida y mi destino eterno de un sueño? ¿Solo de un sueño? ¿Y un sueño tan simbólico que necesité a Ibn Sirin o a José para interpretarlo por mí?

¿Quizás yo interpreté el sueño a favor del cristianismo porque, subconscientemente, quería que el cristianismo fuera verdad? ¿O tal vez yo quería que el islam fuera verdad subconscientemente, así que Shaitán intentaba lo posible para engañarme y llevarme a la condenación? Igual que la visión que había tenido en la habitación del hotel, el sueño era tan ambiguo que podía imaginarme explicándolo de muchas maneras diferentes.

De hecho, eso fue lo que pasó. Compartí el sueño con Ammi, que me dijo que no sabía exactamente cómo encajaban todos los símbolos, pero que era una señal de Alá de que debía confirmar mi confianza en el islam. Cuando compartí la visión y el sueño con David, él dijo que no había duda de que el sueño me señalaba al cristianismo.

Con todos estos pensamientos mezclados en la cabeza, no me atreví a pedirle a Dios otro sueño u otra visión. En mi corazón sabía que Él me había dado uno de cada uno, pero yo estaba demasiado roto para estar seguro de lo que significaban. Las fuerzas opuestas, la incertidumbre y el costo potencial casi me paralizaron.

Casi.

Recordé lo que David había dicho acerca de José en el Nuevo Testamento. Dios le había dado «instrucciones claras» por medio de sueños. Eso era lo que necesitaba. Y, con seguridad, si Dios quería guiarme a mí, un escéptico roto, sabría que necesitaba más.

«Tres —me dije—. A Alá le gustan los números raros, y el Dios cristiano es trino.[116] ¿Por qué no pedir tres sueños?». Así que volví a Alá en oración con una petición específica.

—En vez de solo un sueño, por favor, dame tres. Si los tres señalan al cristianismo, entonces me convertiré en cristiano. Por favor, Señor, ten misericordia de mí. Por favor, haz que el próximo sueño sea tan fácil de entender que no requiera interpretación.

La mañana del 11 de marzo de 2005 tuve un nuevo sueño que garabateé en un papel.

Estoy de pie en la entrada de una puerta estrecha que ha sido construida en un muro de ladrillos. No estoy en la misma puerta sino frente a ella. La puerta es un arco. Diría que mide un poco más de dos metros de alto, y sus paredes suben rectas desde el suelo hasta casi los dos metros, donde una parte arqueada de unos treinta centímetros la remata. La puerta tiene poco menos de un metro de ancho y poco más de un metro de grueso, toda de ladrillo. Conduce a una habitación donde muchas personas están sentadas en mesas que tienen comida buena y lujosa sobre ellas. Creo recordar ensaladas, pero no estoy seguro. No están comiendo, pero están todos preparados para comer, y todos miran hacia mi izquierda, como si esperaran a un orador antes del banquete. Una de esas personas al otro lado de la puerta, justo dentro de la habitación, es David Wood. Soy incapaz de entrar en la habitación porque David está ocupando el resto del umbral de la puerta. Está sentado en una mesa y también mira a mi izquierda. Le digo: «Pensaba que íbamos a comer juntos». Y él contesta, sin apartar los ojos del frente de la sala: «Nunca respondiste».

Cuando me desperté del sueño, inmediatamente tuve una interpretación: la habitación era el cielo, el festín sucedía en el reino de los cielos, y era una clase de banquete de bodas. Para poder entrar a la sala tenía que responder a la invitación de David.

Si había una cosa que no entendía del sueño, era la puerta. Era el símbolo más espectacular del sueño, ¿pero qué significaba? ¿Por qué era la imagen más vívida? ¿Y por qué era tan estrecha?

En aquella época Ammi estaba empezando a sospechar de mis preguntas acerca de los sueños, y como en este aparecía David, no había manera de preguntarle a ella lo que pensaba que significaba. Sin embargo, llamé a David, para ver qué pensaba.

—Nabeel —respondió él—, este sueño es tan claro que no necesita ser interpretado.

Sus palabras inmediatamente me recordaron lo que le había pedido a Dios unos cuantos días atrás. Al preguntarle por más, él me dijo que leyese Lucas 13.22.

En vez de la Biblia de Abba de la versión King James, tomé una Biblia de estudio que David me había dado como regalo el año anterior. Nunca, hasta ese momento, la había abierto. Era una Biblia de estudio de Zondervan de la NIV. Cuando llegué al pasaje, se leía en grandes letras negritas el título de la sección: «La puerta estrecha».

Mi corazón dio un vuelco. Nunca antes había visto esta sección de la Biblia. Con cuidado lo leí y lo releí:

Continuando su viaje a Jerusalén, Jesús enseñaba en los pueblos y aldeas por donde pasaba.

—Señor, ¿son pocos los que van a salvarse? —le preguntó uno.

—*Esfuércense por entrar por la puerta estrecha* —contestó—, porque les digo que muchos tratarán de entrar y no podrán. *Tan pronto como el dueño de la casa se haya levantado a cerrar la puerta,* ustedes *desde afuera* se pondrán a golpear la puerta, diciendo: "Señor, ábrenos" [...]

»Allí habrá llanto y rechinar de dientes cuando vean en el reino de Dios a Abraham, Isaac, Jacob y a todos los profetas, mientras a ustedes los echan fuera. Habrá quienes lleguen del oriente y del occidente, del norte y del sur, para *sentarse al banquete en el reino de Dios*.[117]

Paré de leer y bajé la Biblia. Me sentía abrumado. Dios me había dado un sueño que era tan claro que no necesitaba interpretarlo. La interpretación había estado registrada en la Biblia durante dos mil años.

La puerta estrecha era la puerta a la salvación. Jesús me estaba diciendo que hiciera todos los esfuerzos por entrar en ella, y sabía por el sueño que tenía que responder a la invitación de David para poder entrar y tomar mi lugar en el banquete del reino de los cielos. Si no entraba, se me dejaría fuera, pidiendo entrar.

Dios me había dado un sueño que era tan claro que no necesitaba interpretarlo. La interpretación había estado registrada en la Biblia durante dos mil años.

Ahí era donde estaba, justo fuera de la estrecha puerta de la salvación, preguntándome por qué no se me dejaba entrar. Por fortuna, el dueño todavía no había llegado a cerrar la puerta.

Ahora ya no quedaban preguntas. Sabía lo que tenía que hacer. Tenía que aceptar la invitación.

Capítulo cincuenta

UNA ESCALERA DE SALIDA DE LA MEZQUITA

YO HABÍA PEDIDO TRES SUEÑOS, sin embargo, y Dios es increíblemente cortés. En las primeras horas del 24 de abril de 2005 recibí el tercer sueño.

Estoy sentado en el primer escalón de un tramo de escaleras blanco en una masjid. Las escaleras suben, y tienen postes ornamentados en el primer escalón, con un pasamanos que sube a la izquierda. No estoy seguro del material de las escaleras, aunque creo que debe ser piedra/mármol o madera. Aparto la mirada de la parte alta de las escaleras. Puedo verme a mí mismo en este sueño, y el ángulo de visión es desde mi lado derecho, como si estuviera sentado en las escaleras y mirase hacia delante, donde espero a que alguien hable, posiblemente en un podio marrón de madera, aunque no estoy seguro.

La sala tiene una alfombra verde, y se espera que la gente se siente en el suelo, aunque yo estoy sentado en el primer escalón y no veo nada malo en ello. Espero que la gente llene el espacio que hay a mi izquierda, que también es la izquierda de las escaleras. No pasa nada en el lado derecho de la sala.

Mientras la sala se va llenando poco a poco, el imán se sienta en el suelo no muy detrás de mí a mi izquierda. Lleva ropas blancas y está mirando en la misma dirección que todos los demás.

Como esperaba que él fuese el orador, y puesto que es un hombre santo y el imán, estoy sorprendido y confundido de que esté en el suelo detrás de mí. Por respeto intento salir de las escaleras y sentarme detrás de él, pero soy incapaz de levantarme. Siento como si estuviera siendo sujetado por una fuerza desconocida/invisible. La fuerza no parece especialmente brusca, ni es especialmente amable. Simplemente me mantiene en las escaleras.

El sueño termina con una sensación de confusión, como si no comprendiera lo que iba a hacer, y no entendiera a qué estaban esperando todos ni quién iba a hablar al final.

Para mí el sueño era bastante claro. Estaba en unas escaleras que conducían fuera de la mezquita. Los musulmanes a los que yo siempre había respetado ahora se sentaban detrás y debajo de mí. A pesar de que yo quería mostrarles respeto, ya no era capaz de tomar mi lugar detrás. Ahora estaba delante de ellos, de camino hacia la salida de la mezquita. Dios me lo estaba dejando claro.

Y más aun, el imán no era en realidad la persona a la que todos esperábamos. Esperábamos a alguien más, alguien de una autoridad muchísimo mayor. Tal vez alguien que no iba a venir a la mezquita después de todo. Este sueño, como el segundo, terminaba mostrándome dónde estaba yo, no qué haría finalmente. Estaba esperando al que iba a venir, pero en esta ocasión estaba confundido porque estaba en el lugar equivocado.

Como este sueño retrataba una mezquita y un imán, me sentí cómodo pidiéndole a Ammi que lo interpretase. Usando a Ibn Sirin una vez más, ella dijo que las escaleras eran un ascenso en mi estatus tanto en esta vida como en la siguiente; mi posición en el primer escalón significaba que estaba al principio de mi viaje; la mezquita vacía al inicio significaba que perseguía la erudición religiosa; la mezquita llena hacia el final significaba que iba a ser un sabio maestro de conocimiento religioso y un consejero eficaz; el imán representaba a todos los musulmanes de la ummah; y que él llevase ropa blanca representaba su corazón bienintencionado.

Ella no pudo explicar por qué él estaba sentado detrás o debajo de mí, ni por qué se sentaba sobre la alfombra. Ver a un hombre sobre una alfombra significaba que ese hombre que se había desviado y es probable que proveyese un falso testimonio. Ella llegó a la conclusión de que el verdadero significado del sueño le estaba oculto, pero ciertamente era uno que me portaba buenas noticias.

Cuando compartí el sueño con David, su respuesta fue mucho más concisa.

—¿Escaleras saliendo de la mezquita? Venga, Nabeel. ¿Tiene que pegarte Dios con un palo para que te conviertas en cristiano?

Tenía algo de razón. ¿A qué estaba esperando ahora? Había tenido tres sueños y una visión. Individualmente, los dos últimos estaban claros, y los cuatro eran poderosos. Si los juntábamos, no había duda.

> Había tenido tres sueños y una visión. Si los juntábamos, no había duda.

Ahora sabía la verdad: Dios me estaba llamando para que aceptase el evangelio.

Reconocí la verdad para mí mismo, pero para nadie más, ni siquiera para Dios. Algunos podrían decir que mi comportamiento entonces era inexplicable, quizá inexcusable. Puede ser. El tercer sueño no marcó el comienzo de mi caminar como cristiano, sino que marcó el comienzo de un periodo de duelo, la construcción paulatina de la que sería la época más dolorosa de mi vida.

Capítulo cincuenta y uno

TIEMPO DE DUELO

A LO LARGO DEL VERANO DE 2005 continué resistiéndome al evangelio. Viajé a más mezquitas y hablé con más imanes, buscando respuestas pero sin encontrar ninguna. Incluso viajé con Abba a mezquitas de Europa, intentando desesperadamente derribar lo que había descubierto los últimos cuatro años, todo en vano. Mientras tanto, rogaba a Dios por más sueños, pero no me dio más. Ya tenía exactamente lo que necesitaba.

Pero el dolor inminente era abrumador. Conocía el precio que estaba a punto de pagar, pero no sabía cómo sería. ¿Me odiarían Ammi y Abba? ¿Me apartarían de la familia? ¿Morirían de pena? Esto último me parecía lo más probable.

Sinceramente, no sabía qué pasaría. Todo lo que sabía era que la vida no volvería a ser la misma.

Al final del verano me preparaba para el siguiente año en la facultad de medicina. Planeé mudarme con un compañero de habitación, así que la noche antes del primer día fue una especie de despedida de mi familia. Por un lado, me mudaba solo a veinticinco minutos de casa, así que no lo veían como algo grave. Por otro lado, sabía que iban a ser los últimos momentos de amor e intimidad que compartiríamos como familia. Saboreé cada risa agridulce, cada milisegundo de cada abrazo.

> Pero el dolor inminente era abrumador. Conocía el precio que estaba a punto de pagar.

Ammi y Abba no tenían ni idea de lo que estaba a punto de hacerles; ni idea de lo que estaba considerando. Me acosaba la culpabilidad oculta. ¿Cómo podía destruir a esta familia? ¿Qué estaba a punto de hacer?

Apenas fui capaz de conducir hasta la facultad al día siguiente. Las lágrimas me sobrepasaban. Forzándome a dejar la casa me recordé lo importante que era ese día y que tenía que mantener la calma. El segundo año de la facultad de medicina era el más complicado al que tenía que enfrentarse un médico, y el primer día era uno de los más importantes. Tenía que estar sereno.

Pero, sencillamente, no podía. En vez de eso, comencé a rogar a Dios en voz alta.

—¡Ya, Alá! ¡Oh, Dios! Dame tiempo de duelo. Más tiempo para dolerme por la inminente pérdida de mi familia, más tiempo para llorar la vida que siempre he amado.

Mientras me aproximaba a la facultad, sabía que no estaba en condiciones de entrar. En vez de eso conduje hasta mi nuevo apartamento, al otro lado de la calle, donde Abba y yo habíamos trasladado mis pertenencias justo hacía unos días. En ese momento había dos libros que buscaba particularmente, esperando el consuelo de Dios.

Nada más entrar en el apartamento fui derecho a la estantería y saqué mi viejo Corán y mi Biblia de estudio. Me senté en el sofá y primero abrí el Corán. Pasé las páginas, buscando versículos que me consolasen, al principio leyendo con detenimiento cada página para la materia, después hojeando rápidamente el índice, y después pasando desesperadamente página tras página, esperando encontrar algo, lo que fuera, que me confortase.

No había nada para mí. Describía a un dios de preocupación condicional, uno que no me amaría si no me esforzaba al máximo en complacerle, uno que parecía alegrarse al mandar a sus enemigos al fuego del infierno. No le hablaba a la naturaleza rota del hombre, y mucho menos directamente al hombre roto necesitado del amor de Dios. Era un libro de leyes escrito para el siglo séptimo.

Buscando una palabra viva, dejé a un lado el Corán y agarré la Biblia.

Nunca antes había leído la Biblia como guía personal. No tenía siquiera idea de por dónde empezar. Me imaginé que el Nuevo Testamento sería un buen lugar, así que abrí por el principio de Mateo. Al cabo de pocos minutos, encontré estas palabras:

«Dichosos los que lloran, porque serán consolados».

Las palabras fueron como una corriente enviada hacia mi corazón moribundo, electrificándolo una vez más. Eso era lo que estaba buscando. Era como si Dios hubiese escrito esas palabras en la Biblia dos mil años atrás justo conmigo en mente.

> Buscando una palabra viva, dejé a un lado el Corán y agarré la Biblia.

Era casi demasiado increíble para ser cierto. Para un hombre que ha visto el mundo solo por ojos musulmanes, el mensaje era sobrecogedor. «¿Soy bendecido por llorar? ¿Por qué? ¿Cómo? Soy imperfecto. No cumplo con Sus estándares. ¿Por qué me bendeciría? Y por llorar, nada menos. ¿Por qué?».

Continué leyendo fervientemente. «¿Dichosos los que tienen hambre y sed de justicia? ¿No "dichosos los justos", sino "dichosos los que tienen hambre y sed de justicia"? Yo tengo hambre y sed de justicia, de verdad, pero nunca podré conseguirlo. ¿Dios me bendice de todos modos? ¿Quién es este Dios que me ama tanto, incluso en mis fallos?».

Las lágrimas corrían por mis mejillas una vez más, pero ahora eran lágrimas de gozo. Sabía que lo que sujetaba entre mis manos era vida en sí misma. Era auténtica palabra de Dios, y era como si lo conociese a Él por primera vez.

Comencé a estudiar la Biblia, absorbiendo cada palabra como si fuera agua para mi alma muerta de sed, un alma que nunca antes había bebido de la fuente de la vida. Mientras leía, examiné detenidamente las notas de estudio al final de la página y las referencias cruzadas de los márgenes, sin querer perderme ni un solo ángulo de un solo versículo. Me venían preguntas a la mente y, a los pocos instantes, o el texto que leía o su nota al pie me llevaban a la respuesta. Esto pasó innumerables veces.

No podía dejar la Biblia. Literalmente, no podía. Sentía como si mi corazón fuese a dejar de latir, quizá implosionase, si la dejaba. Terminé saltándome el día entero de clase, pero realmente no tuve elección. La Biblia era mi sustento.

Capítulo cincuenta y dos

LA PALABRA HABLA

LOS DÍAS SIGUIENTES mi corazón se llenó con una nueva alegría, la de haber conocido al mismo Dios. Pensaba que llevaba toda mi vida conociéndole, pero ahora que sabía quién era realmente, no había comparación. Nada se compara con el único y verdadero Dios.

Alguien podría preguntar por qué sencillamente no seguí adelante y recité la oración del pecador. La respuesta es bastante simple: nunca había escuchado hablar de la oración del pecador. Todo lo que sabía era que amaba al Dios de la Biblia, y así lo busqué más y más leyendo tanto como podía.

Leía mi Biblia de estudio sin descanso, viviendo cada palabra, siguiendo cada pie de página y cada referencia cruzada, solo volviendo a Mateo si no había más hilos de los que tirar. Me llevó cerca de una semana leer de Mateo 5 a Mateo 10.

Justo después de medianoche un día, todavía cautivado por esta gloria recién estrenada, encontré estas palabras en Mateo 10.32-33: «A cualquiera que me reconozca delante de los demás, yo también lo reconoceré delante de mi Padre que está en el cielo. Pero a cualquiera que me desconozca delante de los demás, yo también lo desconoceré delante de mi Padre que está en el cielo».

Mi corazón se desmoronó. Yo todavía no había siquiera reconocido a Jesús delante de Jesús, ni qué decir delante de otros. Pero reconocerle significaba destruir a mi familia. ¿Realmente podría Él hacerme cargar con algo así?

Como si la palabra viva de la Biblia estuviera conversando conmigo, Jesús comenzó a responder a mi corazón, versículo a versículo. «No crean que he venido a traer paz a la tierra. No vine a traer paz sino espada. Porque he venido a poner en conflicto "al hombre contra su padre, a la hija contra su madre, a la nuera contra su suegra; los enemigos de cada cual serán los de su propia familia"».

¿Cómo podía ser eso? ¿Cómo podía Jesús ponerme en contra de Ammi y Abba? Ellos eran personas maravillosas. ¿Por qué haría Dios una cosa así?

Jesús contestó en el versículo siguiente: «El que quiere a su padre o a su madre más que a mí no es digno de mí; el que quiere a su hijo o a su hija más que a mí no es digno de mí».

No era que Jesús me estuviera poniendo en contra de mis padres. Era que, si mi familia se colocaba en contra de Dios, yo tenía que escoger a uno o a otro. Dios era obviamente mejor, incluso si eso provocaba que me pusiese en contra de mi familia. ¿Pero cómo? ¿Cómo podría soportar la pena?

Él me aseguró que la pena inconcebible y el rechazo social son parte del caminar cristiano: «El que no toma su cruz y me sigue no es digno de mí». Ser cristiano significa sufrir dolor real en honor a Dios. No como un musulmán sufriría por Dios, porque Alá así lo ordena por decreto, sino como la sincera expresión de un hijo agradecido cuyo Dios sufrió primero por él.

> Tenía que abandonar mi vida para poder recibir la Suya. No era un tópico ni un cliché. El evangelio me estaba llamando a morir.

«Pero, Señor —supliqué yo—, reconocer mi fe en Ti significaría el final de mi vida. Si no muero físicamente a causa del tormento emocional o en manos de algún fanático musulmán equivocado, como mínimo mi vida entera como la conozco llegará a su fin».

«Nabeel, hijo mío —sentí que decía Él—, el que encuentre su vida, la perderá, y el que la pierda por mi causa, la encontrará».

Tenía que abandonar mi vida para poder recibir la Suya. No era un tópico ni un cliché. El evangelio me estaba llamando a morir.

Sobrecargado por esas palabras, aquella noche me fui a acostar tarde. Pero lejos de encontrar descanso, el sueño se avergonzaba de venir a mí. Había negado a Dios suficiente tiempo. El 24 de agosto de 2005, a las tres de la mañana, coloqué mi frente a los pies de mi cama y oré.

—Me rindo. Me rindo a que Jesucristo es Señor del cielo y de la tierra. Él vino a este mundo a morir por mis pecados, probando Su señorío resucitando de los muertos. Yo soy un pecador, y le necesito para mi redención. Cristo, te acepto en mi vida.

La difícil noche que no me había concedido paz rápidamente se desvaneció mientras el sueño se apoderaba de mí. Finalmente había proclamado la verdad del evangelio. Finalmente era un creyente.

Aunque creía, todavía no conocía el poder del evangelio. Para enseñármelo, Dios tenía que romperme completamente.

Capítulo cincuenta y tres

ENCONTRANDO A JESÚS

YO ERA UNA MOLE ARRUGADA EN EL SUELO, temblando delante de Dios. Dos semanas después de aceptar a mi Señor, traté de rogarle, mientras gemía y tartamudeaba con labios temblorosos.

«¿Por qué, Dios…?». Pero no podía articular palabra. El temblor era incontrolable.

La noche anterior había mirado a los ojos de Abba mientras se inundaban de lágrimas. Aquellos ojos que habían cuidado de mí con tanto cariño desde el día en que susurró el adhan en mi oído. Los ojos que suavemente se cerraban en oración cada noche mientras invocaba la protección de Dios. Los ojos que se volvían con amor mientras él marchaba a la mar, a servir a su nación y a su familia. No podía soportar ser la causa de las únicas lágrimas que había visto derramar por esos ojos.

«¿Por qué, Dios…?».

Aunque Abba no dijo mucho, lo que dijo me atrapó desde entonces. El hombre más importante de mi vida, mi arquetipo de fuerza, mi padre, habló estas palabras a través de un dolor palpable:

—Nabeel, este día siento como si me hubieran arrancado los huesos por dentro.

Las palabras me atravesaron. Era como un parricidio. No solo había dejado mi vida para seguir a Jesús, estaba matando a mi padre.

Nunca ha vuelto a estar como aquel día. Yo extinguí su orgullo.

«¿Por qué, Dios…?».

Ammi tenía incluso menos palabras que Abba, pero sus ojos decían más. «Tú eres mi único hijo. Estuviste en mi tripa. Desde que naciste te he llamado mi *jaan kay tuqray*, un trozo material de mi vida y mi corazón. Te mecí, te canté, te enseñé los caminos de Dios. Todos los días desde que viniste a este mundo te he amado con todo mi ser de un modo que no he amado a nadie más».

—¿Por qué me has traicionado, Billoo?

Sus ojos marchitaron mi alma y permanecen anclados en mi memoria. Fueron la imagen final que vi antes de que Abba acompañara a Ammi fuera de mi apartamento en dirección al hospital al otro lado de la calle. Ninguno de nosotros estaba seguro de si ella sobreviviría a la noche.

Sobrevivió, pero sus ojos no han vuelto a ser igual de brillantes desde aquel día. Yo extinguí su luz.

Diezmado delante de Dios, con los ojos inundados, la nariz y la boca incapaces de contener el dolor, finalmente fui capaz de escupir mi pregunta entre lágrimas y mocos:

«¿Por qué no me mataste en el momento en que creí? ¿Por qué me dejaste aquí? ¿Por qué dejaste que hiciera a mi familia el daño más profundo que han experimentado jamás? ¡Ellos no se merecían esto! ¡Lo he destruido todo! ¡No ha quedado nada!

»¿Por qué no me mataste? —le rogué a Dios, lleno de desesperación porque era demasiado tarde—. Habría sido mejor si me hubieras matado en el momento en que creí para que mi familia nunca hubiera tenido que probar la traición. Esto es muchísimo peor para ellos de lo que hubiera sido mi muerte. Al menos nuestro amor habría sobrevivido. Al menos nuestra familia habría permanecido unida».

«¿Por qué, Dios...?».

En ese momento, el instante más agonizante de mi vida, algo pasó que va más allá de mi teología y mi imaginación. Como si Dios hubiera agarrado un megáfono y hubiera hablado a mi conciencia, escuché estas palabras resonando en todo mi ser:

«Porque no se trata de ti».

Me quedé congelado con la boca entreabierta. Las lágrimas, los sollozos, el temblor... todo paró. Me quedé plantado en el suelo, como si me hubiera atravesado la electricidad y me hubiera paralizado.

Por unos diez minutos estuve sentado, incapaz de moverme, incapaz de cerrar siquiera la boca.

Él me estaba reiniciando.

Cuando fui capaz de moverme no sentí dolor, ninguno en absoluto. Era como si mis oraciones de angustia y autocompasión hubieran sido pronunciadas en una vida anterior. Me levanté del suelo y salí del apartamento, mirándolo todo atentamente: los árboles, el cielo, e incluso las escaleras en las que estaba.

De nuevo, veía el potencial del mundo bajo una nueva luz. Había llevado gafas de color toda mi vida, y me las habían quitado. Todo parecía diferente, y yo quería examinarlo con más detenimiento.

Entonces vi algo que había visto en incontables ocasiones: un hombre caminando por la acera hacia la facultad de medicina.

Pero eso no fue todo lo que vi. Aunque no tenía ni idea de quién era ese hombre, sabía que tenía una historia dramática, repleta de luchas personales, relaciones rotas y una autoestima astillada. Enseñado por el mundo que era el resultado de la evolución ciega, subconscientemente se valoraba a sí mismo exactamente así: el subproducto de la casualidad, sin propósito, sin esperanza, sin significado excepto de qué placeres podría extraerle al día. Perseguir esos placeres daba como resultado culpa y dolor, lo que hacía que buscase más placeres, lo que le conducía a más culpa y más dolor. Enterrando todo eso bajo la superficie, se adentraba en su día a día sin ninguna idea de cómo romper el círculo, de cómo encontrar auténtica esperanza.

Lo que vi fue a un hombre que necesitaba saber que Dios podía rescatarle, que Dios le había rescatado. Ese hombre necesitaba conocer a Dios y Su poder.

¿Lo sabía?

¿Sabía que Dios lo amaba desde la fundación del mundo? Con un poder que superaba la inmensidad del cosmos, había puesto toda su atención en crear a ese hombre y declaró: «Tú eres Mi hijo. Te amo».

¿Sabía que Dios le hizo exactamente como Él quiso, que conocía cada cabello de su cabeza y cada segundo de su vida? Dios sabía muy bien que las manos que le dio a ese hombre serían usadas para el pecado en Su contra, que los pies que Él le dio a este hombre serían usados para alejarse de Él. Aun así, en vez de quitarle esos regalos, le dio el regalo más preciado de todos: a Su propio Hijo.

¿Sabía que Dios había entrado en este mundo por él, para sufrir en su lugar? Recibido con bofetadas y puñetazos por las mismas personas que vino a salvar, fue azotado hasta que se le cayó la piel, para ser entonces atravesado en pies y manos, clavado desnudo sobre una madera para ridiculizarlo delante de todos. Se rasgó Su espalda despellejada sobre la madera astillada con cada dolorosa respiración, y Su último respiro terminó la tarea de rescatarnos, de asegurarnos nuestra eternidad con Él.

¿Lo sabía?

Por supuesto que no. Teníamos que decírselo.

Mientras yo sollozaba sumido en la autocompasión, centrado en mí mismo, había un mundo entero con, literalmente, miles de millones de personas que no tenían ni idea de quién es Dios, de lo asombroso que es y de las maravillas que ha hecho por nosotros. Ellos son los que realmente están sufriendo. No conocen Su esperanza, Su paz y Su amor que trasciende todo entendimiento. No conocen el mensaje del evangelio.

Después de amarnos con la vida más humilde y la muerte más terrorífica, Jesús nos dijo: «Como yo los he amado, ámense unos a otros». ¿Cómo podría considerarme seguidor de Jesús si no estaba dispuesto a vivir como Él vivió? ¿A morir como Él murió? ¿A amar a los no amados y a dar esperanza a los desesperanzados?

Esto no se trata de mí. Se trata de Él y de Su amor por Sus hijos.

Ahora sabía lo que significaba seguir a Dios. Significaba caminar con valentía por Su Espíritu de gracia y amor, con la firme confianza del amor imperecedero entregado a través del Hijo, con el propósito eterno de proclamar y glorificar al Padre.

Ahora había encontrado a Jesús.

Para leer una contribución experta sobre sueños y visiones por Josh McDowell, evangelista reconocido internacionalmente, autor y coautor de más de 130 libros, visita contributions.NabeelQureshi.com.

EPÍLOGO

QUERIDOS AMIGOS:

Gracias por leer mi historia. Pido al Señor que los bendiga por medio de ella con un gran conocimiento del islam y un amor aún mayor por Jesús y Su verdad. Siempre suelen salir unas cuantas preguntas cuando comparto mi historia. Me gustaría abordar unas cuantas aquí, en caso de que se las estén preguntando, antes de dejarlos con una exhortación final.

Solo unos días después de aceptar a Jesús como mi Señor, David se mudó a Nueva York para comenzar su doctorado en filosofía. Por desgracia, su iglesia en Virginia se disolvió después de que su pastor tuviera que marcharse, y yo me quedé solo. El único amigo cristiano que tenía aparte de él en aquella época era Zach, que se había convertido en seguidor de Jesús pocos meses antes que yo. Los dos conectamos con otros dos amigos recientemente comprometidos con Cristo, y empezamos a reunirnos los miércoles. La primera hora leíamos *So, You Want to Be Like Christ?* [¿Así que quieres ser como Cristo?] de Charles Swindoll, y durante las siguientes horas estudiábamos las escrituras. A veces permanecíamos en las escrituras hasta las cuatro de la mañana, rehuyendo otras responsabilidades por nuestro celo por Dios y Su verdad. Orábamos juntos, ayunábamos juntos, memorizábamos juntos las escrituras, nos confesábamos unos a otros nuestros pecados y de cualquier otro modo seguíamos al Señor con todo lo que teníamos como un cable de cuatro cuerdas. Durante esa época experimentamos milagros, profecías, visiones e incluso vimos un exorcismo.

Aquel periodo dorado en mi primer caminar con Cristo terminó a los siete meses. Después de terminar la Biblia comencé a prestar más atención a la escuela y menos a la escritura. Nos unimos a una iglesia y nuestras reuniones de los miércoles por la noche se volvieron menos frecuentes. Los sucesos sobrenaturales casi cesaron mientras me sumergía una vez más en el mundo que me rodeaba.

Cuando David regresó para las vacaciones de verano, entramos juntos al ministerio. El 21 de mayo de 2006, David y yo predicamos juntos el sermón del domingo en la Central Baptist Church de Norfolk, Virginia, respondiendo a *El código da Vinci* de Dan Brown, que acababa de llegar a los cines. Al final del sermón dos ateos vinieron al frente para aceptar a Cristo. Nuestro llamado al ministerio se hizo evidente. Lo llamamos Anastasis Apologetics, una referencia griega al centro de nuestro mensaje, la resurrección de Jesús. Finalmente, después de darnos cuenta de que Anastasis Apologetics era kilométrico y difícil de pronunciar, cambiamos el nombre de nuestro ministerio a Acts 17 Apologetics.

Con respecto a mi familia, después de recuperarse de la impresión inicial, mis padres dejaron dos cosas muy claras acerca de su actitud hacia mí: se sentían completamente traicionados, pero aun así me amaban a pesar de todo. Se calentaron las emociones, se dijeron palabras duras y volaron las acusaciones, pero no me condenaron al ostracismo. Por un lado, esto fue una bendición porque seguí siendo parte de mi familia. Por otro lado, era extremadamente doloroso porque tenía que lidiar con tormentas emocionales regularmente. Ammi lloró cada vez que fui a verla casi durante los dos años siguientes, a menudo mientras me acusaba con dolor de haber destruido la alegría de la familia. Durante esta época me agarré a escrituras como Filipenses 4.6-7, Lucas 18.1-8 y Mateo 6.25-34.

Conocí a la que sería mi esposa en 2007, le propuse matrimonio un año después y me casé con ella menos de cuatro meses después de eso. Aparte de cinco primos cercanos y un tío, nadie de mi familia vino a mi boda. Todo aquel calvario fue muy angustioso para mí, y pensar en ello todavía suscita dolor. En 2009, cuando me gradué de la facultad de medicina, decidí entrar en el ministerio a tiempo completo en vez de practicar la medicina. Cuando mis padres oyeron esta decisión, cortaron toda comunicación conmigo. Más o menos un año después comenzamos a hablar de nuevo, y ha sido tumultuoso desde entonces.

En junio de 2011, debido a una serie de sucesos imprevistos que abarcaron los dos años anteriores, Acts 17 Apologetics se centró en el discurso libre, la sharia en Occidente y el islam. Yo me sentí llamado a empezar un nuevo ministerio que se centrase solo en compartir el evangelio, así que salí de Acts 17 y comencé Creed 2:6 ministries. Conocí a Ravi Zacharias a finales de 2011 y me uní a su equipo en julio de 2013.

Para concluir, me gustaría hacer un llamado a aquellos que estén considerando seguir a Jesús, especialmente a aquellos que sacrificarán muchas cosas al hacerlo. Diré con sinceridad que mi primer año como cristiano fue inimaginablemente difícil, sin duda uno de los periodos más dolorosos de mi vida. Todos y cada uno de los días eran una lucha, y experimenté cotas de dolor emocional que no pensé que fuera posible.

Pero también diré con sinceridad que volviendo la vista atrás a los últimos ocho años, ha sido la época más poderosa de mi vida. Me ha formado, moldeado y cambiado para ser un discípulo de Jesús. El Espíritu Santo ha sido mi consolador, Su palabra ha sido mi sustento y no cambiaría esa época por nada. El sufrimiento es lo que me ha transformado en un verdadero seguidor de Jesús. Mi vida ahora, incluyendo mi caminar con Dios y mi relación con mi esposa, es realmente maravillosa, mucho más asombrosa de lo que habría imaginado cuando era musulmán.

Merecen la pena todos los sufrimientos por seguir a Jesús. Él es así de impresionante. Ruego que algún día me encuentre contigo, amigo mío, para que así podamos regocijarnos y alabar a Dios juntos por nuestros gozos y nuestros sufrimientos.

En Él,
Nabeel Qureshi

NOTAS

1. Este símbolo representa la frase árabe *sallallahu allayhi wasallam*, que significa «la paz y las bendiciones de Alá sean con él», una fórmula musulmana habitual después de mencionar el nombre de Mahoma.
2. Está fórmula, *subhana wa ta'ala*, a menudo se repite después del nombre de Alá, y significa «glorificado y exaltado».
3. Una fórmula común musulmana que significa «busco refugio en Alá»; esta frase se verbaliza después de que algo deshonroso, blasfemo o de algún modo negativo se afirme o se sugiera.
4. En la corriente principal del islam, normalmente se entiende que Alá tiene noventa y nueve nombres. Estos son dos de ellos, traducidos como «el perdonador» y «el misericordioso» respectivamente.
5. Una fórmula muy común que significa «glorificado sea Alá»; esta frase a menudo se exclama siempre que se escuchan buenas noticias o se dice algo positivo.
6. Término árabe que significa «comunidad», refiriéndose a todos los musulmanes.
7. Sahih al–Bujari 6.61.508: «la Divina Inspiración descendió sobre él... El rostro del Profeta se puso rojo y siguió respirando con dificultad durante un rato y después fue aliviado». Ver también Sahih Muslim 30.5763: «El Apóstol de Alá sudó en clima frío cuando la revelación descendió sobre él».
8. Una fórmula común de arrepentimiento que significa: «Busco perdón de Alá».
9. Sahih Muslim 1.311.
10. Los apologistas musulmanes a menudo interpretan Deuteronomio 33.2 como una profecía del regreso triunfante de Mahoma a La Meca.
11. La única excepción es la elección del pasaje coránico.
12. Sunan Abu Dawud 14.2526.
13. Sahih al–Bujari 9.87.116.
14. Este relato es una reconstrucción basada en múltiples conversaciones, algunas de las cuales escuché por casualidad, y en algunas de las cuales participé.
15. Esto quizá sea por la naturaleza autoritaria del islam primitivo, o posiblemente se deba a la alta tasa de analfabetismo en las sociedades musul-

manas modernas que requieren una didáctica oral basada en estructuras de autoridad.

16. Romanos 10.9
17. 5:72.
18. Gálatas 1.6-9.
19. 4:157; 5:116.
20. Mirza Ghulam Ahmad, *Jesus in India* [Jesús en la India]. (Surrey: Islam International Publications, 2003). Publicado originalmente en India. Esta es una publicación actualizada.
21. 4:157.
22. 4:158.
23. La yamaat ahmadí enseña que 4:158 propone una ascensión espiritual, no una física.
24. 3:49; 3:45.
25. Esto en realidad es una falsa representación de Marcos 10.18 y Lucas 18.19 que a menudo se encuentra en las polémicas islámicas. En ningún caso Jesús niega que él sea bueno.
26. 5:69.
27. 3:85.
28. 5:73.
29. Sahih al-Bujari 1.1.1.
30. Los suníes a veces discuten los tres últimos, sustituyendo el *Muwatta Imam Malik*.
31. Incluso la primera batalla importante de la historia islámica, la batalla de Badr, fue el resultado del esfuerzo ofensivo de Mahoma contra una caravana mequí, el asalto de Najla. Ver Sahih al-Bujari 5.59.287; A. Guillaume, trad., *The Life of Muhammad: A Translation of Ibn Ishaq's Sirat Rasul Allah* [Vida de Mahoma: una traducción de la Sirat Rasul Allah de Ibn Ishaq] (New York: Oxford University Press, 2002), p. 289.
32. Sahih al-Bujari 1.2.24: «El apóstol de Alá dijo: "Se me ha ordenado que luche contra la gente hasta que testifiquen que nadie tiene el derecho a ser alabado más que Alá y que Mahoma es el apóstol de Alá, y ofrezcan las oraciones perfectamente y den la caridad obligatoria, así que si ellos hacen esto, entonces salvarán sus vidas y propiedades de mí excepto por las leyes islámicas y después su reconocimiento será hecho por Alá"». Cf. Sahih Muslim 19.4366: «Ha sido narrado por Umar que él escuchó al Mensajero de Alá decir: Expulsaré a los judíos y a los cristianos de la península Arábica y no dejaré más que musulmanes». Ver también el libro de Ibn Kathir *The Battles of the Prophet* [Las batallas del profeta], y el Corán 9:5, 9:29 y 9:111.
33. Simplemente leer la sección de la yihad en el Sahih al-Bujari clarifica este punto: vol. 4, libro 52.
34. «Al leer literatura musulmana —tanto contemporánea como clásica— uno puede ver que la evidencia de la primacía de la yihad espiritual

es insignificante. Hoy es cierto que ningún musulmán, escribiendo en lenguas no occidentales (como árabe, persa, urdu), haría nunca la afirmación de que la yihad es primordialmente no violenta o que ha sido desbancada por la yihad espiritual. Esas afirmaciones solamente las hacen los estudiosos occidentales, principalmente aquellos que estudian el sufismo y/o trabajan con el diálogo entre fes, y por apologistas musulmanes que intentan presentar el islam de la manera más inocua posible» (David Cook, *Understanding Jihad* [Comprendiendo la Yihad] [Londres: University of California Press, 2005], pp. 165-166).

35. Marcos 16.9–20; Juan 7.53–8.11.

36. Codex Sinaítico y Codex Vaticano.

37. La versión King James es un ejemplo de Biblia que no es una traducción moderna. Utiliza como la base para su traducción el Textus Receptus, un texto griego del Nuevo Testamento que precede a importantes descubrimientos de manuscritos. A pesar de todo, las traducciones modernas de aquellas basadas en el Textus Receptus no son muy dispares, y no contienen en verdad diferencias doctrinales.

38. Este es otro concepto erróneo sostenido por los musulmanes. Ver capítulo 42, «El hadiz y la historia del Corán».

39. 5:46-47; 5:66-68.

40. Las de Arriano y Plutarco.

41. Eusebio, *Ecclesiastical History* [Historia eclesiástica], 3.39.15-16.

42. Ibid., 3.39.4.

43. Un hombre, amigo de Josefo, es conocido por haber sido bajado de la cruz y haber sobrevivido, pero esto fue antes de que el proceso de crucifixión fuera completado. No se le administró ningún golpe de gracia, y todos los intentos hechos por las autoridades fueron para sacarlo vivo. Fue bajado junto con otros dos, y a los tres se les administró tratamiento médico. Aun así, los otros dos murieron. *Vida de Flavio Josefo* (trad. Mason), §420-421.

44. Para saber más, lean Martin Hengel, *Crucifixion* [Crucifixión] (Philadelphia: Fortress, 1977).

45. Marcos 8.31.

46. Mateo 27.19.

47. Mateo 16.21; 17.23; 20.18; Marcos 8.31; 10.34; Lucas 9.22; 18.33; Juan 12.33; 18.32.

48. David Strauss, *A New Life of Jesus* [Una nueva vida de Jesús] (Londres: Williams and Norgate, 1879), 1:408-412.

49. Gary R. Habermas y Michael R. Licona, *The Case for the Resurrection of Jesus* [Defensa de la resurrección de Jesús] (Grand Rapids, MI: Kregel, 2004).

50. Para una discusión detallada del método histórico en el contexto de la resurrección de Jesús, ver Michael R. Licona, *The Resurrection of Jesus:*

A New Historiographical Approach [La resurrección de Jesús: Un nuevo enfoque historiográfico] (Downers Grove, IL: InterVarsity, 2010).

51. William Wand, *Christianity: A Historical Religion?* [Cristianismo: ¿Una religión histórica?] (Valley Forge, PA: Judson, 1972), pp. 93-94.

52. 112:3.

53. Josh McDowell, *Más que un carpintero* (Miami, FL: Unilit, 1997).

54. Lucas 3.38; 1 Crónicas 28.6; Génesis 6.2; Job 1.6.

55. Romanos 8.14; Gálatas 3.26; Salmo 82.6.

56. Mateo 8.26-27; Lucas 4.38-41; 7.14-15; 8.24-25.

57. 3:49.

58. Juan 10.32 y 5.19, respectivamente.

59. Juan 5.23.

60. Juan 20.28.

61. Juan 1.1-3.

62. Más exactamente, «una palabra de Dios», aunque los musulmanes generalmente no discuten ningún título; 3:45.

63. La comida de los cinco mil.

64. Para saber más de estos argumentos, ver Bart Ehrman, *The New Testament: A Historical Introduction to the Early Christian Writings* [El Nuevo Testamento: una introducción histórica a los primeros escritos cristianos], 5ª ed. (Nueva York: Oxford University Press, 2011).

65. Marcos 14.62.

66. «Que Jesús dijera: "Sí, soy el Mesías", no es una blasfemia; no hay nada blasfemo en llamarse Mesías a uno mismo, no más blasfemo que decir: "Sí, soy el presidente de Estados Unidos" o "Soy el presidente de la Convención Bautista del Sur". Quiero decir que puede que no lo sea, pero no es blasfemo decir que lo soy, no hay nada ilegal en ello. Sabemos que hubo judíos que se hicieron llamar Mesías y sabemos que hubo judíos a los que los líderes religiosos de los judíos llamaron el Mesías. "Mesías" simplemente significa un futuro soberano de la gente; no es blasfemo decirlo» (Bart Erhman, *Historial Jesus,* The Great Courses, curso 643, lección 21, 24:42-29:06, *http://www.thegreatcourses.com/tgc/courses/course_detail.aspx?cid=643*).

67. Craig Blomberg, *Jesus and the Gospels* [Jesús y los evangelios] (Nashville: B&H Academic, 1997), pp. 342-43.

68. Se da por supuesto en esta recapitulación que solo existe un Dios en la cosmovisión judía. Al reclamar ser Dios, Jesús afirma que es parte de la misma identidad de Yahweh. Para saber más, lean Richard Bauckham, *God Crucified: Monotheism and Christology in the New Testament* [Dios crucificado: monoteísmo y cristología en el Nuevo Testamento] (Grand Rapids, MI: Eerdmans, 1999).

69. El Salmo 110.1 es el pasaje del Antiguo Testamento referenciado con más frecuencia en el Nuevo Testamento en más de veinte ocasiones. Esto

indica que estaba profundamente anclado en las primitivas nociones cristianas de Jesús.

70. Filipenses 2.6-7.

71. 1 Corintios 8.6 y Deuteronomio 6.4; para saber más, ver Bauckham, *God Crucified.*

72. Mateo 5.17.

73. Una utilización contextualmente inapropiada de las palabras de Jesús en Juan 20.17.

74. Un intento comúnmente utilizado para argumentar que Gálatas 1.8 indica que Pablo llevaba su propio evangelio.

75. 2 Corintios 11.23-27.

76. 5:73, 116; aunque 5:116 parece interpretar que la trinidad sea Alá, el Hijo y la Virgen María.

77. 2:256.

78. 9:5.

79. Encontrado en las notas de Ibn Hisham; Guillaume, *Life of Muhammad,* p. 691.

80. Esto es diferente a citar selectivamente la Biblia. Los cristianos normalmente consideran que la Biblia entera es exacta, mientras que muchos musulmanes concederían que la amplia mayoría del hadiz es inexacto. Por tanto, sacar cosas selectivamente de la Biblia todavía requiere que el intérprete coherente reconcilie pasajes contradictorios una vez han sido elucidados, lo que no es el caso con la literatura del hadiz. Además, la mera cantidad de material hadícico es pasmosa, con las colecciones sencillas que repletan nueve o más volúmenes. Por lo tanto, sacar selectivamente de la enorme masa del hadiz permite mayores oportunidades exponencialmente para la exégesis que hacerlo de la Biblia.

81. Guillaume, *Life of Muhammad,* p. 676. Ver también Ibn Sa'd, *Kitab al Tabaqat.*

82. Guillaume, *Life of Muhammad,* p. 464.

83. 33:50.

84. Sahih al-Bujari 7.62.64; 7.62.65; 7.62.88; Sahih Muslim 8.3310; 8.3311.

85. Ver Nujood Ali, *I Am Nujood, Age 10 and Divorced* [Soy Nujood, tengo 10 años y estoy divorciada] (Nueva York: Three Rivers Press, 2010).

86. Sahih al-Bujari 3.47.786.

87. Sahih al-Bujari 5.59.713.

88. Sahih al-Bujari 4.54.490.

89. Guillaume, *Life of Muhammad,* pp. 165-66.

90. Ibid., p. 515.

91. Sahih al-Bujari 1.11.584.

92. Corán 33:37; Sahih Muslim 8.3330; Tabari, vol. 8, pp. 2-3.

93. Sahih al-Bujari 8.82.794; Sahih Muslim 16.4130.

94. Por eso este libro no defiende el cristianismo usando la Biblia, y por eso a algunos puede parecerles que se le presta más atención crítica al Corán que a la Biblia. Sin embargo, no es un doble rasero, debido a que la comparación debe hacerse entre el Corán y la deidad/resurrección de Jesús. Esto último fue examinado críticamente del mismo modo, si acaso más.

95. 2:23; 10:38; 11:13; 17:88; 52:34.

96. Otro nombre para el Corán es «*Al-Furqan*». Al titular el libro escrito en respuesta *The True Furqan* [El verdadero Furqan], el título mismo es un desafío a la afirmación de supremacía del Corán.

97. Notificación núm. 78, 7 septiembre 2005, de Anupam Prakash, subsecretario del gobierno de India, acceso el 1 julio 2003, *http://www.cbec. gov.in/customs/cs-act/notifications/notfns-2k5/csnt78-2k5.htm*.

98. Maurice Bucaille, *The Bible, The Qur'an, and Science: The Holy Scriptures Examined in the Light of Modern Knowledge* [La Biblia, el Corán y la Ciencia: las escrituras sagradas examinadas bajo la luz del conocimiento moderno], 7ª rev. exp. ed. (Elmhurst, NY: Tahrike Tarsile Qur'an, 2003), p. 218.

99. Bucaille, *The Bible, The Qur'an, and Science*, p. 214.

100. Ibid., p. 215.

101. «Belief in Divine Books», WhyIslam.org, acceso 1 julio 2013, *http:// www.whyislam.org/submission/articles-of-faith/belief-in-divine-books*.

102. La información sin citar de los siguientes párrafos se encuentra en este libro de Sahih al-Bujari.

103. Sahih al-Bujari 9.84.59.

104. Sahih Muslim 5.2286.

105. Sunan ibn Majah 1944.

106. Suyuti, *Al Itqan fi Ulum al-Qur'an*; Ibn Abi Dawud, Kitab al-Masahif.

107. Ibn Abi Dawud, *Kitab al masahif,* encontrado por Arthur Jeffery y catalogado en su trabajo *Materials for the History of the Text of the Qur'an* [Materiales para la historia del texto del Corán].

108. Sahih Muslim 8.3432.

109. Sunan Abu Dawud 11.2150.

110. Tafsir ibn Kathir.

111. Sahih al-Bujari 5.59.459.

112. Sahih Muslim 8.3371.

113. 5:33; «hacedores de diabluras» es un término normalmente utilizado para el árabe *fsada,* aunque «corrupto» e «indisciplinado» también se ajustan a la traducción.

114. Ver, p. ej., Sahih al-Bujari 9.84.57-58, 64, 72.

115. Una oración que significa: «Oh, Alá, en tu nombre morimos y vivimos».

116. Sahih Muslim 35.6475.

117. Lucas 13.22-25, 28-29, énfasis añadido.

GLOSARIO

Adhan. Llamada musulmana a la oración

Alhamdolillah. Fórmula musulmana que significa: «Alabado sea Alá»; es el análogo islámico para *aleluya*

Aqidah. Creencias islámicas profundamente arraigadas

Asbab al-nuzul. Cuerpo de literatura islámica que pretende detallar las circunstancias de revelaciones coránicas específicas

As salamu 'alaikum wa rahmatullahi wa barakatuh. Un extendido saludo musulmán que significa: «Que la paz de Alá y Su misericordia y bendiciones estén contigo»

Bucaillismo. La técnica de referirse al Corán por las verdades científicas milagrosamente avanzadas para defender su origen divino

Califa. La posición del líder supremo sobre los musulmanes; normalmente el título se usa para referirse a uno de los cuatro sucesores de Mahoma

Cinco Pilares del islam. Las prácticas fundamentales requeridas para todos los musulmanes

Cristología. Una interpretación de la naturaleza, identidad o papel de Jesús; por ejemplo, el Corán tiene una cristología más baja que Juan, puesto que solo es humano en el primero mientras que es divino en el segundo

Criterio de atestación múltiple. Principio del método histórico que plantea que un suceso registrado es más probable que sea históricamente preciso si ha sido registrado en múltiples fuentes independientes

Criterio del testimonio temprano. Principio del método histórico que plantea que los relatos tempranos de un suceso tienen más probabilidad de ser más exactos que los posteriores, siendo todos iguales

Dawah. La práctica de invitar a la gente al islam

Doctrina de la abrogación. La creencia de que las enseñanzas y los versículos del Corán han sido revocados, normalmente por revelaciones coránicas posteriores

Doctrina de la trinidad. La creencia de que Dios es uno en ser y tres en personas

Du'aa. Oraciones musulmanas recitadas en ocasiones específicas, en oposición a la oración ritual llamada salaat; pueden ser memorizadas o improvisadas

Eid al-Fitr. Una de las dos fiestas mayores musulmanas; marca el final del Ramadán

Expiación sustitutoria. La doctrina de que Jesús es capaz de tomar y pagar por los pecados del hombre

Fetua. La decisión o regla de una autoridad musulmana

Fiqh. Jurisprudencia islámica

Hadiz. Palabras o acciones de Mahoma documentadas por la tradición

Hafiz. Hombre que ha memorizado el Corán entero

Hajj. La peregrinación anual a La Meca

Hazrat. Título honorífico que significa «respetado»

Iftar. La comida que los musulmanes toman después del ayuno, normalmente en grandes reuniones

Imán. Líder de musulmanes, normalmente se refiere a uno que lidera la oración en una mezquita

Injil. El libro que los musulmanes creen que Alá mandó a Jesús, a menudo considerado ser los evangelios del Nuevo Testamento

Inshallah. Una fórmula musulmana muy común que significa: «si Alá quiere»

Isa. Nombre árabe para Jesús

Isnad. La cadena de transmisión de un hadiz en particular

Jeque. Líder musulmán, normalmente con un nivel de graduado en teología islámica

Jesús histórico. El Jesús que puede conocerse a través de los registros históricos

Jutba. Sermón, normalmente los sermones sabáticos de los viernes

Kafir. Infiel, no musulmán

Manuscrito. Una copia física de un texto, ya sea de una parte o de su totalidad

Masjid. Lugar musulmán de adoración, normalmente llamado mezquita

Método histórico. Criterios y técnicas usadas por los historiadores para investigar sistemáticamente el pasado

Muftí. Experto legal musulmán

Nafl. Oraciones opcionales diseñadas para invocar la ayuda de Alá o acercar al adorador

Persona. La cualidad o la esencia que hace a alguien lo que es

Rakaat. Unidades de repetición en la salaat, que se componen de estar de pie, inclinarse, postrarse y posturas sentadas

Ramadán. El mes sagrado musulmán

Saqda. Una ofrenda voluntaria, normalmente para evitar una desgracia

Sahih al-Bujari. Colección clásica de hadices, a menudo considerados por los suníes como los relatos más fiables de la vida de Mahoma

Sahih Sittah. Los seis libros de hadices que los musulmanes suníes consideran más auténticos

Salaat. Las oraciones rituales musulmanas

Sehri. La comida que toman los musulmanes antes de ayunar

Seis Artículos de Fe. Las creencias fundamentales musulmanas

Ser. La cualidad o esencia que hace algo lo que es

Shahada. Proclamación central del islam: «No hay más dios que Alá y Mahoma es Su profeta»

Sharia. Ley islámica

Shi'a. Seguidores del chiismo, una de las dos ramas mayores del islam

Shirk. Pecado imperdonable en el islam; aproximadamente equivalente a la idolatría, colocar algo o a alguien en la posición debida a Alá

Síndone de Turín. Reliquia controvertida; se cree que es la tela con la que se enterró al mismo Jesús, que porta su imagen de forma sobrenatural

Sinópticos. Término colectivo para los evangelios de Mateo, Marcos y Lucas

Sirah. Biografías de la vida de Mahoma

Soteriología. La doctrina o el estudio de la salvación

Sura. Un capítulo del Corán

Tarawih. Oraciones voluntarias ofrecidas por la noche durante el Ramadán

Tawhid. La doctrina islámica de la unidad y autosuficiencia absoluta de Alá

Ulema. Estudiosos religiosos musulmanes

Urdu. La lengua de Paquistán

Wudhu. Lavamiento ceremonial antes de la salaat

Yamaat. Palabra árabe para asamblea, normalmente usada para referirse a «grupo» o «denominación»

Yinn. Seres espirituales normalmente considerados análogos a los demonios

Yumu'ah. El nombre para el día de reposo musulmán

Zakat. Limosna obligatoria

25623

Nos agradaría recibir noticias suyas.
Por favor, envíe sus comentarios sobre este libro
a la dirección que aparece a continuación.
Muchas gracias.

Vida@zondervan.com
www.editorialvida.com